科研组织知识产权管理体系建设实务

**KEYAN ZUZHI ZHISHI CHANQUAN
GUANLI TIXI JIANSHE SHIWU**

中国科学院科技促进发展局　组织编写

杜　伟　崔　勇　邹志德　　主编

知识产权出版社

全国百佳图书出版单位

—北京—

图书在版编目（CIP）数据

科研组织知识产权管理体系建设实务/中国科学院科技促进发展局组织编写；杜伟，崔勇，邹志德主编. —北京：知识产权出版社，2021.5

ISBN 978 - 7 - 5130 - 7495 - 7

Ⅰ.①科… Ⅱ.①中… ②杜… ③崔… ④邹… Ⅲ.①科学研究组织机构—知识产权—管理体系—研究—中国 Ⅳ.①D923.4

中国版本图书馆 CIP 数据核字（2021）第 065855 号

内容提要

本书充分考虑不同战略规划、不同研究方向的科研组织，根据所处的不同管理阶段，对应不同的管理诉求，承担不同的管理成本和管理风险，从知识产权管理的适宜性、充分性、有效性的角度，提供知识产权管理体系规范的实操指南。本书结合前期中国科学院贯彻执行《科研组织知识产权管理规范》的工作基础和经验以及相关研究所的实际案例，把相关问题按照工作流程的 8 个阶段进行分解，分别给予解答。从实际操作的角度为科研组织策划、建立、实施、改进知识产权管理体系提供帮助。

责任编辑：尹　娟　　　　　　　　　　责任印制：孙婷婷

科研组织知识产权管理体系建设实务
KEYAN ZUZHI ZHISHI CHANQUAN GUANLI TIXI JIANSHE SHIWU
中国科学院科技促进发展局　组织编写
杜　伟　崔　勇　邹志德　主编

出版发行：	知识产权出版社 有限责任公司	网　　址：	http://www.ipph.cn
电　　话：	010 - 82004826		http://www.laichushu.com
社　　址：	北京市海淀区气象路 50 号院	邮　　编：	100081
责编电话：	010 - 82000860 转 8702	责编邮箱：	yinjuan@cnipr.com
发行电话：	010 - 82000860 转 8101	发行传真：	010 - 82000893
印　　刷：	北京九州迅驰传媒文化有限公司	经　　销：	各大网上书店、新华书店及相关专业书店
开　　本：	720mm×1000mm　1/16	印　　张：	22.25
版　　次：	2021 年 5 月第 1 版	印　　次：	2021 年 5 月第 1 次印刷
字　　数：	365 千字	定　　价：	98.00 元

ISBN 978 - 7 - 5130 - 7495 - 7

编委会名单

中国科学院科技促进发展局　组织编写

顾　问　陈文开　蔡　睿　刘海波　田永生　张　晨
主　编　杜　伟　崔　勇　邹志德
编委会（按照姓氏比划排序，排名不分先后）

马苑馨　王亚坤　王丽贤　王保得　王津晶
王寒枝　王　慧　文　辉　白　羽　冯天时
成菊芳　任　婧　刘　丹　刘海燕　李小娟
李玉婷　汪　欢　张丽娟　张　波　张建伟
张彦奇　张晓云　张博仑　陈　骁　赵得萍
姜　楠　耿昀光　倪　颖　徐小宁　徐　昊
徐圆圆　梁　丽　梁林洲　葛　飞　韩晓娜
褚明辉　冀晓燕

本书由大连市人民政府、中国科学院 A 类战略性先导科技专项（专项编号：XDA21000000）和中国科学院科技服务网络计划（STS 计划）（项目名称：科研组织知识产权管理体系建设指南）资助出版。

序　言

当前，我国经济发展正在向高质量发展阶段转变，经济的高质量发展要求我们必须提高知识产权质量，促进知识产权转化运用。我国已确定了 2035 年建设成为知识产权强国和 2050 年成为世界科技创新强国的宏伟目标，这更对科研组织知识产权管理提出了新要求。

科研组织是我国知识产权创造和运用的重要主体，近年来知识产权申请和授权量快速增长。但我国科研组织仍存在知识产权质量不高、转移转化率低等突出问题，存在知识产权管理制度不健全、缺乏知识产权管理专门人员、对专利信息的运用不足、在科研管理中如何运用知识产权制度还缺乏系统的策划和具体的更加有效的措施等问题。

科研组织应以习近平新时代中国特色社会主义思想为指导，全面贯彻党的十九大和十九届二中、三中、四中、五中全会精神，牢固树立新发展理念，深入实施创新驱动发展战略，坚持"质量为本、高效运用、改革创新、引领发展"的原则，强化科研项目知识产权全过程管理，全面提升知识产权创造质量，推动科研组织提升科技创新效率和取得重大创新突破，大幅度提升知识产权运用效益，支撑和引领国民经济和社会高质量发展，为建设世界科技创新强国和知识产权强国提供有力支撑。

前　言

国家标准《科研组织知识产权管理规范》（GB/T 33250—2016）于 2017 年 1 月 1 日正式实施。科研组织是国家创新体系的重要组成部分，知识产权管理是科研组织创新管理的基础性工作，也是科研组织科技成果转化的关键环节。贯彻、实施《科研组织知识产权管理规范》，对于科研组织建立规范的知识产权管理体系、充分发挥知识产权在科技创新过程中的引领和支撑作用、激发广大科研人员的创新活力、增强科研组织创新能力具有十分重要的意义。

科研组织知识产权"贯标"指的是依据《科研组织知识产权管理规范》要求规范科研组织知识产权管理，建立适宜、有效、符合科研组织发展要求的知识产权管理体系。知识产权管理体系建设基本流程通常包括图 1 所示的 8 个阶段：贯标筹备、调研诊断、体系策划、文件编写、培训宣贯、实施运行、评价改进、认证审核等，这是一个螺旋式上升不断改进的过程，通过持续改进提高科研组织的知识产权水平和价值实现能力。

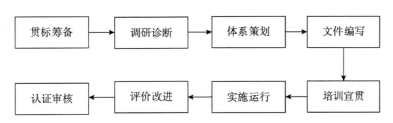

图 1　知识产权管理体系建设基本流程

中国科学院（以下简称"中科院"）一直重视知识产权工作，从 2013 年开始就积极参与该管理规范的起草工作。2015 年率先组织一批院属单位进行贯标试点工作，2018 年部署 32 家中科院院属研究所正式启动贯彻《科研组织知识产权管理规范》的工作，作为落实知识产权强国战略和中科院促进科技成果转移转化专项行动的重要举措。希望通过推进贯标工作改善目前科研组织的知识产权创造、保护、运用和管理中的问题。2019年5月，中科院大连化学物理研究所知识产权管理体系顺利通过了中规（北京）认证有限公司的现场审核，获得体系认证证书，成为我国第一家通过科研组织知识产权管理体系认证的科研机构，为后续中科院其他单位开展知识产权贯标工作积累了宝贵经验。2020年又率先通过了监督审核。截至2020年12月底，中科院有超过30家研究所的知识产权管理体系通过第三方认证。中科院的贯标工作得到国家知识产权局的充分肯定和高度评价，也带动了其他科研组织对知识产权管理规范化的重视，包括北京医科大学附属友谊医院、广东省科学院在内的多家科研机构相继通过第三方认证。在中科院的推动下，我国科研组织知识产权管理日益向着规范化、系统化、标准化发展。

随着我国科技、经济的快速发展，以及国际竞争日益激烈，知识产权高质量发展已成为迫切需求。2020年年初，教育部、国家知识产权局、科学技术部三部委发布《关于提升高等学校专利质量促进转化运用的若干意见》，提出在高等学校中积极贯彻知识产权管理规范。国家知识产权局和教育部发布的《知识产权试点示范高校建设方案》中也明确指出贯彻实施《高等学校知识产权管理规范》（GB/T 33251—2016）国家标准，建立科学、规范、系统的知识产权管理体系，确保知识产权管理活动的适宜性和有效性。2020年中科院发布《中国科学院院属单位知识产权管理办法》，要求院属单位建立健全知识产权规章制度和管理体系，应有一名所级领导分管知识产权工作，设立或指定专门部门承担本单位知识产权管理职能。鼓励院属单位贯彻《科研组织知识产权管理规范》。支持有条件院属研究所探索建立健全专门的技术转移机构或知识产权运营机构，引进或培养专门的知识产权或法律事务人才。2021年3月，国家知识产权局、中科院、中国工程院、中国科学技术协会联合印发《关于推动科研组织知识产权高质量发展的指导意见》，明确提出，以《科研组织知识产权管理规范》为指导，优化知识产权管理体系。

为帮助科研组织更好地理解《科研组织知识产权管理规范》，在国家知识产权局知识产权运用促进司的指导下，中科院科技促进发展局组织编写了教材《科研组织知识产权管理体系建设指南》（于2019年7月在知识产权出版社出版发行），指导中科院相关研究所进行知识产权管理体系建设，并作为中科院知识产权管理体系内审员的培训教材，中科院院属研究所给予了很好的评价。

本书编写组的成员来自中科院贯标咨询专家团队和研究所资深知识产权管理人员，他们在与研究所沟通了解知识产权管理体系建设工作时，研究所提出了很多涉及具体操作过程的问题，这些问题既有共性，又有个性，需要根据不同研究所的特点和具体情况给予定向解答和指导。在认真收集、归纳、整理、分析这些问题后，为了便于科研组织知识产权管理人员理解，本书编写组结合前期中科院贯标工作基础和经验以及相关研究所的实际案例，把相关问题按照贯标工作流程的 8 个阶段，进行分解，分别给予解答，并配以适当的案例，从实际操作的角度为科研组织策划、建立、实施、改进知识产权管理体系提供帮助，这也是本书编写的初衷。本书是《科研组织知识产权管理体系建设指南》的姊妹篇，两本书分别从理论和实务角度对标准进行阐述，二者可结合阅读，有助于加深对标准的理解和认识。

希望通过本书，结合标准条款和科研组织实际工作，能够帮助科研组织在实际操作过程中解决一些具体问题，提供一些有益参考；帮助科研组织顺利完成《科研组织知识产权管理规范》的贯彻、实施工作，逐步建立起适合本组织的知识产权管理体系并有效运行，把知识产权管理规范要求融入科研组织的日常管理工作中。本书编写组由于背景和能力所限，对《科研组织知识产权管理规范》的理解还比较浅显，难免出现诸多疏漏和不足之处，敬请读者批评指正。

目　录

第一章　贯标筹备

建设知识产权管理体系的第一步就是为贯彻知识产权管理标准（以下简称"贯标"）的筹备工作，只有将贯标工作规划好，未来的实施运行才能对科研组织真正有帮助，把知识产权管理规范的要求融入科研组织的日常管理工作中，循序渐进改变固有的工作模式，把知识产权的理念嵌入日常的管理和科研工作中，才能不断改进和提高科研创新管理水平。

贯标筹备阶段的工作包含如下内容。

（1）科研组织决定开始贯标，建设知识产权管理体系，首先需要学习了解标准的内容，不同主体的知识产权工作特点和差异，并需确定贯标工作的方式。

（2）在前期学习了解的基础上，科研组织的管理层统一思想，确定主要负责领导、机构、人员和工作进度计划，并确立贯标工作的协调方式，即是科研组织独自完成贯标，还是聘请辅导机构协助贯标。

（3）成立贯标工作组，如领导小组、工作小组和协调小组。贯标工作组中各成员职责需明确，特别是具体负责推进工作（如参与问题诊断、体系构建、文件编写、实施运行等）的人员职责，贯标工作小组中至少应有一名以上是懂知识产权、懂管理体系、有实操经验的人员，科研团队中有对应的知识产权人才尤佳。

（4）根据贯标进度制订贯标推进计划，明确具体时间节点并分解任务到部门和成员。

（5）召开贯标启动会，科研组织的领导、管理部门和科研团队应派员参加，如聘请辅导机构协助贯标，辅导机构人员也应参与启动会。启动会可以将管理者的意志、决心、态度和要求传达给员工；公布管理者代表任命和贯标小组成员；明确各部门职责及其配合任务；公布贯标时间表；宣布贯标工作正式启动；简要介绍标准的核心内容。对于中小型科研组织，可以要求全员参与启动；对于大型科研组织，至少管理层和各个部门的骨干人员参与启动。

（6）开展宣贯培训，对标准的内容要求、贯标的流程、时间节点等有初步的认识。

为顺利启动科研组织知识产权贯标工作，贯标筹备阶段需要研究所的领导层、管理人员、科研团队、知识产权专员对贯标的重要性和积极意义、标准内容及工作进度和节点统一思想，提高重视程度。贯标工作需要科研组织领导的重视与支持，各相关部门高度配合才能顺利推进。从强制性到惯性逐步过渡，帮助科研组织建立规范的知识产权管理体系，树立知识产权意识和习惯，将会更有利于贯标工作的准备和启动。因此，要重视贯标准备阶段，前期通过调研培训等充分提请研究所领导重视，调动各相关部门的参与度和配合度，保障后续贯标工作能够顺利开展。

问题及解答

1. 贯标的目的和意义是什么？

贯彻、实施《科研组织知识产权管理规范》，可以发挥知识产权在科技创新过程中的作用，激发科研人员创新活力、增强科研组织创新能力。根据自身发展定位，建立符合实际的知识产权管理体系，聚焦全过程知识产权管理，提升质量和效益，促进知识产权的价值实现。

通过贯彻实施《科研组织知识产权管理规范》的要求，建立系统、完善的知识产权管理体系，有助于以下两个方面。

（1）优化科研组织内部管理。提高组织运行效率，降低知识产权管理风险，减少知识产权管理成本，规避知识产权纠纷。

（2）促进科研组织价值提升。促进科研组织与外部组织合作，吸引外部资源，为成果转移转化奠定基础。

通过对建立知识产权管理体系并获得认证的科研组织调研发现：知识产权管理体系有效地提升了科研组织的创新能力，帮助科研组织在科技成果转化中取得竞争优势；大部分获证科研组织已将知识产权管理上升至战略高度，统筹布局研发方向和发展策略；普遍认为建立知识产权管理体系有助于推动科研组织不断增加创新收益，在贯标之前统一认识是推动贯标工作顺利发展的重要基础。

2. 科研组织知识产权管理工作有哪些要求？

2014 年 7 月 15 日，国家知识产权局等 8 部门（国家知识产权局、教育部、科学技术部、工业和信息化部、国务院国有资产监督管理委员会、国家工商行政管理总局、国家版权局、中科院）联合印发《关于深入实施国家知识产权战略加强和改进知识产权管理的若干意见》（国知发协字〔2014〕41 号），提出科研组织知识产权管理工作要求如下。

（1）推行科技项目知识产权全过程管理。将知识产权管理全面纳入科技重大专项和国家科技计划全流程管理。

（2）加强科研项目立项、执行、验收、评估及成果转化、运营等各环节的知识产权管理。

（3）在高技术产业化项目、重大技术改造项目、国家科技重大专项等项目中，探索建立"知识产权专员"制度。

（4）鼓励有条件的高等院校和科研院所设立集知识产权管理、转化运用为一体的机构，统筹知识产权管理工作。

2020 年 4 月发布的《中国科学院院属单位知识产权管理办法》也对科研组织的知识产权管理工作提出明确的要求❶。

3. 现有的知识产权管理规范内容以及规范之间有哪些区别和联系？

到 2017 年年底，我国在知识产权管理方面已有四个国家标准，分别是《企业知识产权管理规范》（GB/T 29490—2013）、《科研组织知识产权管理规范》（GB/T

---

❶ 《中国科学院院属单位知识产权管理办法》（科发促字〔2020〕31 号）：文件包含"总则、知识产权创造、知识产权运用、知识产权保护、知识产权管理、附则"等六章，2008 年发布的《中国科学院研究机构知识产权管理暂行办法》（科发计字〔2008〕196 号）同时废止。

33250—2016)、《高等学校知识产权管理规范》（GB/T 33251—2016）、《装备承制单位知识产权管理要求》（GJB 9158—2017），四个标准都遵循了科学性、体系化、前瞻性和可操作性的原理。四个标准之间既有区别又有联系。

《企业知识产权管理规范》由国家知识产权局、中国标准化研究院起草编制，经原国家质量监督检验检疫总局、国家标准化管理委员会批准，标准号为 GB/T 29490—2013，于 2013 年 2 月 7 日公开发布，2013 年 3 月 1 日起正式实施。《企业知识产权管理规范》借鉴 PDCA 的科学管理理念，提出基于过程方法的企业知识产权管理模型。企业在构建知识产权管理体系过程中应该遵循战略导向、领导重视和全员参与的指导原则，综合考虑经济社会发展状况、企业规模、所属行业等影响因素。

《科研组织知识产权管理规范》由国家知识产权局、中科院、中国标准化研究院起草编制，经原国家质量监督检验检疫总局、国家标准化管理委员会批准，标准号为 GB/T 33250—2016，于 2016 年 12 月 13 日公开发布，2017 年 1 月 1 日起正式实施。

《高等学校知识产权管理规范》由国家知识产权局、教育部、中国标准化研究院起草编制，经原国家质量监督检验检疫总局、国家标准化管理委员会批准，标准号为 GB/T 33251—2016，于 2016 年 12 月 13 日公开发布，2017 年 1 月 1 日起正式实施。

《科研组织知识产权管理规范》《高等学校知识产权管理规范》与《企业知识产权管理规范》的管理理念一脉相承，即遵循 PDCA❶ 循环管理原则持续改善知识产权管理体系，针对我国科研组织或高等学校知识产权管理存在的主要问题，将知识产权管理理念融入科研项目管理的全过程；科研组织通过持续改进的知识产权管理体系、高等学校绩效评价不断改进知识产权管理，实现无形资产保值增值和创新能力的持续提升。

《装备承制单位知识产权管理要求》由中央军委装备发展部国防知识产权局、中国船舶工业综合技术经济研究院起草编制，经中央军委装备发展部批准，标准号为 GJB 9158—2017，于 2017 年 9 月 12 日公开发布，2017 年 12 月 1 日起正式实施，是我国首部装备建设领域知识产权管理国家军用标准。

上述标准都已经实行了第三方认证审核。截至 2021 年 2 月底，全国通过《科研组织知识产权管理规范》第三方认证的科研组织已经超过 60 家，其中中科院研究所约占 50%。

---

❶ PDCA 循环管理的内涵见第三章。

4. 目前我国科研组织在知识产权管理中存在哪些主要问题？

科研组织是国家创新体系的重要组成部分，知识产权管理是科研组织创新管理的基础性工作，也是科研组织科技成果转化的关键环节。近年来，我国科研组织不断加大知识产权工作力度，科研人员在更加积极地进行科技创新的同时，利用知识产权保护创新成果的意识也在不断提升。但是，由于科技体制改革、市场经济法制环境、科研组织的法律地位等方面的原因，与发达国家科研组织相比，我国科研组织在知识产权管理机构设置、技术转移运行模式、知识产权权属和收益分配等方面，特别是知识产权保护效果和技术转移成效方面存在一定差距。经过调研分析，发现我国科研组织知识产权管理存在的主要问题有：

（1）缺少系统部署和战略性安排；

（2）组织体系建设和基础条件建设落后；

（3）专业性的知识产权管理机构和知识产权管理人员缺乏；

（4）管理粗放，操作不规范；

（5）知识产权质量和效益不高等。

科研组织在国家创新体系中的重要地位要求其必须加强知识产权工作，而制定并推行知识产权管理规范是切实加强其知识产权工作的有力抓手，是激发科研组织创新活力、增强创新能力的有效方式，也是因应创新型国家和知识产权强国建设要求的重要手段。《科研组织知识产权管理规范》的颁布为广大科研组织提供了一套建立和运行知识产权管理体系的参考规范，科研组织可根据标准的要求，策划、实施、检查和改进知识产权管理体系，提升知识产权质量，促进知识产权转化运用。

5. 科研组织知识产权管理规范有什么特点？

《科研组织知识产权管理规范》遵循 PDCA 管理原则，针对科研组织的管理特点，指导科研组织建立、运行并持续改进知识产权管理体系。基于科研组织的职责定位和发展目标，制定实施知识产权战略，根据组织自身发展需求、创新方向及特点等建立符合实际的知识产权管理体系，实现全过程知识产权管理，增强科研组织技术创新能力，提升知识产权质量和效益，促进知识产权价值实现。

《科研组织知识产权管理规范》与《企业知识产权管理规范》的管理理念一脉相承，即遵循 PDCA 循环模型建立、运行并持续改进知识产权管理体系。PDCA 循环的四个过程不是运行一次就结束，而是周而复始进行的科学过程，上一个循环未解决的问题进入下一个循环解决，从而实现阶梯式上升。

《科研组织知识产权管理规范》在管理机构、文件管理等方面都体现了管理体系的系统化，特别是在科研项目管理方面，对立项、执行、结题以及后续知识产权运营和保护等全过程提出了全面、系统的知识产权管理要求。科研组织依据《科研组织知识产权管理规范》可以构建系统的知识产权管理体系。

《科研组织知识产权管理规范》对知识产权管理机构和项目的全过程管理明确提出具体要求，使科研组织实施标准的任务清晰、操作可行。在组织结构上，最高管理者、管理者代表、知识产权管理机构、知识产权服务支撑机构、研究中心、项目组等不同层级的知识产权职责权限明确、定位清晰。考虑到科研组织知识产权管理机构比较薄弱，标准中提出可将科研组织的信息文献部门作为知识产权服务支撑机构，弥补管理的不足，保证了标准的可操作性。借鉴了国外先进经验，将知识产权管理部门和运营部门一体化设置，提出了基于现有技术成果转移体系的知识产权转化的相关要求，强调知识产权资产的保值增值；将知识产权管理融入科研项目的立项审批、项目实施、项目验收、成果转化与推广的全过程，在科研和创新过程中充分发挥知识产权的引导、激励、保障和服务作用，以知识产权促进科技创新和成果转化，提高科技创新活动的效率和效益；通过知识产权价值分析建立分级管理机制，确立合理的知识产权运用收益分配和激励方案，具有一定的前瞻性。

6. 科研组织知识产权管理规范的主要内容是什么？

《科研组织知识产权管理规范》是国家知识产权局、中科院、中国标准化研究院共同起草的推荐性国家标准，是科研组织知识产权管理体系认证的认证依据。该标准于 2017 年 1 月 1 日正式颁布实施。

在科研组织建立知识产权管理体系，把知识产权管理规范的要求融入科研组织的日常管理工作中。通过体系的建立与持续运行，实现知识产权全过程管理，为提升知识产权质量，增加具有商业化应用前景的长效、可用专利供给，提升专利运营及科技成果转化成效，提供制度保障。《科研组织知识产权管理规范》的主要内容包含一个核心 PDCA 循环，包含知识产权创造、运用、保护、管理线条及与知识产权相关的人员、信息、合同、设备、资源管理的两条主线。

《科研组织知识产权管理规范》中，科研组织知识产权管理的目标是实现知识产权资产增值保值，手段是加强知识产权运用，基本要求是加强管理规范化、加强知识产权信息利用、提升知识产权质量。在组织管理方面，要求最高管理者重视知识产权并保障体系运行条件、设置运营管理一体化的知识产权机构，体现了管理体系的系统化。在文件管理方面，规范了知识产权管理目标、管理手册、程序和记录表单，实现了文件管理的系统化。在项目管理方面，对立项、执行、结题以及后续管理等全过程的项目知识产权管理提出了明确要求。《科研组织知识产权管理规范》对知识产权工作体系、组织机构和项目的全过程管理明确提出了具体要求，使科研组织实施标准的任务清晰、操作可行。

7. 科研组织构建知识产权管理体系的原则是什么？

《科研组织知识产权管理规范》与《企业知识产权管理规范》的管理理念、思想一脉相承，虽然没有明确写出管理原则的内容，但是在标准的结构、条款的内容里都体现了四个原则的具体要求，即战略导向、领导重视、全员参与和全面覆盖。

（1）战略导向原则。统一部署科技创新和知识产权战略，使二者互相支撑、互相促进。科研组织的知识产权战略要与研究所的科研战略保持一致，并为科研战略提供有力的支撑。

（2）领导重视原则。最高管理者的支持和参与是知识产权管理的关键，最高管理层应全面负责知识产权管理。设计了最高管理者和管理者代表、管理机构、研究中心、项目组四层管理架构来解决管理不规范问题，突出了知识产权管理中最高管理者的统筹作用。

（3）全员参与原则。知识产权涉及科研组织各业务领域和业务环节，应充分发挥全体员工的创造性和积极性。

（4）全面覆盖原则。将知识产权管理理念融入科研项目管理的全过程管理，全面覆盖了科研组织知识产权管理的方方面面。

8. 就知识产权管理体系的建立与运行，企业与科研组织有何不同？

企业与科研组织由于组织构架、人员组成、管理体制、使命目标、发展模式都有差异，因此《企业知识产权管理规范》与《科研组织知识产权管理规范》也有着不同的特点。

（1）知识产权管理要求不同：企业围绕生产经营活动，科研组织围绕科研创新活动。

（2）企业知识产权重市场应用，科研组织知识产权管理重研发过程。

（3）企业知识产权贯标包含生产销售章节，科研组织知识产权贯标无此章节，但包含学生管理章节。

9. 在贯标工作组中科研组织领导的作用是什么？工作组成员分工如何？

知识产权管理体系建设是"一把手"工程，领导重视是体系健康运行的重要保障。只有领导重视，管理部门才能顺利推进，各个相关部门才能顺利配合执行。有两种科研组织的领导会比较重视知识产权：一种是尝到甜头的科研组织，另一种是吃过亏的科研组织。有的领导口头上重视，实际上不重视。有的领导口头上也不重视，实际工作中更不重视，使得体系工作和实际工作两层皮，难以真正推动。成立贯标工作组就是希望在最高管理层领导重视的前提下，将各部门中层领导和具体执行的人员组合起来，形成一个团队，认真研究和分析知识产权管理体系的建设。贯标工作组可以设置领导小组、协调小组和工作小组，分层次地推进贯标工作。

（1）领导小组主要由科研组织的最高领导者、管理者代表等最高管理层的人员构成。领导小组的主要工作有支持贯标工作的资源匹配、给中层领导的授权和遇到问题时的决策。

（2）协调小组主要由中层领导组成，规模较小、人数较少的科研组织可以不成立协调组，规模较大、人数较多而且管理部门机构庞杂的科研组织可以设立协调小组。协调小组的作用主要是协调、沟通、推动。管理部门较多、业务流程复杂的科研组织，通常业务繁忙、人员短缺，中层领导难以实际参与具体的管理体系文件的编写和讨论，但是一般可起到协调推动的作用，故成立协调小组，让中层领导了解相关事宜，并支持具体的工作人员配合体系建设部门的工作，起到承上启下的作用。

（3）工作小组依据各部门职责承担贯标具体管理工作，推进落实体系建设，监督其他部门落实体系要求。工作小组是具体落实领导意图、实际开展体系策划和讨论文件编写的机构，建议要有科研团队的人员、知识产权专员、管理部门的具体工作人员参加，必要时可以吸收辅导机构的人员参加。

【案例1.1】研究所贯标工作组通知的示例

关于成立《某研究所知识产权贯标工作组》的通知

各所属各部门：

根据《科研组织知识产权管理规范》（GB／T 33250—2016）和主管部门文件的要求，结合研究所贯标情况，成立某研究所知识产权贯标工作组，内容如下。

1. 设置知识产权贯标最高管理者及管理者代表工作职责。

最高管理者：×××

管理者代表：×××

工作职责：制定、批准发布知识产权方针；策划、批准发布知识产权中长期和近期目标；决定重大知识产权事项；定期评审并改进知识产权管理体系；确保资源配备。

2. 设置知识产权贯标领导小组。

组　　长：×××

副组长：×××

组　　员：×××

工作职责：统筹规划知识产权工作，审议知识产权规划，指导监督执行；审核知识产权资产处置方案；批准发布对外公开或提交重要知识产权文件；协调涉及知识产权管理部门间的关系；确保知识产权管理体系的建立、实施、保持和改进。

3. 设置知识产权贯标工作小组。

组　　长：×××

成　　员：×××

工作职责：负责知识产权贯标筹备、调查诊断、框架构建、文件编写、教育培训、实施运行、评价改进、贯标内审、贯标认证等贯标的全过程。

发文机关署名：某研究所

发文时间：×年×月×日

10. 在贯标过程中如何让科研人员接受知识产权理念并主动配合完成相关要求？

知识产权意识的提升是一个长期的工作，我们要不断加强对科研人员的培训，介绍知识产权保护的正面和反面案例，提升知识产权意识，定期推送与其相关的专利信息，揭示知识产权风险，给出有效的规避建议等。同时也应提升管理人员的能力和服务意识，能够为科研人员提供专利分析和布局的咨询建议，在提升专利质量的同时，给科研人员培训相关的知识，让科研人员逐步地认识到知识产权的重要性。帮助都是相互的，管理人员希望科研人员配合、知识产权体系工作推进顺利，而科研人员希望把科研成果更好地保护起来、取得突破性进展，进而能在创新和产业化方面取得更好的成绩。管理人员在专利布局、专利挖掘以及纠纷处理等方面多为科研人员出谋划策，时间长了，在大家的共同努力下自然会取得好的效果和成绩。

11. 知识产权管理体系建设过程中是否需要外部辅导机构？辅导机构可以帮助研究所做什么？

是否需要外部辅导机构，可根据科研组织的人力资源配备情况而定。在科研组织人手有限或对标准理解深入程度不够的情况下，可以聘请外部辅导机构协助。节省时间和精力，少走弯路，减少失误。

辅导机构可以协助知识产权主管部门梳理全所的知识产权管理现状、识别知识产权管理空白和风险，给出知识产权管理体系策划建议，编制知识产权体系文件，开展相关知识产权体系宣贯培训，协助科研组织完成知识产权管理体系内部审核（以下简称"内审"），并在外审时提供技术支持。

12. 如何选择外部辅导机构？辅导机构起到的作用是什么？

给科研组织辅导建设知识产权管理体系，需要辅导机构了解该科研组织的管理模式和管理体制，结合科研组织的需求开展贯标，不能单纯用给企业辅导的思路给科研组织做辅导。既懂知识产权又了解科研组织的辅导机构，才能结合科研组织的特点提供满足实际需求的辅导。

在启动贯标之前，辅导机构需要梳理一下，科研组织是否具备一定的贯标工作基础。比如，是否具有基本完备的成文信息（管理制度、流程和记录文件等）；科研组织的知识产权管理能否满足日常需要；对标准理解是否有差异；学科方向以及转移转化是否存在严重专利依赖；科研组织对知识产权、对组织的作用之期待是什么；科研组织是否同时运行其他管理体系。

科研组织需要什么类型的辅导？比如，在科研组织的知识产权服务方面有过既往的经验；对标准理解比较深入和准确；熟悉科研组织的文化和行事风格；在辅导中体系亮点能够得到识别和反馈。另外体系运行中还会发生很多意料不到的问题，处理不好，也会导致体系运行中断。选择优秀的辅导机构，可以有效解决上述问题，可以第一时间帮助科研组织跟进辅导解决问题。所以，选择优秀的辅导机构，可以使贯标工作事半功倍。

13. 贯标启动会的作用是什么？参加人员有哪些？贯标启动会应该准备什么内容？

召开贯标启动会，标志着科研组织管理层同意开展知识产权管理贯标工作，涉及的各部门需按照工作计划和节点，完成相应工作，配合协助知识产权主管部门建设知识产权管理体系。知识产权主管部门可在其职责范围内督促其他部门的执行情况。贯标启动会的参加人员包括：领导小组成员、协调小组成员、工作小组成员、研究单元负责人、科研人员等。贯标启动会内容包括宣布启动、标准解读，知识产权工作介绍以及贯标任务分工和计划节点等。

【案例1.2】某研究所《科研组织知识产权管理规范》贯标启动会

时间：2019年10月21日（周一）

地点：某研究所会议室

参会专家：所内贯标领导小组和工作小组的人员以及科研人员、管理人员、所外知识产权辅导等相关的专家

会议日程见表1-1。

表1-1　会议日程

时间	会议内容
8：30	介绍与会嘉宾
8：35—8：50	领导致辞
8：50—9：10	某研究所贯标工作进展介绍
9：10—9：30	某研究所主管部门贯标工作部署及进展
9：30—10：30	《科研组织知识产权管理规范》解读
10：30—11：30	贯标经验交流

14. 知识产权管理体系启动运行的时机如何选择？

好的开始是成功的一半。做好策划，知识产权管理体系的建立也基本完成了一半，选好体系启动和运行的时机，有助于体系快速有效的建立。研究领域和区域不同的研究所，启动知识产权管理体系建设和运行的时机也不同，选择适宜的时机启动贯标或试运行可以有效帮助科研组织更好地配合科研工作以及成果转化工作的部署和开展。科研组织可以根据科研开发业务的规律、调整周期或者结合运营规划等设计贯标启动时机。例如，有些科研组织由于科研项目的原因，很多科研人员一年中有大半年在野外作业，为了得到较好的贯标效果，贯标启动可以选择科研人员比较集中的时机。又如，每年2至3月是科研项目申请的高峰期，科研人员十分繁忙，建议避开这个时间，以减小科研人员的工作压力，提升配合度。无论选择年初启动还是年中启动，只要符合科研组织的科研和管理规律，能为科研组织的管理工作增添助益，就是科研组织知识产权贯标的宗旨。

【案例1.3】中科院南京土壤研究所贯标启动时机

每年春节到3月是科研人员申请各类科研项目的关键时期，在此期间不宜打扰科研人员，但是知识产权管理人员会有针对性地与项目组长和知识产权专员沟通，

使他们对贯标工作有初步了解。该研究所选择4月正式启动贯标工作，包括各种培训、宣贯、调研诊断、文件编制等，这时候项目组的科研人员和知识产权专员可以有更多的精力投入贯标工作当中。体系文件编写完成以后，选择合适的时机开始试运行也非常关键。考虑到试运行阶段应该创造尽可能多的机会让各管理部门和科研团队体验知识产权管理体系的实际操作过程，有利于体系的推广。每年6~7月学生答辩、毕业离所较为集中，7月新职工入所，8月底新生入所，7~8月也有许多会议举办。因此，该研究所选择6月1日启动体系正式运行，能够收集到较多的知识产权活动的记录，可以及时发现体系中存在的问题进行改进。

15. 如何建立有效的沟通机制？

科研组织的沟通机制包括内部沟通和外部沟通。内部沟通包括部门内部、部门与部门之间的沟通，内部管理部门和外部的辅导机构等相关方的沟通。

科研组织应建立有效、顺畅的内/外部沟通渠道，明确沟通的安排、时机和内容。通过沟通，提高效率，减少失误，从而增强知识产权管理体系的有效性。沟通的方式可以多种多样，如口头沟通、文件传递、培训、工作例会、工作简报、座谈会、专题会、宣传布告栏、内部刊物、新闻发布会、电话、传真、电子邮件、微信群、报告、合同、内部信息化工作平台等。

16. 中科院知识产权贯标部署情况及目前进展如何？

中科院在研究所建立知识产权管理体系，把知识产权管理规范的要求融入科研组织的日常管理工作中。通过体系的持续运行，实现知识产权全过程管理，为提高全院知识产权质量，增加具有商业化应用前景的高价值专利供给，提升全院专利运营及科技成果转化成效，提供制度保障。

2018年中科院连续发布两个文件❶，对贯标工作进行部署，在32家单位开展贯标工作，其中特色研究所和承担"弘光专项"的研究所必须开展贯标工作。确定的

---

❶ 中国科学院关于贯彻《科研组织知识产权管理规范》国家标准有关工作的通知（科发函字〔2018〕39号），中国科学院关于启动《科研组织知识产权管理规范》贯标工作的通知（科发函字〔2018〕286号）。

目标是到 2020 年底，至少有 30 家单位通过认证，该目标已经顺利完成。

中科院开展贯标的主要目标是：加强知识产权管理和保护，改善中科院内各单位知识产权管理水平参差不齐的现状，降低科研项目知识产权风险；提高知识产权质量，改变重授权轻转化的现状，从根本上提升技术创新能力；促进知识产权运营与转化，实现被市场认可的价值增值，积极应对中美贸易摩擦引发的"卡脖子"问题。

截至 2020 年 12 月底，中科院已有超过 30 家研究所知识产权管理体系通过认证，整体知识产权管理与运营水平明显提升。2021 年，中科院确定第二批贯标单位❶。中科院第一批贯标单位见表 1－2。中科院第二批贯标单位见表 1－3。

表 1－2　中科院第一批贯标单位

序号	研究所
1	中科院理化技术研究所
2	中科院上海硅酸盐研究所
3	中科院长春应用化学研究所
4	中科院电工研究所
5	中科院心理研究所
6	中科院南京土壤研究所
7	中科院东北地理与农业生态研究所
8	中科院地理科学与资源研究所
9	中科院西北生态环境资源研究院（含青海盐湖研究所、西北高原生物研究所）
10	中科院沈阳应用生态研究所
11	中科院昆明植物研究所
12	中科院、水利部成都山地灾害与环境研究所
13	中科院水生生物研究所
14	中科院新疆生态与地理研究所
15	中科院计算技术研究所
16	中科院青岛生物能源与过程研究所
17	中科院重庆绿色智能技术研究院
18	中科院近代物理研究所

---

❶　中国科学院关于进一步贯彻《科研组织知识产权管理规范》国家标准有关工作的通知（科发函字〔2021〕35 号），中国科学院关于确定第二批《科研组织知识产权管理规范》贯标单位并启动贯标工作的通知（科发函字〔2021〕77 号）。

序号	研究所
19	中科院西安光学精密机械研究所
20	中科院物理研究所
21	中科院工程热物理研究所
22	中科院武汉物理与数学研究所
23	中科院化学研究所
24	中科院合肥物质科学研究院
25	中科院大连化学物理研究所
26	中科院微生物研究所
27	中科院长春光学精密机械与物理研究所
28	中科院广州能源研究所
29	中科院宁波材料技术与工程研究所
30	中科院天津工业生物技术研究所
31	中科院武汉植物园
32	中科院苏州纳米技术与纳米仿生研究所

表1-3 中科院第二批贯标单位

序号	研究所
1	中科院植物研究所
2	中科院上海营养与健康研究所
3	中科院华南植物园
4	中科院西双版纳植物园
5	中科院微电子研究所
6	中科院半导体研究所
7	中科院福建物质结构研究所
8	中科院上海药物研究所
9	中科院分子细胞科学卓越创新中心
10	中科院动物研究所
11	中科院遗传与发育生物学研究所
12	中科院空天信息创新研究院
13	中科院自动化研究所

续表

序号	研究所
14	中科院金属研究所
15	中科院生物物理研究所
16	中科院生态环境研究中心
17	中科院苏州生物医学工程技术研究所
18	中科院成都生物研究所

第二章　调研诊断

调研诊断是通过一定的方法对组织进行深入地考察和了解，收集足够多、真实有效的信息，经过准确地归纳整理，结合法律法规、标准要求和组织需求等因素进行研究分析，为组织的体系策划与建立提供事实依据。

调研诊断工作应包括下述步骤。

（1）贯标工作小组结合实际工作情况，制订调研诊断工作计划。

（2）根据工作计划，深入了解组织知识产权管理架构、相关部门实际工作及涉及知识产权工作的情况。

（3）梳理分析了解到的信息，对照标准条款，列出发现的若干问题和不足，找出知识产权工作的发展重点，制订符合标准要求的贯标方案。

问题及解答

1. 科研组织调研诊断基本流程是什么？

科研组织调研诊断是在召开贯标启动会后进行的主要工作，其基本流程主要包括以下几个方面，如图 2 – 1 所示。

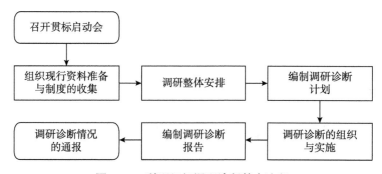

图 2 - 1　科研组织调研诊断基本流程

2. 科研组织调研诊断基本流程各步骤作用是什么？

（1）召开贯标启动会。

通过组织贯标启动会，充分借力最高管理者（或最高管理层）的领导作用，以启动会为契机，对组织架构的各类人员进行会议动员，宣布贯标工作领导组、协调组、工作组的人员构成，明确任务与目标，宣布贯标工作正式启动。

（2）资料准备与收集。

资料收集包含组织架构、部门职责、岗位职责、组织现有体系文件、制度文件、记录文件、知识产权相关的管理制度、知识产权台账等。

（3）编制调研诊断计划。

根据知识产权管理体系建设需要，确定需要交流访谈的部门；整理诊断问题与需要查阅的记录；提前与部门联络人建立联系，预约沟通时间；保证调研诊断计划在现场调研前至少1~2周发送相关部门及人员。

（4）调研诊断的组织与实施。

调研诊断开展方式较为多样，有远程电话调研、问卷调研、现场调研、交流会和现行管理文件的梳理等。

（5）编制调研诊断报告。

基于调研诊断现状及记录，如实描述，调研诊断报告包括调研发现、诊断结论、体系建议三个方面的内容。

（6）情况通报。

将诊断报告发送至相关部门，收集各部门反馈，对发现的不足进行二次补充调研，与各部门初步对诊断反映出的问题进行策划与研讨。

3. 知识产权管理体系建设过程中的调研诊断应该如何编制？调研诊断要达到何种效果？

调研诊断应覆盖科研组织知识产权管理过程的各个环节，梳理现行有效制度、管理过程和记录表单；调研报告应客观反映知识产权管理现状和相关方需求，对照相关法律法规及标准，找出现有管理的改进点和潜在风险，客观描述科研组织知识产权管理的现状。

4. 科研组织调研诊断包含哪些内容？

为保证调研诊断的全面性，应至少从以下几方面开展调研诊断工作。

（1）组织概况与知识产权基础；

（2）组织管理层与管理机构；

（3）组织知识产权管理的资源配备；

（4）组织现行的知识产权管理基础；

（5）组织的其他管理基础；

（6）组织的文件和记录管理基础。

5. 针对科研组织概况与知识产权基础，调研诊断应包含哪些内容？

通过对科研组织概况与知识产权基础进行调研，掌握科研组织的内部与外部环境，诊断科研组织知识产权管理的需求特点，分析科研组织发展阶段，评价科研组织知识产权能力层级，掌握科研组织贯标工作成熟条件，为建立与完善知识产权管理体系起引导作用，具体可从以下几点展开调研。

（1）科研组织基本情况、科研组织定位、"一三五"规划❶、"十三五"规划、

---

❶ "一三五"规划是指中科院各研究所围绕国家科技战略需求，明确本所未来 5 年的一个研发定位、三个重大突破和五个重点培育方向，体现研究所的战略定位和发展规划。2011 年，中科院正式全面启动"创新2020"，进一步明晰了"民主办院、开放兴院、人才强院"的战略定位，确立了出成果出人才出思想"三位一体"的战略使命。同时，全面实施重大产出导向的"一三五"规划，要求各所按照"一个定位、三个重大突破、五个重点培育方向"进行前瞻布局，明确重大产出和重要方向。

"十四五"规划、组织架构、所属行业等；

（2）科研组织涉及知识产权类型（专利、商标、商业秘密等）与数量，申请趋势等；

（3）科研组织知识产权重大事宜，如重大知识产权产出、转移转化成果、获奖情况、知识产权诉讼等；

（4）科研组织科研项目立项、执行期与组织科研经费；

（5）科研组织所在行业的知识产权特点；

（6）科研组织的管理模式与文化。

6. 针对科研组织的管理层与管理机构，调研诊断应了解哪些内容？

对科研组织管理层与管理机构的调研，应了解科研组织领导层对知识产权重视程度与认知，对推进知识产权管理体系建立或完善的决心、能力，从而掌握在部门访谈、补充调研、全面组织与推广、宣贯运行等环节推进的难易程度，为知识产权管理体系策划与运行提前建立应对策略和工作方案。

7. 针对科研组织知识产权的资源配备，调研诊断应了解哪些方面？

科研组织知识产权的资源配备为科学研发提供支撑保障。不同的资源配备能从侧面反映科研组织对知识产权工作的重视程度，也可寻找科研组织管理可提升与完善的环节，提出策划与建议。如从科研组织的管理架构，从最高管理者、管理层与管理机构的职责分工，分析现行管理交集与盲区；通过从事知识产权工作的人员的数量、素质、专兼职情况，从侧面反映科研组织知识产权工作团队的专业性；内外部的资源配备，如内部软件设施、经费支持、法务、知识产权委托代理机构情况，具体可从以下几方面展开调研诊断。

（1）科研组织的管理层级（最高管理者、管理层、管理与支撑单元、研究单元）；

（2）知识产权工作人员（数量、培训、技能、水平、分布、专兼职情况等）；

（3）知识产权的对外委托与合作（代理机构选择与合作模式、效果等）；

（4）科研组织条件保障（办公场所、软硬件设备，如专利分析工具、数据库等）；

（5）信息获取（信息收集渠道与机构、专利布局、情报分析等）；

（6）法务资源（争议处理机制、专兼职人员、法律知识获取渠道等）；

（7）知识产权财务预算、经费配备。

8. 针对科研组织知识产权管理基础（制度、流程、记录），调研诊断应了解哪些内容？

对现行管理制度、流程与国标管理控制点逐一甄别，分析现行制度在知识产权全过程管理过程中的符合性和有效性，梳理出管理缺失、末节缺失和管理交叉点，从而在体系策划与文件编制过程环节，建立既符合科研组织需求，又能使管理体系起到简单、高效、实用的效果的管理制度。

科研组织的知识产权管理基础，调研诊断应包含以下内容。

（1）已有的知识产权相关管理制度（已成文、数量、实施情况）；

（2）已有的知识产权管理流程；

（3）已有的保密制度（技术秘密、商业秘密或内部信息管理）；

（4）知识产权信息化平台建设及其数据应用。

9. 针对科研组织其他管理基础，调研诊断应从哪些方面开展？

调研科研组织已运行管理体系基本情况，通过运行效果、覆盖范围、内审员数量与专兼职情况，掌握科研组织是否具有体系运行基础，科研组织成员对"体系"是否陌生，这将为知识产权管理体系的有效运行提供辅助作用；如科研组织有意向融合建设，体系策划与文件编制过程将充分考虑已运行管理体系的手册、程序和记录文件，最终以哪种层级融合建设，以科研组织管理需求与现状决定，坚持做到简单、高效、实用，坚决杜绝"两张皮"的情况出现。具体调研诊断可从如下方向开展。

（1）科研组织在运行的其他管理体系（质量、环境、职业健康安全管理体系等）；

（2）管理体系运行时间、运行效果、覆盖范围、覆盖产品、覆盖的管理机构；

（3）体系内审、管评、内审员（数量、专兼职等）情况；

（4）科研组织是否有意开展体系融合❶建设。

10. 针对科研组织的文件与记录管理应调研哪些内容？

科研组织文件管理与档案管理要求，保证档案管理符合国家法规与标准，记录文件具有追溯性，文件发布、更改、销毁符合国家标准要求，知识产权文件定期归档与动态更新。调研可从如下几点展开。

（1）科研组织文件发布管理，文件更新管理；

（2）档案管理，已有的记录管理（纸件、电子化、动态更新等）；

（3）外来文件管理（行政决定、司法判决、律师函件等）；

（4）文件类别、保管方式和保管期限；

（5）失效文件管理。

11. 调研诊断有哪些注意事项？

为保证调研过程的高效性、有效性和准确性，在调研诊断中，注意事项有如下5点：

（1）从制度化、文件化、流程化、表单化、数据化、规范化、标准化的角度展开调研，以标准控制点、科研组织管理目标、管理规范化等作为"参照物"，对照实际查找问题点及支撑该问题点的事实；

（2）对管理流程、管理目标进行跟踪调研，从实际管理过程发现问题，通常采用顺查法❷和逆向追溯法❸两种；

（3）收集管理资料、表单记录，从中找出问题点及调研切入点；

（4）对收集到的问题材料以专业的体系管理思维进行统计、分析，使诊断结果

---

❶ 体系融合是指组织引进运行多管理体系时，应当分析管理体系各自的特点，以过程方法为主线、"共性兼容，个性互补"为原则、技术手段和领导者责任为支撑，将各管理体系的要求充分模块化并集成为一个整体运行、不断循环 PDCA 加以优化，为科研组织高质、高效、有序发展和追求卓越提供保障。

❷ 顺查法：由制度、流程等管理文件切入，再从科研组织实际运行状态去验证，分析现行制度的待完善处，找出制度与运行实际的矛盾点以及与标准的不符合点。

❸ 逆行追溯法：由运行实际调研，总结科研组织运行基础，梳理管理流程，再与科研组织制度、流程等管理文件结合，与标准要求对比，分析其不符合性与有效性。

让人信服；

（5）要避免重复调研，提高调研准确性、效率性，每个调研对象 1~2 次为宜；对于沟通中存在的疑问或分歧，进行补充调研，直到弄清为止；对于沟通中的重要情况要作记录；采集调研过程记录表单。

12. 谁来调研诊断，调研人员应具备哪些能力？

调研诊断过程可由科研组织内部人员主导，也可委托外部机构人员协助完成，内外配合共同开展。

科研组织的内部人员是最了解本组织文化及定位、发展特色及趋势的人，要充分利用内部人员对本组织的认识和对本组织未来发展方向的期盼，结合外部人员对于知识产权管理体系的理解，更加深入、深刻地了解目前科研组织的管理，特别是知识产权管理过程和手段，为后期体系策划奠定基础。

调研人员需要具备的能力包括但不限于：了解科研组织管理模式；了解科研组织管理文化；熟悉知识产权相关法律法规；了解科研组织的知识产权管理实务；掌握知识产权创造、保护、运营基础流程；清楚知识产权管理体系的标准要求。

13. 形成调研诊断结论时，所采用的对比分析依据有哪些？

调研诊断结论形成所采用的对比分析依据包括但不限于如下：

（1）国家、地区法律法规；

（2）知识产权管理国家标准；

（3）相关方❶的要求；

（4）科研组织行业标准；

（5）国内优秀企、事业单位的成功经验。

---

❶ 科研组织的相关方包括政府、上级主管部门、合作创新主体、科研组织内部人员、供应商以及产业化形成的公司等。

14. 调研对象是谁？调研侧重点有哪些？

调研对象应至少包含中高层管理者、知识产权相关业务主管、科研组织的职工与学生，专职从事知识产权工作的管理人员或专员。

（1）高层领导者，侧重调研组织发展愿景、宏观决策，体系构建目的与效果预期；

（2）中层管理人员，侧重调研本部门知识产权相关工作及知识产权的规划和安排，本部门在知识产权管理体系中的作用；

（3）相关业务主管，侧重调研管理、支撑、科研单元，涉及知识产权创造、保护、运营过程，科研物资与服务采购，固定资产处置，人力资源管理，学生管理，资源与条件保障等主管人员，调研管理过程与需求；

（4）科研组织职工与学生，侧重调研现行管理的执行情况，体系建立与完善建议；

（5）知识产权管理人员或专员，侧重调研知识产权管理需求与工作难点，了解科研组织科研动态与知识产权需求，如专利保护，专利布局，产业分析，知识产权代理机构，知识产权创造、保护、运营等。

15. 调研诊断前需确认哪些事项？

调研诊断前需与科研组织知识产权管理部门就调研事项进行沟通并达成一致；制订调研方案、整理调研的需配合事项、确定调研时间及流程安排和调研对象样本，调研对象应取不同层级的关键岗位，以确保调研中针对同一调研主题，能更全面地了解现状，确保调研信息的有效性。

16. 常规调研诊断方式有哪些？

在管理诊断过程中，常规采用资料收集、现场调研、交流访谈、问卷调研和制度梳理等方式。

（1）资料收集：列出相关资料收集清单，可由科研组织知识产权管理部门协助收集；

（2）现场调研：通过了解科研组织实际情况，如科研管理过程、知识产权创造保护运营过程、人力资源情况、员工与学生心态与精神面貌、工作及生产环境、氛围、条件保障等；

（3）交流访谈：访谈包括科研组织管理层、知识产权管理人员、员工与学生的访谈。提前编制访谈提纲与访谈计划，确定访谈目的、日期、开始和结束时间、地点、内容和联系方式；

（4）问卷调研：通过调研问卷，收集员工对管理现状、科研组织对知识产权的认知；

（5）制度梳理：通过现行知识产权相关制度梳理，找出管理末节与缺失，分析可提升和完善的管理环节。

17. 调研问卷如何设计？

问卷调查是一项有目的的研究实践活动，因此将要设计的问卷就是为特定研究目的服务的。设计问卷前必须做好充足的理论准备，宏观层面上应做到以下两点。

（1）明确研究的主题；

（2）明确设计者想通过问卷调查获取的信息。

调研问卷的设计需要遵循的原则：

（1）可问可不问的坚决不问：要明白问卷容量是有限的，因为填写者的时间有限。理想的问卷设计应是通过最少的问题获取最大的研究信息。

（2）无关研究目的的不问：问卷是为研究目的服务的，千万不要本末倒置。

（3）创造性地设计问题：研究目的是抽象而宏观的，而要设计的问卷则是通过具体的提问将研究目的进行微观层面上的分解，因此如何通过询问一个个背后有理论支撑与研究目的的问题来获取想要的信息，就需要在问题设置上下功夫。

（4）循序渐进、版块化的设计结构：问卷如何进行逻辑式的设计？研究主题的特征是抽象和宏观，落实到具体的研究工作中则要想办法将其逐步地具体化和版块化。

（5）选项设计着重考虑周延性：选项实际上是设计问题的深化，也是分析问卷之前所做的最后一次思考工作——将研究目的变量化。研究目的变量化的高低直接决定了研究目的的实现程度，要做的就是：将研究目的创造性地进行变量化改写。变量化即一个个具体而有目的的选项，例如 A、B、C……

第三章　体系策划

在调查诊断并发现问题的基础上，建立知识产权管理体系框架，其重点是形成知识产权工作管理架构、方针、目标以及体系文件等方面的规划，并在领导层和工作层面达成共识。

（1）在组织管理方面，要明确最高管理者、管理者代表的职责和义务，确保贯标工作过程中人力、财务、信息、设施（设备）等资源的配备以及相关事务的协调。特别要明确知识产权管理机构以及相关管理部门的工作职能和任务。

（2）在人员配备上，在贯标工作初期阶段配备专门负责贯标内外联系、上传下达等工作的人员。在体系覆盖部分（部门）都应明确相关联系人，用于对接相关知识产权工作。

（3）充分考虑科研组织现阶段的知识产权工作基础和未来发展的规划，明确知识产权方针和目标。知识产权方针必须要和科研组织的发展战略保持一致；知识产权目标的设置可分为长期目标、中期目标、年度目标和年度部门分解目标。

（4）在梳理现有管理制度、程序文件、记录文件的基础上，结合标准对知识产权工作流程的要求，形成知识产权管理体系文件的撰写方案（改编、新增或修订）。

问题及解答

1. 科研组织知识产权管理体系策划的内容是什么？

知识产权管理是一项系统性的活动，它是通过建立、运行和保持一个有效的知识产权管理体系来实施的。科研组织知识产权管理体系策划包括：

（1）搭建知识产权工作管理架构，明确各层级、各部门以及相关人员的职责和权限；

（2）结合科研组织知识产权工作实际情况及未来发展战略，制定知识产权方针和目标；

（3）在现有管理制度、管理文件的基础上，结合标准要求，形成体系文件撰写方案；

（4）匹配相应的资源（人力、财务、信息、设施等），确保体系化建设工作顺利实施；

（5）提出知识产权管理体系持续改进拟采取的措施，并确保该措施能够实施。

知识产权管理体系是一个不断改进的动态系统，体系策划也不是一蹴而就的，需要不断地调整和改进，直到管理体系能够切实适合科研组织的自身特点和发展要求。

【案例3.1】 知识产权管理体系策划报告

对一个科研组织的知识产权管理体系进行策划时，可以参考以下内容。

知识产权管理体系策划目录

1. 策划原则

1.1 体系创建原则

1.2 体系层次

2. 知识产权管理体系策划

2.1 组织结构

2.2 知识产权方针和目标

2.3 知识产权手册

2.4 文件管理

2.5 策划建议

2.5.1 立足特色定位，着眼未来战略

2.5.2 工作不走过场，真正做到适宜有效

2.5.3 加强知识产权风险管理

2.5.4 加强科研项目的知识产权全过程管理

2.5.5 合同中的知识产权管理

2.5.6 专利分级与放弃管理

2.5.7 加强知识产权培训

2.5.8 加强资产处置中的知识产权检查

3. 计划编制的体系文件清单

4. 知识产权管理体系认证计划安排

5. 附件（初步策划记录文件）

6. 保密承诺及其他

2. 体系策划的原则是什么？

科研组织在开展体系策划的时候应遵循以下原则：

（1）符合性。即科研组织的知识产权管理体系应符合相关法律法规的要求，符合《科研组织知识产权管理规范》标准的要求，符合科研组织及相关方的要求。

（2）有效性。即科研组织的知识产权管理体系建立后，《科研组织知识产权管理规范》和相关法律法规的要求应能得到有效实施，科研组织在知识产权工作中遇到的问题应能得到有效解决。

（3）适宜性。即科研组织的知识产权管理体系应与现有的管理制度和管理体系相适应，能够从知识产权的角度补充、完善现有管理制度和管理体系的不足，并且能够满足科研组织未来发展的需要。

3. 体系策划应该由谁来做？

科研组织在开展体系策划时需要充分了解：

（1）科研组织的发展战略（包括组织的使命和愿景）；

（2）科研组织所处的环境❶（包括内部环境和外部环境）以及存在的风险；

---

❶ 组织环境是指所有潜在影响组织运行和组织绩效的因素或力量。组织环境调节组织结构设计与组织绩效的关系，影响组织的有效性。组织环境对组织的生存和发展，起着决定性的作用，是组织管理活动的内在与外在的客观条件。

（3）科研组织需要改进的方面和改进的程度；

（4）相关方的需求和期望；

（5）知识产权管理体系建立和运行预期的结果和所需的资源等。

承担体系策划的人员需要对科研组织基本情况有全面的了解，对科研组织发展规划有通盘的考虑，并且能够调动各方面的资源，协调各部门的利益。因此，体系策划应由最高管理层主导，自上而下推动，逐层予以落实。通常最高管理者可以授权管理者代表牵头组织，由贯标工作小组（包括知识产权管理部门、职能部门、科研团队的相关人员）来完成体系策划的具体工作。

4. 科研组织如何制定适宜的知识产权方针和目标？

涉及标准条款4.2

> 4.2　知识产权方针和目标
>
> 应制定知识产权方针和目标，形成文件，由最高管理者发布并确保：
>
> a）符合法律法规和政策的要求；
>
> b）与科研组织的使命定位和发展战略相适应；
>
> c）知识产权目标可考核并与知识产权方针保持一致；
>
> d）在持续适宜性方面得到评审；
>
> e）得到员工、学生的理解和有效执行。

知识产权方针是科研组织知识产权工作的宗旨和方向，它体现了科研组织管理层或者最高管理者在知识产权工作方面的理念和意图。按照标准要求，制定、实施和保持知识产权方针是最高管理者的基本职责之一，也是其领导作用的重要体现。因此，知识产权方针必须与科研组织的愿景和使命相一致，能够体现科研组织未来的发展方向和长远的发展目标。知识产权方针还应包含科研组织持续改进知识产权管理体系的承诺。

知识产权目标是科研组织对知识产权管理体系取得结果的预期，也是知识产权管理体系持续改进的方向。科研组织应在各职能、各层次以及知识产权管理体系的各个过程中建立知识产权目标，确保科研组织发展战略和知识产权方针的实现。

（1）知识产权目标应与知识产权方针保持一致，应符合相关法律法规，符合科研组织的实际情况，符合科研组织学科领域特点，符合相关方的要求。

（2）知识产权目标应可测量、可考核、可实现，科研组织在制定知识产权目标的时候，应确定实现知识产权目标的具体措施、保障资源、责任部门（人员）、完成时限以及评价（考核）方法。

（3）知识产权目标不是一成不变的，应该是动态的，当发现知识产权目标与科研组织发展需求不相适应时，应及时调整更新。

最高管理者应确保知识产权方针和目标在科研组织内部达成共识，并得到全体员工的充分理解和有效执行。

在此基础上，各部门、各研究单元应制定本部门、本研究单元的知识产权目标，并与科研组织的知识产权目标保持一致。

【案例3.2】A所的知识产权方针和目标

知识产权方针：规范知识产权管理，加强知识产权保护，提高科技创新能力，促进创新成果转化。

知识产权目标：

1. 长期目标

建立和完善知识产权管理体系，降低知识产权纠纷风险，提高知识产权转化运用能力；实施知识产权战略，促进科技创新成果的价值实现，避免创新成果流失，持续提升研究所自主创新能力。

2. 三～五年目标

（1）五年内专利申请总量达到150件，且发明专利占比不低于50%，主持或参与制定1～3项地方或行业标准，自主知识产权拥有量达到国内同领域科研院所领先水平；

（2）进一步健全知识产权管理制度，运用知识产权提升本单位成果转化和创新能力；

（3）提高知识产权保护意识，营造知识产权保护文化氛围，形成全所员工参与知识产权保护的格局。

【案例3.3】B所的知识产权方针和目标

知识产权方针：紧扣国家能源动力重大需求，围绕××领域重大科技问题，自主创新形成知识产权，加强保护助力成果转化。

知识产权目标：

1. 中长期目标

形成关键核心技术的知识产权布局，提升研究所在能源动力领域的核心竞争力，构建有效的知识产权管理体系，为科技成果转化保驾护航。

2. 三年目标

（1）持续保障研究所管理体系的落实运行，实现知识产权管理体系与研究所发展融合促进；

（2）提升知识产权人才队伍的专业水平，具备承担重大科研项目知识产权全过程管理的能力，增加院级知识产权专员 3~5 名；

（3）建立以研究方向为牵引的专利导航模式，在研究所重大突破或重点培育的至少 3 个方向上形成高价值专利布局和组合。

A 所是从事内陆水体生命过程、生态环境保护与生物资源利用研究的综合性学术研究机构，无论是学科特点，还是发展现状，现阶段知识产权工作重心还是以增强意识、鼓励创造、加强保护为主，在此基础上提升科技成果转化运用的能力，其知识产权方针和目标与研究所现状及未来发展要求是一致的。

B 所是从事能源高效转换与环境研究的面向应用为主的研究机构。2018 年，其科技成果转化合同额在全国高校院所中名列前茅，知识产权管理与运营已经形成较好基础。现阶段工作重点是围绕能源动力领域核心技术进行专利布局，培育高价值专利，形成以知识产权为核心的科技成果转化运营体系。

这两个研究所的知识产权方针与自己的定位和发展战略一致；知识产权目标既有长期目标，又有短期目标，既有定性指标，又有定量指标，符合研究所学科特点以及知识产权管理水平。

5. 知识产权方针和目标的区别是什么？

知识产权方针是科研组织知识产权工作的宗旨和方向，知识产权目标应与知识产权方针保持一致并可考核。

知识产权方针和目标的区别如下：

（1）知识产权方针是科研组织对于知识产权工作的理念或者策略，属于宏观的意图；知识产权目标是组织对知识产权工作预期结果的主观设想，也是知识产权工作的预期目的，是一种具体的事物。

（2）知识产权方针属于战略层面，它是引导组织知识产权事业前进的方向；知识产权目标属于战术层面，它具有阶段性和实用性，包含了远期、中期、近期和年度目标，体系总体目标和各部门分解目标，定性目标和定量目标等，要求具体并可实现。

6. 如何确定知识产权管理体系覆盖的范围？

科研组织应明确知识产权管理体系的边界和实用性，以确定其覆盖范围。在确定范围时，科研组织应考虑：

（1）科研组织的环境；

（2）相关方的需求和期望；

（3）科研组织的定位和学科领域特点；

（4）科研组织的知识产权类型、特点和体量等。

对于科研组织来讲，它所从事的科研活动通常都是围绕它的学科领域和专业方向来开展的，因此科研组织的知识产权管理工作应该是覆盖其学科领域所包含的全部科研活动的全部过程。

【案例3.4】知识产权管理体系的覆盖范围

中科院青海盐湖研究所是我国唯一一家专门从事盐湖研究的科研机构，其学科领域包括：盐湖地质学、盐湖地球化学、盐湖相化学与溶液化学、盐湖无机化学、盐湖分析化学、盐湖材料化学、盐湖化工等。

盐湖作为国家战略资源，如何保证对其合理开发和高效利用，如何推进青海省的经济发展，是该研究所制定知识产权战略时必须要考虑的因素。

该研究所的知识产权管理体系覆盖了盐湖资源基础研究、地球化学研究、生态环境与资源调查研究、盐湖资源综合利用研究、盐类及各种矿物化学分析与测试领域的知识产权创造、运用、保护、管理，与其主要学科领域（盐湖资源化学、盐湖地质与环境、盐湖资源综合利用）是一致的。

7. 如何理解"适应性调整"?

涉及标准引言

> 引言:
>
> 本标准指导科研组织依据法律法规,基于科研组织的职责定位和发展目标,制定并实施知识产权战略。科研组织根据自身发展需求、创新方向及特点等,在实施过程中可对本标准的内容进行适应性调整,建立符合实际的知识产权管理体系。通过实施本标准,实现全过程知识产权管理,增强科研组织技术创新能力,提升知识产权质量和效益,促进知识产权的价值实现。

《科研组织知识产权管理规范》标准为广大科研组织建立和运行知识产权管理体系提供了理论依据和参考框架,但是标准毕竟是死的,它的条款不可能面面俱到,不可能百分之百适用于各种类型的科研组织。对于科研组织来讲,如果标准的全部要求适用于科研组织确定的知识产权管理体系范围,组织应实施标准的全部内容;如果标准的某些要求不适用于科研组织确定的知识产权管理体系,就可对标准内容进行适应性调整。那么,究竟如何调整才算是标准中所说的"适应性调整",如何调整才算是符合标准要求?此处可以借鉴质量管理体系中的做法❶。标准里没有明

---

❶ 《质量管理体系要求》(GB/T 19001—2008):

1.2 应用

本标准规定的所有要求是通用的,旨在适用于各种类型、不同规模和提供不同产品的组织。

由于组织及其产品的性质导致本标准的任何要求不适用时,可以考虑对其进行删减。

如果进行删减,应仅限于本标准第7章的要求,并且这样的删减不影响组织提供满足顾客要求和适用法律法规要求的产品的能力或责任,否则不能声称符合本标准。

《质量管理体系要求》(GB/T 19001—2016):

4.3 确定质量管理体系的范围

组织应确定质量管理体系的边界和适用性,以确定其范围。

在确定范围时,组织应考虑:

a) 4.1 中所提及的各种外部和内部因素;

b) 4.2 中提及的相关方的要求;

c) 组织的产品和服务。

如果本标准的全部要求适用于组织确定的质量管理体系范围,组织应实施本标准的全部要求。

组织的质量管理体系范围应作为成文信息,可获得并得到保持。该范围应描述所覆盖的产品和服务类型,如果组织确定本标准的某些要求不适用于其质量管理体系范围,应说明理由。

只有当所确定的不适用的要求不影响组织确保其产品和服务合格的能力或责任,对增强顾客满意也不会产生影响时,方可声称符合本标准要求。

确哪些条款可以调整，哪些条款不可以调整，调整的主动权在组织自己。当科研组织对标准内容进行适应性调整时，应充分考虑科研组织知识产权管理体系的规模和复杂程度、所采取的管理模式、学科领域的特点以及所面临的风险和机遇，保证调整后科研组织知识产权管理体系的完整性和有效性，科研组织所开展的知识产权活动能够满足科研组织和相关方的要求和期望。需要强调的是，科研组织在做适应性调整的时候，必须要有足够充分、合理的理由。调整的理由应在体系文件发布前给予说明，或者以单独文件的形式表述或者在知识产权管理手册的前言部分进行表述。调整的理由需要让体系内部全体员工了解和理解。

8. 体系策划就等于知识产权手册编写或者管理制度编写吗？体系策划与体系文件编写的区别和联系是什么？

不能简单地将体系策划等同于体系文件（知识产权手册或者管理制度）的编写。

体系策划是建立在对科研组织知识产权管理规范和科研组织基本情况充分理解、比对基础上的宏观的顶层设计，包括设计组织结构、制定规章制度、配置保障资源等，而制度化正是体系建立和实施的最直观的体现。体系文件把涵盖科研组织知识产权创造、运用、保护和管理各环节的规章制度通过文字表达出来，使得日常的知识产权工作有法可依、有章可循，是知识产权管理体系存在和有效运行的基础。体系文件是体系策划的一个重要组成部分，是体系策划内容的分解和具体落实，二者紧密联系，具有高度一致性。

【案例 3.5】提前谋划，制度先行，为贯标工作打好基础

中科院宁波材料技术与工程研究所一直关注《科研组织知识产权管理规范》国家标准的制定与出台进度，积极组织知识产权管理人员及知识产权专员参加贯标培训，在研究所内部宣传知识产权体系化、标准化的理念。2018 年，该研究所启动贯标工作，本着"体系建设，制度先行"的原则，借助研究所开展制度梳理之机，将《科研组织知识产权管理规范》标准相关条款及时写入各项规章制度中，为全面推进贯标工作打下良好的基础。该研究所相继修订出台《知识产权管理办法》《横向项目管理暂行办法》《与企业共建技术中心管理暂行办法》《分支机构管理办法》，制定出台《对外投资管理办法》等，加强知识产权保护、横向项目诚信管理、无形资产监管、分支机构管理，从整体上做到既鼓励科研人员创新创业、提高成果转化积极性，同时又做到"有的放矢"，加强规范管理，从制度上保护研究所及科研人员的权益，贯彻"放、管、服"科技体制改革，推动转移转化高质量发展。

9. 科研组织如何搭建适宜的组织机构？

目前，科研组织普遍实行核算制度，其研究单元也是内部经济核算单元，不仅要从事科研活动（包括确定科研方向），还承担着科研经费的争取和使用、人员团队的组织与管理等任务。在某种程度上，研究单元的负责人具有相当大的权限。

《科研组织知识产权管理规范》标准为科研组织设计了管理层（最高管理者和管理者代表）、管理部门、研究中心、项目组的四层管理架构，并规定了不同层级的不同管理要求，以此来解决目前科研组织中普遍存在的管理不规范的问题，在这种管理结构中突出了最高管理者的统筹作用，同时发挥了项目组（项目组长）在知识产权管理中的基础作用（见图 3 - 1）。这种管理架构也是目前大部分科研组织普

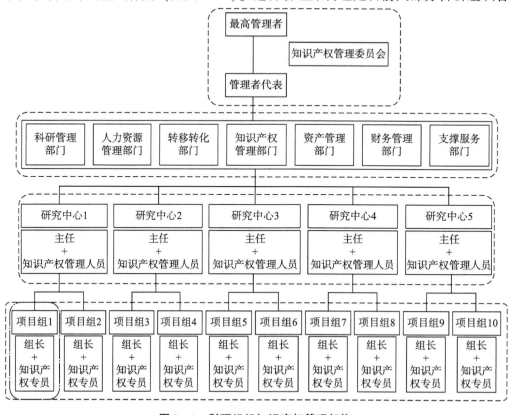

图 3 - 1　科研组织知识产权管理架构

遍采取的组织结构模式，它的特点是：权责明晰、命令统一、决策迅速。

除此之外，还有一部分科研组织采用了管理层、管理部门、研究中心三层的管理架构，在这种管理模式中，研究中心的负责人掌握着科研、人事、财务等权限，扮演了非常重要的角色。

科研组织究竟采取三层还是四层的管理架构，取决于科研组织的内部经济核算单元是研究中心还是项目组。也就是说，科研组织可以根据核算单元的不同来考虑设置三层还是四层管理结构。

无论采取哪一种组织机构，最高管理者应依据知识产权管理体系策划的结果，设置具体部门和岗位，并明确各部门及岗位的职责和权限，确保在既有分工又有合作的情况下，围绕知识产权目标的实现开展工作，确保规定的职责和权限传达到相关部门、相关人员，各级管理者和员工不仅知道并理解自己的职责权限，而且了解与其存在接口的其他岗位的职责和权限，以便各岗位相互配合和交流，从而使组织的知识产权管理活动得到有效开展。

【案例3.6】中科院某研究所知识产权管理体系的组织机构

该研究所以研究中心为核算单元，其组织机构属于典型的三层管理架构，研究中心负责人具有较大的科研、人事及财务权限（见图3-2）。

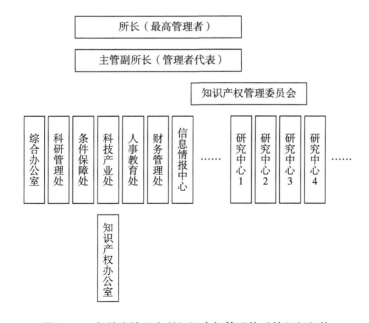

图3-2　中科院某研究所知识产权管理体系的组织机构

【案例3.7】 中科院某研究所知识产权管理体系的组织机构

该研究所在研究中心下设置了不同的项目组，以项目组为基本核算单元，项目组长具有较大的科研、人事及财务权限，因此它的组织机构是典型的四层架构（见图3-3）。

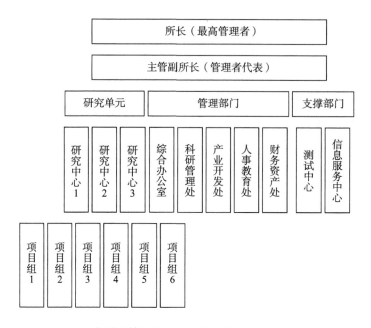

图3-3 中科院某研究所知识产权管理体系的组织机构

10. 最高管理层在知识产权管理体系中的作用是什么？

涉及标准条款5.1

> 5.1 最高管理者
>
> 最高管理者是科研组织知识产权管理第一责任人，负责：
>
> a）制定、批准发布知识产权方针；
>
> b）策划并批准知识产权中长期和近期目标；
>
> c）决定重大知识产权事项；
>
> d）定期评审并改进知识产权管理体系；
>
> e）确保资源配备。

科研组织的最高管理层包括最高管理者、管理者代表以及其他分管相关工作的主要领导。必要的时候可以设立知识产权管理委员会。

我们常说，贯标工作是"一把手"工程，在组织内部，"一把手"的态度往往决定了一项工作能否顺利实施。贯标工作是一项新生事物，抵触和不理解都是难以避免的，没有"一把手"的大力支持和亲自参与，各部门很难全力配合并积极参与，贯标工作的各项任务也很难保证落到实处。《科研组织知识产权管理规范》规定，最高管理者是科研组织知识产权管理第一责任人，即最高管理者拥有知识产权管理体系内所有决策的最终决定权和所有冲突的最终裁量权；最高管理者需要承担最终责任，为体系指明方向和目标、搭建组织架构、配备所需资源、评价管理绩效并持续改进。因此，知识产权管理必须由最高管理者领导并对知识产权管理负责，各级管理者应承担相应的知识产权管理职责。这是领导作用原则的重要体现，是组织知识产权管理体系建立、实施、保持和改进其有效性的基本条件。

当然，在大多数情况下，最高管理者对于知识产权管理体系内的重大问题的决定要通过领导层集体决策来实现，这就需要领导层就相关问题能够达成共识，形成统一意见。

（1）知识产权管理体系是不是必须要设置管理者代表？管理者代表的作用是什么？

涉及标准条款5.2

> 5.2　管理者代表
>
> 最高管理者可在最高管理层中指定专人作为管理者代表，总体负责知识产权管理事务：
>
> a）统筹规划知识产权工作，审议知识产权规划，指导监督执行；
>
> b）审核知识产权资产处置方案；
>
> c）批准发布对外公开或提交重要的知识产权文件；
>
> d）协调涉及知识产权管理部门之间的关系；
>
> e）确保知识产权管理体系的建立、实施、保持和改进。

管理者代表应由最高管理者任命（可以是任命书、发文或者领导层会议纪要），代表最高管理者在知识产权管理体系范围内，总体负责知识产权管理事务。如果说最高管理者是决策者，那么管理者代表就是策划者和执行者，因此，管理者代表必须和最高管理者保持一致，并向最高管理者汇报和反映知识产权管理体系的具体运行状态。可以说，在知识产权管理体系中，管理者代表发挥了重要作用。在科研组织中，主管知识产权和成果转化工作的副所长或所长助理承担的通常就是管理者代表的职责。

在标准中为管理者代表设定了相关职责，但是没有要求必须设置管理者代表。是否设置管理者代表要视科研组织具体情况而定，对于规模较小、管理简单的科研组织，可以不必设置管理者代表。管理者代表的职责可以由最高管理者和知识产权管理部门负责人分担。对于规模较大、管理复杂的科研组织，则有必要设置管理者代表，为最高管理者分担任务、发挥作用。

（2）管理者代表必须是一个人吗？

《科研组织知识产权管理规范》中"最高管理者可在最高管理层中指定专人作为管理者代表"的"专人"通常是指一个人，对于人员体量比较庞大、组织结构比较复杂的科研组织，可以根据实际管理的需要设置多个管理者代表，分别承担不同的职责，但是需要保证这些管理者代表分工明确、沟通顺畅、协调一致。

（3）管理者代表是否可以由知识产权管理部门负责人担任？

按照《科研组织知识产权管理规范》要求，管理者代表必须是最高管理层的成员，能够参与领导层的工作会议和决策，并行使职权。作为知识产权管理部门负责人，属于科研组织的中层领导，虽然熟悉科研组织的知识产权工作，但无法充分调动科研组织内部资源，并有效协调各部门的工作，不利于知识产权管理体系的有效实施。

（4）科研组织是否需要设立知识产权管理委员会？知识产权管理委员会的组成和作用是什么？

是否设置知识产权管理委员会要根据科研组织的具体情况和实际需求而定，在这个问题上没必要纠结标准中是否要求。

知识产权管理委员会相当于技术委员会或学术委员会，它的作用是针对科研组织在知识产权工作当中的战略、规划、制度、政策和措施进行集体审议和讨论，为领导层做出决策提供建议参考。它的组成可以包括主管领导，各管理部门负责人，研究中心负责人以及部分项目组长，有条件的科研组织还可以邀请外部专家作为知识产权管理委员会成员。

11. 科研组织是否需要设置独立的知识产权管理部门？

涉及标准条款5.3

> 5.3 知识产权管理机构
>
> 建立知识产权管理机构，并配备专职工作人员，承担以下职责：
>
> a）拟定知识产权规划并组织实施；
>
> b）拟定知识产权政策文件并组织实施，包括知识产权质量控制，知识产权运用的策划与管理等；
>
> c）建立、实施和运行知识产权管理体系，向最高管理者或管理者代表提出知识产权管理体系的改进需求建议；
>
> d）组织开展与知识产权相关的产学研合作和技术转移活动；
>
> e）建立专利导航工作机制，参与重大科研项目的知识产权布局；
>
> f）建立知识产权资产清单，建立知识产权资产评价及统计分析体系，提出知识产权重大资产处置方案；
>
> g）审查合同中的知识产权条款，防范知识产权风险；
>
> h）培养、指导和评价知识产权专员；
>
> i）负责知识产权日常管理工作，包括知识产权培训，知识产权信息备案，知识产权外部服务机构的遴选、协调、评价工作等。

标准中没有强调必须设置独立的知识产权管理部门，但是为了更好地推进知识产权管理体系建设，建议科研组织设置知识产权管理部门（可以是独立部门，也可以是下设的二级部门），并配备专职的知识产权工作人员。基础较好或者有条件的科研组织可以成立独立的知识产权管理部门。

目前，科研组织的知识产权管理部门/人员设置有四种模式：

（1）独立的知识产权管理部门。与科研组织内其他管理部门平级，可以完全独立地开展相关业务和知识产权管理体系建设（即"贯标"）的工作，比如有些研究机构的知识产权与成果转化处、技术或产业发展处等。负责知识产权申请维护、合同评审、成果转化、对外投资等，突出知识产权为核心的成果转移转化和产业化管理。这种模式比较适用于规模较大、偏重应用的科研组织，这些科研组织面向应用和产业化的项目较多，知识产权实务类型繁杂体量大，知识产权风险防控的需求较大。

（2）知识产权管理和科技成果转化工作分别由不同部门承担。在科研处/科技处下设二级部门——知识产权办公室，具体负责知识产权管理体系建设和运行工作，侧重于知识产权日常管理。而科技成果转移转化工作由另外的部门如成果转化处、产业处等承担。这种模式适用于兼顾基础研究和应用研究的综合性科研组织，这些科研组织规模中等，有一定量的应用或产业化项目，知识产权类型相对简单。

（3）没有专门的知识产权管理和成果转化部门，只在科技处/科研处中设置了一个知识产权主管和（或）成果转化主管的岗位，通常这个知识产权主管还会承担其他工作。这种模式在一些规模较小、以基础研究为主或兼顾一些应用研究的科研组织当中比较普遍，这些科研组织知识产权类型比较单一，很少有应用/产业化项目。

（4）既没有专门的知识产权管理和成果转化部门，也没有在相关部门中设置知识产权主管和（或）成果转化主管的岗位，知识产权工作分散在多个不同部门。这种模式主要存在于从事基础研究或者公益类研究的科研组织中，这些科研组织的知识产权类型非常单一，体量也非常小，基本没有应用/产业化项目。

这几种模式其实反映了不同类型的科研组织处在不同的发展阶段，对知识产权管理的认识和要求也不相同。无论采用的是哪种模式，关键是能否适应科研组织的实际情况和未来发展需求，能否有效推进知识产权管理工作。标准中的"知识产权管理机构"是一个融合了知识产权管理和科技成果转化等多种职能的能够独立行使职权的机构，是一种比较理想的模式。

知识产权管理部门是组织内贯彻最高管理者的意图和决策、在知识产权方面落实具体工作的部门。对于那些有条件的科研组织，最高管理者应该为知识产权管理部门及其工作人员提供适宜的工作环境，提供足够的人力、物力支持，并且在不受其他因素干扰的情况下执行任务，能够独立行使职权。

【案例3.8】中科院某高技术类研究所的组织机构图和知识产权管理部门的介绍

（以下节选自该研究所《知识产权手册》，研究所的组织机构见图3-4）

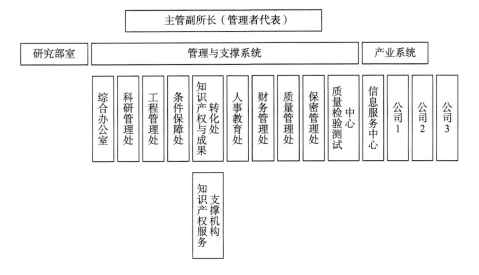

图3-4　研究所的组织机构

5.3　知识产权管理机构

知识产权与成果转化处作为本所知识产权管理机构，配备知识产权专职工作人员。

知识产权与成果转化处职责如下：

a）拟定本所知识产权规划并组织实施；

b）拟定本所知识产权政策文件并组织实施，包括知识产权质量控制、知识产权运用的策划与管理等；

c）建立、实施和运行知识产权管理体系，向所长或管理者代表提出知识产权管理体系的改进需求建议；

d）组织开展与知识产权相关的产学研合作和技术转移活动；

e）建立专利导航工作机制，参与重大科研项目的知识产权布局；

f）建立本所知识产权资产清单，建立知识产权资产评价及统计分析体系，提出知识产权重大资产处置方案；

g）审查合同中的知识产权条款，防范知识产权风险；

h）培养、指导和评价知识产权专员；

i）负责知识产权日常管理工作，包括知识产权培训、知识产权信息备案，知识产权外部服务机构的遴选、协调、评价工作等。

【案例3.9】 中科院某能源领域研究所的组织机构图和知识产权管理部门的介绍

(以下节选自该研究所《知识产权手册》,研究所的组织机构见图3-5)

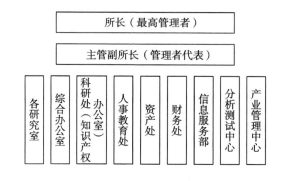

图3-5　研究所的组织机构

5.3　知识产权管理机构

在科技处下设知识产权办公室,配备专职工作人员,承担以下职责:

(1) 拟定知识产权规划并组织实施;

(2) 拟定知识产权政策文件并组织实施,包括质量控制运用的策划与管理等;

(3) 建立、实施和运行知识产权管理体系,向最高管理者或管理者代表提出知识产权管理体系的改进需求和建议;

(4) 组织开展与知识产权相关的产学研合作和技术转移活动;

(5) 建立专利导航工作机制,参与重大科研项目的知识产权布局;

(6) 建立知识产权资产清单,建立知识产权资产评价及统计分析体系,提出知识产权重大资产处置方案;

(7) 审查合同中的知识产权条款,防范知识产权风险;

(8) 培养、指导和评价知识产权专员;

(9) 负责知识产权日常管理工作,包括知识产权培训,知识产权信息备案,知识产权外部服务机构的遴选、协调、评价等。

【案例3.10】 中科院某资源环境类研究所的组织机构图和知识产权管理岗位的介绍

(以下节选自该研究所《知识产权手册》,研究所的组织机构见图3-6)

5.3　知识产权管理机构

按研究所现行组织构成,知识产权管理体系所覆盖机构的组成主要有:综合办

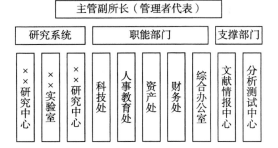

图 3－6　研究所的组织机构

公室、科技处、人事教育处、资产处、财务处、分析测试中心、文献情报中心、研究中心与实验室等。

5.3.1　科技处

科技处是研究所知识产权工作的管理归口部门，负责制定研究所科技发展规划、学科建设规划，组织重大项目的争取和申报；承担科研项目、科技奖励、科技产出、国际合作、院地合作、学术交流的组织管理；科技成果转移转化；研究所评价、综合统计和科研绩效统计；科技档案管理；学术委员会日常工作；保密办公室日常工作等，在科技处设置知识产权/成果转化主管的岗位，其涉及的知识产权主要职责为：

a）拟定知识产权规划并组织实施；

b）拟定知识产权政策文件并组织实施，包括知识产权质量控制，知识产权运用的策划与管理等；

c）知识产权管理体系建设、实施和运行，向最高管理者或管理者代表提出知识产权管理体系的改进需求建议；

d）组织开展与知识产权相关的产学研合作和技术转移活动；

e）建立专利导航工作机制，参与重大科研项目的知识产权布局；

f）建立知识产权资产清单，建立知识产权资产评价及统计分析体系，提出知识产权重大资产处置方案；

g）审查合同中的知识产权条款，防范知识产权风险；

h）培养、指导和评价知识产权专员；

i）负责知识产权日常管理工作，包括知识产权培训，知识产权信息备案，知识产权外部服务机构的遴选、协调、评价工作等。

12. 是否所有的知识产权体系工作都由知识产权管理部门完成，不需要其他部门参与？

对于科研组织来讲，知识产权管理体系的建设和运行涉及科研组织中几乎所有的过程、部门和人员，其知识产权工作不仅包含日常的知识产权创造、保护、运用、管理，还包含相关的科研项目管理、人力资源管理、合同管理、信息管理、档案管理、资产管理、财务管理等，这不是一个知识产权管理部门能够承担的，需要相关部门的积极参与和通力合作。因此，在组织贯标过程中，其他部门不能看热闹，认为与己无关。其实，贯标的过程对于各部门来说都是一个很好的梳理自己工作的机会，通过贯标发现本部门工作中、特别是涉及知识产权部分的工作中存在的不足和风险，进一步规范管理，提高管理水平和工作效率。

13. 科研项目知识产权全过程管理的内涵是什么？是否所有的科研项目都必须进行全过程管理？

科研项目知识产权全过程管理是运用项目管理与知识产权的理论、方法和技术，将知识产权管理融入科研项目的立项审批、项目实施、项目验收的全过程中的管理；是以知识产权的创造、管理、保护和运用为主线，全面涵盖知识产权相关事务的全过程信息化管理。其本质目的是规范科研项目的知识产权管理，在科研和创新过程中充分发挥知识产权的引导、激励、保障和服务作用，以知识产权促进科技创新和成果转化，提高科技创新活动的效率和效益。

原则上，科研组织承担的全部科研项目都应该进行知识产权全过程管理，只不过管理的要求可以根据项目重要程度、经费体量、管理难度的不同而有所区别。首先，科研组织应建立科研项目知识产权管理机制；其次，根据科研组织目前的知识产权管理基础和水平，可以考虑优先选择一些相对比较重要的项目进行全过程管理；最后，分期分批逐步推广到所有项目都实施全过程管理。科研组织在制定知识产权中长期目标的时候，可以考虑把落实科研项目知识产权全过程管理作为目标之一。

14. 如何认定重大科研项目?

科研组织可以结合自身研究领域或者学科方向,根据科研项目来源和重要程度等对科研项目进行分类,比如科技部重点研发计划项目、中科院先导专项项目、中科院弘光专项项目、国家自然科学基金委重大(重点)项目等。无论是按照项目来源还是重要程度分类,都应该能够体现出科研组织在该研究领域的重要地位。对于中科院院属研究所来讲,其重大科研项目的认定应该与其"一三五"规划一致。此外,对于科研组织面向未来发展所部署的前瞻性的培育项目,尽管项目的体量不算很大,有可能只是科研组织自己部署的一些创新课题,还没有获得其他渠道的经费支持,但是其研究进展,或者说阶段性的研究成果对于组织未来的发展具有重要的意义,这样的项目也应该重点关注。

"一三五"规划明确了中科院未来 5 ~ 10 年科技创新的战略重点,成为中科院发挥建制化优势的重要抓手。各研究所根据体量不同以及学科领域的特点,其重大突破和重点培育方向的数量也会有所不同。对于学科领域比较复杂、体量比较大的研究所,可能不止三个重大突破、五个重点培育方向;对于学科方向比较单一、体量也比较小的研究所,其重大突破和重点培育方向也会比较少。

【案例3.11】几个中科院研究所的重大突破和重点培育方向

1. 中科院大连化学物理研究所的"一四九"规划。

一个定位:以洁净能源国家实验室为平台,坚持基础研究与应用研究并重,在化石资源优化利用、化学能高效转化、可再生能源等洁净能源领域,持续提供重大创新性理论和技术成果,满足国家战略需求,发挥不可替代的作用,率先建成世界一流研究所。

四个重大突破:

(1) 基于自由电子激光平台的能源化学转化本质与调控;

(2) 以合成气制乙醇为代表的化石资源转化利用;

(3) 新型动力电源与储能技术;

(4) 以化学激光为代表的化学能高效转化。

九个重点培育方向:

(1) 太阳能光—化学和光—电转化技术及科学利用;

(2) 秸秆催化转化利用技术;

（3）甲烷和合成气直接转化制高值化学品；

（4）微反应技术；

（5）基于组学分析新技术的转化医学研究；

（6）寡糖农用制剂创制及应用推广；

（7）生态环境监测技术及设备；

（8）绿色高效推进技术；

（9）高通量、高效富氮膜技术。

2. 中科院天津工业生物技术研究所的"一三五"规划。

一个定位：以新生物学为基础，以生物体的计算与设计为核心，解决生物产业链中生物体功能利用的关键问题，发展工业生物技术创新体系，促进工业生物技术的创新与成果转化，服务于经济社会可持续发展。

三个重大突破：

（1）非粮 PBS 生物塑料关键技术；

（2）甾体药物的绿色生化合成技术；

（3）氨基酸工业菌种创新。

五个重点培育方向：

（1）新酶制剂与绿色生物工艺；

（2）化学品新合成途径创建；

（3）植物珍稀化合物的微生物合成；

（4）通用生物系统的创建；

（5）城市有机废弃物的气化与生物转化。

3. 中科院西北高原生物研究所"一二三"规划。

一个定位：定位于高原生物的基础与应用研究，重点发展青藏高原生态与环境、特色生物资源持续利用和高值生态农牧业领域，解决相关重大科学问题和关键技术，满足青藏高原生态安全和区域可持续发展重大需求，成为国内一流、国际知名的高原生物学研究机构。

二个重大突破：

（1）区域可持续发展——高寒草地生态系统可持续管理技术；

（2）藏药现代化——重金属安全性评价技术。

三个重要培育方向：

（1）高原生物适应进化机制与分子育种；

（2）青藏高原生物资源持续利用；

（3）高寒草地对全球气候变化的响应。

15. 如何理解标准条款9 c）中关于"未披露信息专有权"与科研组织已经运行的质量管理体系中"涉密信息"的关系？

未披露信息专有权就是我们通常所说的商业秘密❶，商业秘密要得到保护必须符合下列条件：

（1）该信息具有秘密性；

（2）该信息具有商业的价值；

（3）合法控制信息的人已采取了适当的措施保持信息的秘密性。

质量管理体系中的"涉密信息"强调的是涉及国家安全、国防建设的需要保密的信息，需要按照国家保密法相关规定进行管理。

未披露的信息专有权具体保密管理可以参考借鉴国家保密法的有关规定和要求。

---

❶　商业秘密是指不为公众所知悉、能为权利人带来经济利益，具有实用性并经权利人采取保密措施的技术信息和经营信息等商业信息。

商业秘密的取得不需要履行法定手续，也没有固定保护期限，只需要满足秘密性、价值性、保密性等法定构成要件即可。

《中华人民共和国反不正当竞争法》（2019年修正）侵犯商业秘密的行为包括：

1）以盗窃、贿赂、欺诈、胁迫、电子侵入或者其他不正当手段获取权利人的商业秘密。

2）披露、使用或者允许他人使用以前项手段获取的权利人的商业秘密。

3）违反保密义务或者违反权利人有关保守商业秘密的要求，披露、使用或者允许他人使用其所掌握的商业秘密。

4）教唆、引诱、帮助他人违反保密义务或者违反权利人有关保守商业秘密的要求，获取、披露、使用或者允许他人使用权利人的商业秘密。

5）经营者以外的其他自然人、法人和非法人组织实施前款所列违法行为的，视为侵犯商业秘密。

6）第三人明知或者应知商业秘密权利人的员工、前员工或者其他单位、个人实施前述违法行为，仍获取、披露、使用或者允许他人使用该商业秘密的，视为侵犯商业秘密。

2020年12月26日，《中华人民共和国刑法修正案（十一）》正式通过。本次修正案在《刑法》第二百一十九条侵犯商业秘密罪后增加了商业间谍犯罪。修改了侵犯商业秘密入罪门槛，加强了对侵犯商业秘密犯罪的惩处，将侵犯商业秘密、情节特别严重的最高法定刑由七年提高至十年。

将刑法第二百一十九条修改为："有下列侵犯商业秘密行为之一，情节严重的，处三年以下有期徒刑，并处或者单处罚金；情节特别严重的，处三年以上十年以下有期徒刑，并处罚金：

（一）以盗窃、贿赂、欺诈、胁迫、电子侵入或者其他不正当手段获取权利人的商业秘密的；

（二）披露、使用或者允许他人使用以前项手段获取的权利人的商业秘密的；

（三）违反保密义务或者违反权利人有关保守商业秘密的要求，披露、使用或者允许他人使用其所掌握的商业秘密的。

明知前款所列行为，获取、披露、使用或者允许他人使用该商业秘密的，以侵犯商业秘密论。

本条所称权利人，是指商业秘密的所有人和经商业秘密所有人许可的商业秘密使用人。

第二百一十九条后增加一条，作为第二百一十九条之一："为境外的机构、组织、人员窃取、刺探、收买、非法提供商业秘密的，处五年以下有期徒刑，并处或者单处罚金；情节严重的，处五年以上有期徒刑，并处罚金。"

16. 科研组织的商业秘密包含哪些内容？如何建立科研组织的商业秘密即未披露信息专有权的保护机制？

科研组织的商业秘密包括：技术信息和经营信息。技术信息包括：产品及产品设计方案、制作工艺、生产配方、机器设备及改进方法、研究开发数据、技术样品、计算机程序、设计图纸以及未申请专利的技术方案等。经营信息包括：客户名单、货源情报、采购及加工渠道、产销策略、招投标文件、发展规划、竞争方案、谈判方案、财务状况等。

对于商业秘密管理，首先要明确责任部门（管理机构）并制定管理制度，可参考或借鉴国家保密法的相关要求，然后确定哪些是商业秘密，规定商业秘密的等级、知悉范围、保密期限、保存介质、传递方式、销毁处置要求，以及对于涉密人员、设备、区域的要求。

【案例 3.12】关于未披露信息专有权的管理制度

中国科学院××研究所未披露信息保密管理规定（部分）

第一条 为做好全所未披露信息保密工作，根据国家相关管理规定，结合我所实际情况，特制定本规定。

第二条 未披露信息是指不为公众所知悉、能为权利人带来经济利益、具有实用性并经权利人采取保密措施的技术信息和经营信息。

第三条 建立包括对未披露信息管理的保密管理体系和查看保密管理制度。

第四条 开展确定未披露信息事项（等级、期限、知悉范围）等工作。

第五条 对产生及处理和接触未披露信息的人员、设备、区域、载体进行管理。

第六条 开展对未披露信息的管理情况进行自查和监督检查。

第十条 研究组依据工作实际，提出未披露信息岗位和人员的初始意见，提交《人员界定申请表》给人事处，人事处会同成果处审核批准，人事处编制全所未披露信息岗位和人员台账。

第十八条 研究组应建立用于处理、存储未披露信息的区域和房间台账，并报综合管理处备案。

第二十二条 研究组应建立登载有未披露的信息载体的台账。

第二十三条　登载有未披露的信息载体的产生、保存、传递、复制及销毁全过程要进行审批和登记。

第二十五条　对外披露信息要由研究组长进行保密审查，填写《对外宣传保密审查表》。

第二十六条　对外签订涉及未披露信息的合同时，合同中要有保密条款和违反惩罚条款。

第二十七条　各研究组（部门）应每季度进行自查，及时发现隐患，并进行整改，确保未披露信息安全。

第二十八条　保密处每年至少组织 2 次进行监督检查，发现隐患问题时，要积极组织整改。

第三十条　各部门和个人违反本规定，不按职责履职的，保密处及时纠正并进行批评教育和约谈；造成严重后果的，依法依纪给予处罚和处分。

17. 知识产权分级管理原则是什么？

涉及标准条款8.1

> 8.1　评估与分级管理
>
> 评估与分级管理中应满足以下要求：
>
> a）构建知识产权价值评估体系和分级管理机制，建立知识产权权属放弃程序；
>
> c）组成评估专家组，定期从法律、技术、市场维度对知识产权进行价值评估和分级。

科研组织在开展科研活动过程中产生了大量知识产权，这些知识产权是科研组织最有价值的资产，如何让这部分资产发挥最大作用，实现最大价值，是科研组织知识产权管理工作的重点。实行知识产权分级管理有助于组织摸清家底，集中资源加强管理，从而提高管理效率，降低管理成本。在实行知识产权分级管理的时候，应遵循以下原则：

（1）通用的知识产权价值评估体系❶与专业的技术领域特点相结合。

借助通用的知识产权价值评估指标体系，从技术、法律、市场等多个维度对知识产权进行评估，然后根据相关知识产权的技术领域特点，对评估指标进行调整或修正，得出相对合理的分值，作为分级管理的依据。

（2）人工判断与软件辅助判断相结合。

首先利用现有的商用知识产权价值评估软件给出初步的分值，对于结论不清晰以及需要重点关注的那部分知识产权，结合专家（人工）的判断，给出合理的分值，作为分级管理的依据。

（3）授权后分级与申请前分级相结合。

对于已经授权的现行有效的知识产权，通过分级管理，提高管理效率，降低管理成本；在知识产权申请之前采取分级管理的办法，对于有明确的市场化应用前景的知识产权，应加强关注，作为后续管理工作的重点。

通过有效的分级管理，有助于科研组织进一步提升知识产权质量，从而促进科技成果的转化应用。

【案例3.13】专利价值评估报告

专利价值评估报告见表3-1。

表3-1　专利价值评估报告

专利名称			
专利类型		权属状态	
申请国		主分类号	
专利号		申请日	
公开号		公开日	
公告号		授权日	
专利权人			
发明人			
优先权			
摘要			
权利要求			

❶　2012年，国家知识产权局与中国技术交易所构建了一套专利价值分析指标体系，并编写了《专利价值分析指标体系操作手册》（知识产权出版社，2012年10月出版），从法律、技术、经济三个层面对专利进行定性和定量分析，产生相应的法律价值度、技术价值度和经济价值度，进而判断出该专利的价值高低，为后续的管理提供支撑。

1. 法律价值度

支撑指标	最终分值	分值含义				
		10	8	6	4	2
稳定性		非常稳定	比较稳定	稳定	不太稳定	很不稳定
不可规避性		很难规避		较难规避		可以规避
依赖性		无		不好判断		是
侵权可判定性		非常容易	比较容易	难以确定	比较困难	非常困难
有效期		≥16 年	12~15 年	8~11 年	4~7 年	≤3 年
多国申请		≥4 国	1~3 国		仅本国	
许可状况		有许可			无许可	

法律价值度分值：

2. 技术价值度

支撑指标	最终分值	分值含义				
		10	8	6	4	2
先进性		非常先进	先进	一般	落后	非常落后
行业发展趋势		朝阳产业	成长产业	成熟产业	夕阳产业	衰退产业
适用范围		广泛	较宽	一般	较窄	受约束
配套技术依存度		独立应用	依赖个别技术	依赖较少技术	比较依赖其他技术	非常依赖其他技术
可替代性		不存在替代技术		存在替代技术，本技术占优		其他技术占优
技术模仿性		不能模仿		难模仿		极易模仿
技术产业化基础		构思时间短，易产业化		需要一定构思时间，产业化需要一定条件		构思时间长，难产业化
产业化门槛		需要条件低		需要一定条件		需要条件高

支撑指标		10	9	8	7	6	5	4	3	2	1
技术成熟度		产业级	系统级	产品级	环境级	正样级	初样级	仿真级	功能级	方案级	报告级

技术价值度分值：

3. 经济价值度

支撑指标	最终分值	分值含义				
		10	8	6	4	2
市场应用	10	已应用		未应用,易于应用		未应用,难于应用
市场规模前景	10	很大	较大	中等	较小	很小
市场占有率	9	很大	较大	一般	较小	很小
竞争情况	9	几乎没有竞争对手	竞争对手较弱	竞争对手一般	竞争对手较强	竞争对手很强
政策适应性	10	政策鼓励		无明确要求		与政策导向不一致

经济价值度分值:

专利价值度分值:

专利价值评估结论:

【案例 3.14】 中科院计算技术研究所专利分级分类管理工作

从 2012 年开始,中科院计算技术研究所(以下简称"计算所")在国家知识产权局和中科院支持下,借鉴国家知识产权局和中国技术交易所开发的专利价值分析指标体系,结合研究所的学科特色和管理要求,针对不同功能的专利设置相应的评价指标,设置相应的参数和权重,形成了符合研究所特色和需求的专利价值分析指标体系。开展了动态专利分级分类管理工作,即在专利申请前、申请中和授权后的不同阶段分别评价专利的价值度,根据评价结果进行调整,使专利价值评估工作贯穿专利管理的全过程。

(1) 申请前,通过对技术方案的分析,确定技术价值中的先进性和法律价值中的侵权可判定性。根据得分,将其分为 A 级,钻石专利;B 级,优质专利;C 级,普通专利。不同等级的专利,委托不同级别的专利代理公司/代理人撰写。

(2) 申请中,根据审查意见对该专利的级别进行调整校正,确定其法律价值中的稳定性和不可规避性。例如,能获得的权利要求范围很小,轻易可规避,则 A 级变成 C 级,一票否决。

（3）授权后，更新技术价值中的先进性，增加经济价值中的市场规模前景等，最终确定专利级别，并作为该专利后续是否维持以及如何转化应用的重要依据。

通过开展专利分级分类管理，计算所的收益如下。

（1）规范了管理流程：根据评价结果，对不同级别的专利采取不同的管理方法，实现了资源的合理分配，并且各个阶段都留存有分析记录，能够合理、客观地管理专利的生命周期。如 A 级，长期持有，授权后维持 5 ~ 10 年；B 级，授权后维持 3 ~ 5 年；C 级，随时可处置。

（2）提升了专利质量：由于在专利申请前，对专利进行了预先分级分类，在撰写、答复审查意见以及所内流程和质量监控方面都做到了有所侧重，因此从源头上提高了专利质量。

（3）促进了成果转化：将专利价值分析融入常态化管理工作中，在进行专利交易谈判时，在不委托第三方评估机构的情况下，无论是技术人员还是专业谈判人员都能根据分级信息或是根据常态化管理中的记录信息迅速地对专利的价值或价格有一个客观评价。

计算所结合专利价值分析指标体系要求和研究所实际情况，开发了一套专利价值分析与评级的电子系统（见图 3 - 7），可以满足多位专家同时在线上对多项专利进行打分评级，并根据相关权重生成评价报告，有力提高了管理效率，促进了专利转化实施。

图 3 - 7　专利价值分析与评级的电子系统工作界面

18. 如何建立知识产权权属放弃程序？

涉及标准条款8.1

> 8.1 评估与分级管理
>
> 评估与分级管理中应满足以下要求：
>
> a) 构建知识产权价值评估体系和分级管理机制，建立知识产权权属放弃程序；

知识产权权属放弃的流程：

（1）首先由发明人所在的项目组提出知识产权权属放弃的申请（写明放弃的理由）；

（2）研究中心负责人批准；

（3）知识产权管理部门组织评审；

（4）报领导层工作会或知识产权委员会审议。

a) 如果经领导层工作会或知识产权委员会审议，同意放弃该项知识产权，由知识产权管理部门登记备案，办理后续手续；

b) 如果经领导层工作会或知识产权委员会审议，不同意放弃该项知识产权，由知识产权管理部门与项目组协商后续的知识产权维护费用及该项知识产权转化收益的分配比例。

【案例3.15】专利权权属放弃流程、专利权放弃审批表

（1）专利权权属放弃流程见图3-8。

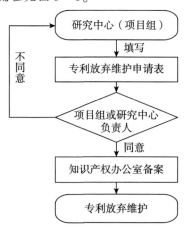

图3-8 专利权权属放弃流程

（2）专利权放弃审批见表3-2。

表3-2 专利权放弃审批表

专利名称：			
专利申请日： 年 月 日		专利授权日： 年 月 日	
专利号：			
专利权人：			
专利类型	□中国专利	□普通专利　□发明　□实用新型　□外观设计	
		□其他专利	
	□国外专利　国家/组织：＿＿＿＿＿＿		
专利放弃理由	专利放弃理由的说明： （注：以经费缺乏为由提出专利放弃，必须说明放弃后的后果及应对建议）		
全体发明人或设计人意见	（注：特殊情况下，发明人不能出示意见的，请课题组负责人填写上该发明人名字并作情况说明）		
	①签名/日期 同意□　　不同意□		⑤签名/日期 同意□　　不同意□
	②签名/日期 同意□　　不同意□		⑥签名/日期 同意□　　不同意□
	③签名/日期 同意□　　不同意□		⑦签名/日期 同意□　　不同意□
	④签名/日期 同意□　　不同意□		⑧签名/日期 同意□　　不同意□
课题组审查意见	同意□　　不同意□ 　　　　　　　　　负责人签字：　　　　年 月 日		
中心主任审查意见	同意□　　不同意□ 　　　　　　　　　负责人签字：　　　　年 月 日		
知识产权办公室审查意见	 　　　　　　　　　负责人签字：　　　　年 月 日		
所领导审查意见	 　　　　　　　　　负责人签字：　　　　年 月 日		

19. 知识产权评估注意事项有哪些?

涉及标准条款8.4

> 8.4 作价投资
>
> 作价投资过程中应满足以下要求:
>
> a) 调查技术需求方以及合作方的经济实力、管理水平、所处行业、生产能力、技术能力、营销能力等;
>
> b) 根据需要选择有资质的第三方进行知识产权价值评估;
>
> c) 签订书面合同,明确受益方式和比例。

科研组织在对其持有的知识产权进行评估的时候,需要注意:

(1)自愿评估。根据《事业单位国有资产管理暂行办法》(财政部令第100号)第五十六条,"国家设立的研究开发机构、高等院校对其持有的科技成果,可以自主决定转让、许可或者作价投资,不需报主管部门、财政部门审批或者备案,并通过协议定价、在技术交易市场挂牌交易、拍卖等方式确定价格。通过协议定价的,应当在本单位公示科技成果名称和拟交易价格"。科研组织利用科技成果进行作价投资时,可以依据自愿的原则,自行决定是否进行评估。

(2)权威机构评估。如果科研组织决定对科技成果进行评估,应该委托有资质的专业评估机构进行评估。❶

(3)评估后公示。评估结果应该在科研组织内部进行公示。

---

❶ 对于中科院院属研究所,如果想对科技成果进行专业评估,可以根据中科院控股有限公司《关于公布2018—2021年中科院资产评估机构备选库信息的通知》的相关规定,在《中科院评估机构备选库机构信息表(2018—2021年)》中选择合适的评估机构进行评估。

【案例3.16】知识产权评估报告（外部评估）

知识产权评估报告

目　录

1. 与评估目的相对应的经济行为文件（复印件）

2. 委托方和产权持有者法人营业执照（复印件）

3. 评估对象涉及的主要权属证明资料（复印件）

4. 委托方及产权持有者承诺函

5. 资产评估师承诺函

6. ××资产评估有限公司资产评估资格证书（复印件）

7. ××资产评估有限公司企业法人营业执照（复印件）

8. 签字资产评估师资格证书（复印件）

【案例3.17】知识产权评估报告（内部）

知识产权评估报告见表3-3。

表3-3 知识产权评估报告

编号：

评估地点		评估主持人	
评估时间		参加评估人数	
待评估知识产权名称			
待评估知识产权内容简介			
提供评估的资料			
评估结论	（包括是否继续维护、以何种方式实施等） 评估组织者：　　日期：　年　月　日		
知识产权管理办公室审查意见	 签　字：　　日期：　年　月　日		
知识产权主管领导审查意见	 签　字：　　日期：　年　月　日		
最高管理者审查意见	 签　字：　　日期：　年　月　日		

20. 应该在科研项目的哪个阶段启动知识产权运营？

涉及标准条款7.2、7.3和7.4

> 7.2 立项
>
> 立项阶段的知识产权管理包括：
>
> a）确认科研项目委托方的知识产权要求，制定知识产权工作方案，并确保相关人员知悉；
>
> b）分析该科研项目所属领域的发展现状和趋势、知识产权保护状况和竞争态势，进行知识产权风险评估；
>
> c）根据分析结果，优化科研项目研发方向，确定知识产权策略。
>
> 7.3 执行
>
> 执行阶段的知识产权管理包括：
>
> f）根据知识产权市场化前景初步确立知识产权运营模式。
>
> 7.4 结题验收
>
> 结题验收阶段的知识产权管理包括：
>
> d）开展科研项目产出知识产权的分析，提出知识产权维护、开发、运营的方案建议。

科研组织的科技成果、知识产权有相当一部分都来自所承担的科研项目，这些科研成果能够获得转化实施的比例很小，说明科研项目在立项的时候就没有考虑市场的需求。因此，尽管科研组织的科研成果很多，真正能被市场认可的成果却很少。这也是造成目前科研组织科技成果转化困难的重要原因之一。

在科研项目实施过程中，往往伴随着大量科研成果的产生，从以往的经验来看，如果等到成果出来以后再去考虑其市场化应用，寻找合作伙伴，往往会比较被动，也比较艰难。因此，在项目立项的时候就要考虑其产业化的需求和市场化的前景，做到有的放矢；在项目执行过程中，对于已经形成的知识产权应根据其市场化前景初步设定知识产权运营模式，提前做好应用转化的准备。并且，尽可能在科研项目的早期吸引合作企业介入和参与，这对于科技成果后续能否顺利转化实施具有重要意义。

21. 如何建设知识产权专职和兼职队伍，如何进行知识产权专员的培养？

在科研组织里，知识产权工作人员的能力（包括基本素质、工作方式、价值观以及对组织的认同感等）决定了组织知识产权工作的质量和效率。这里的知识产权工作人员包括管理人员、科研人员和技术支撑人员。如何建设一支具备一定素质的知识产权工作人员队伍，充分发挥知识产权工作人员的能力，是组织领导层特别是最高管理者需要关注和考虑的事情。

（1）专业的事情由专业的人来做。作为领导层要有清楚的认识和判断，从事知识产权工作不仅仅是简单的日常流程性、事务性的管理，同时，需要专业的人和专业的队伍。对于重要的知识产权工作岗位，组织应确定并配备具有专业背景的能力比较强的人员，包括知识产权管理部门的专职工作人员，重要研究单元和重大科研项目里配备的知识产权专员等。可以通过招聘或者内部培养的方式实现。应明确其岗位职责，充分发挥其作用，并为这些人员创造能力提升的空间和条件，提供更多的实践锻炼和培训提升的机会。如利用中科院知识产权专员培训平台，鼓励更多的员工参加专员考试，取得专员资质。

（2）合理的奖励激励政策，特别是晋升的渠道、职称评定等。科研组织科研活动的顺利开展离不开知识产权工作人员的支撑和保障，因此对于他们工作的重要性和价值应有合理的认识与评价，应给予充分的肯定和鼓励。

（3）要有长远的规划。培养一支比较专业的队伍可能需要几年的时间，需要领导层下决心把人才培养作为知识产权工作的重点来抓，可以作为组织中长期知识产权目标的一项内容。

【案例3.18】中科院知识产权专员制度

在《科研组织知识产权管理规范》国家标准中提出了"知识产权专员"，并对其具体工作给出定义，该称谓借鉴了中科院的知识产权专员制度。

中科院于2007年10月22发布《进一步加强我院知识产权工作的指导意见》（科发计字〔2007〕341号），提出"建立院重大项目与重要方向项目'知识产权专员'制度"，要求"知识产权专员应熟悉科技前沿动态、知识产权法律知识和科研项目管理知识，经培训考试合格后获得院颁发的资格证书后上岗"。自2008年起每年举行一次知识产权专员资格培训，培训科目包括知识产权法律、法规和政策，专利申请、审查、复审与无效，知识产权检索与分析和知识产权战略、管理与经营，通过考试后由中科院科技促进发展局颁发资格证书。截至 2020 年年底，全院共有 520 名员工通过考试，获得中科院知识产权专员资格。经过十多年的发展，中科院已经培养和打造了一大批既具有专业技术背景、又深谙知识产权的高素质知识产权专员，服务于研究所知识产权管理和科技成果转移转化工作，发挥着越来越重要的作用。中科院知识产权专员制度的建立和实施进一步提升了院所两级知识产权战略管理、策划与运营能力，提升了科研院所创新发展水平。

1. 中国科学院知识产权专员资格考试大纲。

第一部分：知识产权法律、法规和政策要求：

掌握知识产权的基本知识，我国知识产权的法律制度体系。掌握我国现行的专利权法律制度、著作权法律制度（含计算机软件法律制度）、商标权法律制度的基本内容；对集成电路保护法律制度、植物新品种保护法律制度、不正当竞争及商业秘密法律保护和其他知识产权法律保护制度有基本的认识。掌握知识产权国际保护的含义和意义，了解我国参加的主要知识产权国际条约的基本内容，了解专利国际申请的基本程序。掌握科技活动中涉及的主要知识产权制度，了解国家知识产权公共政策及我院相关知识产权管理政策。

第二部分：专利申请、审查、复审、无效与诉讼要求：

掌握在专利申请、审查、复审和无效各阶段所需递交的文件、交纳的费用和遵守的期限等程序知识；能够撰写能有效而又合理地保护发明创造的说明书和权利要求书；能够正确答复专利审查、复审、无效中的各种意见，以充分维护本单位的利益。掌握专利纠纷的种类及解决途径，专利侵权的行为和侵权判定的原则、方法，侵犯专利权应承担的法律责任。专利申请权、专利权纠纷的概念、种类，专利纠纷的处理方法，专利侵权赔偿计算方法，能够运用相关知识分析和解决专利纠纷问题。

第三部分：知识产权检索与分析要求：

掌握专利文献的基本知识、中国专利文献和美国、日本、欧洲专利文献相关知识；掌握专利检索的基本方法，能够从几种常用的专利检索系统中查找需要的专利文献。掌握科研项目专利的检索和分析方法；能够通过知识产权分析为科研项目决策提供依据。

第四部分：知识产权战略、管理与经营要求：

了解美国、日本和欧洲主要发达国家及部分发展中国家知识产权战略与政策的特点和主要措施，了解主要国家科研机构、高校与企业知识产权管理的做法和措施。掌握科研机构知识产权组织机构建设管理、战略规划管理、质量效益管理、人力资源与绩效管理、科研项目知识产权全过程管理、技术标准与专利池管理、知识产权保护管理；知识产权经营及转移转化管理的概念、主要流程和方法；能够利用知识产权全过程管理知识与技能，为科研项目管理提供支持和服务。

2. 中国科学院知识产权专员培训课程。

每年9月，中科院科技促进发展局委托科技战略咨询研究院（原知识产权研究与培训中心依托单位）举办知识产权专员培训，为期6天，培训内容丰富，课程设置紧凑，广受学员的欢迎和好评。培训课程包括国家知识产权战略与相关政策，专利法及相关法律实务，专利审查意见答复、复审与无效，《专利合作条约》体系及最新进展，专利检索分析能力提高，知识产权法与公共政策，专利申请文件撰写要点，科研机构知识产权管理，技术标准与知识产权管理，研究所知识产权管理与运营实践，知识产权许可与技术合同实务，专利纠纷防范与处理，专利价值评估与运营等。

22. 知识产权管理体系培训应覆盖哪些人？应达到什么效果？

知识产权培训应覆盖体系内的全部人员，包括中、高层管理人员，知识产权管理人员，其他管理部门的管理人员，项目组长，知识产权专员，科研人员和学生。应针对不同人员设计不同的培训内容，确保培训效果。

（1）中、高级管理人员的培训。主要以标准内容和宏观知识为主，了解标准以及知识产权工作的重要性。

（2）知识产权管理人员和知识产权专员的培训。深入学习标准内容、管理手册、体系文件等内容，如有可能，还需要学习知识产权检索分析、技术交底书撰写、知识产权风险监控和防范等内容。

（3）项目组长的培训。了解标准内容和宏观知识，了解标准以及知识产权工作的重要性，了解研究领域的知识产权规划、布局、信息分析，科研项目的知识产权管理等。

（4）科研人员和学生的培训。主要以知识产权基础知识为主，提升知识产权保护意识，提高技术交底书撰写能力。

（5）其他管理部门的管理人员的培训。了解各自在知识产权方面的岗位职责以及体系运行的重要性。

培训后应通过适当的方式评价其效果，评价方式可以是测验、考试、抽查、提问，还可以在培训后的实际工作中考察相关人员是否提升了水平，是否胜任其岗位的知识产权要求。

23. 科研组织的合同有哪些类型？

科研组织的合同包括人事合同、采购合同、技术合同、销售合同、知识产权服务合同等。

应根据合同的类型和特点进行管理；在合同中应包含必要的知识产权条款；对于合同中的知识产权条款应有专人进行审核。

【案例 3.19】不同类型合同中的知识产权关注点

不同类型合同中的知识产权关注点见表 3 - 4。

表 3 - 4 不同类型合同中的知识产权关注点

序号	合同类型	审查关注点
1	检索与分析、预警、申请、诉讼、侵权调查与鉴定、管理咨询等知识产权对外委托业务	知识产权权属（＊）、保密（＊）等
2	委托开发或合作开发	知识产权权属（＊）、许可及利益分配（＊）、后续改进的权属和使用（＊）、发明人的奖励和报酬（＊）、保密义务（＊）
3	参与知识产权联盟、协同创新组织等	知识产权权属（＊）、许可及利益分配（＊）、后续改进的权属和使用（＊）
4	人事合同	与员工约定知识产权权属（＊）、奖励报酬（＊）、保密义务（＊）等；造成知识产权损失的责任（＊）
5	外租借仪器设备	包括但不限于要求用户在发表著作、论文等成果时标注利用科研设施仪器情况（＊）
6	国家重大科研基础设施和大型科研仪器向社会开放❶	要求用户在发表著作、论文等成果时标注利用科研设施仪器情况（＊）

---

❶ 科学技术部、国家发展和改革委员会、财政部三部门共同研究制定《国家重大科研基础设施和大型科研仪器开放共享管理办法》（国科发基〔2017〕289 号）。

序号	合同类型	审查关注点
7	作价投资	明确受益方式和比例（＊）
8	知识产权许可和转让	明确双方的权利和义务（＊），其中许可合同应当明确规定许可方式（＊）、范围（＊）、期限（＊）

24. 在知识产权管理体系建设中需要匹配哪些资源？

（1）人力资源：知识产权管理人员（专职和兼职）、知识产权专员。

（2）信息资源：产业与市场资讯、知识产权及期刊论文信息数据库、专利检索工具。

（3）基础资源：办公场所、软件（知识产权管理软件、数据库）、硬件等。

（4）财务资源：知识产权经费（培训费、奖励、代理费、年费、咨询费等）。

（5）服务支撑资源：知识产权的信息服务、代理、咨询、诉讼等，可以由组织内部提供，也可以通过购买服务的方式，由社会化的第三方机构提供。

25. 科研组织如何防控知识产权风险？

（1）加强培训，提升全体员工与学生的知识产权保护和风险防控意识。

（2）采取著作权、专利、商业秘密、商标等多种方式全方位地及时保护自己的知识产权，必要时采取合理的保密措施。

（3）完善知识产权管理制度，加强日常管理流程的监控，明确各部门和人员的责任，确保各个环节不出现漏洞。

（4）保证防控知识产权风险所需的资源。

（5）建立知识产权纠纷应对机制，制订有效、可行的风险规避方案。

（6）采取必要的措施及时发现和监控知识产权风险。

（7）通过行政和司法途径保护自己的知识产权。

26. PDCA 的内涵是什么？

PDCA 循环也叫"戴明环"，是由美国质量管理专家休哈特博士首先提出，最早应用于统计学。后来由质量管理专家戴明博士采纳、发展，在全世界获得普及。PDCA 循环是全面质量管理的思想基础和方法依据，也是企（事）业管理各项工作的一般规律。

在科研组织的知识产权管理体系中，PDCA 循环可以简要描述如下：

——策划（Plan）：根据相关方的要求和组织的知识产权方针，建立知识产权目标以及相关过程，确定实现结果所需的资源，识别和应对风险；

——实施（Do）：执行所做的策划；

——检查（Check）：根据知识产权方针、目标、要求和所策划的活动，对相关过程以及产生的结果进行测量、评价；

——处置或改进（Act）：必要时，采取措施提高绩效。

PDCA 循环可以在组织的每个过程中展开，有助于组织对相关的知识产权活动进行管理并提供充分、适宜的资源，发现改进的机会并采取行动确保改进的实施。

实施 PDCA 循环有八个步骤：

（1）分析现状，找出问题；

（2）确定改进目标；

（3）寻找解决问题的办法；

（4）制定对策和计划；

（5）实施选定的解决办法；

（6）测量、分析、评价实施的结果，确定目标是否实现；

（7）总结成功的经验，制定标准；

（8）把没有解决或新出现的问题转入下一个 PDCA 循环去解决。

PDCA 是动态循环，这四个过程不是运行一次就完结，而是要周而复始地进行。一个循环完了，解决了一部分的问题，可能还有其他问题尚未解决，或者又出现了新的问题，再进行下一次循环，从而使知识产权管理体系实现阶梯式上升。PDCA循环是体现科学认识论的一种具体管理手段和一套科学的工作程序。PDCA 管理模式的应用对我们提高日常工作的效率很有益处，它不仅运用于知识产权管理工作中，同样也适合于其他各项管理工作。

27. 如何运用 PDCA 推动知识产权管理体系建设？

知识产权管理体系借鉴了质量管理体系的重要理念和原则，而 PDCA 循环是被国际质量界公认的质量管理基本原则之一。熟练掌握和运用 PDCA 循环方法，对于提高知识产权管理体系运行的效果和效率具有重要意义。

PDCA 循环，可以使我们的思想方法和工作步骤更加条理化、系统化、图像化和科学化。PDCA 循环是大环套小环、小环保大环、推动大循环。大环是小环的源头和依据，小环是大环的分解和保证。

（1）组织可以在各个过程、各个层次运用 PDCA 循环进行管理。《科研组织知识产权管理规范》可以按照 PDCA（策划、实施、检查、处置或改进）的阶段划分：属于 P（策划）的章节是"4 总体要求""5 组织管理"；属于 D（实施）的章节是"6 基础管理""7 科研项目管理""8 知识产权运用""9 知识产权保护""10 资源保障"；属于 C（检查）和 A（处置或改进）的章节是"11 检查和改进"。在 PDCA 循环的四个阶段中，每个阶段还包含着无数小的 PDCA 循环。每个小的 PDCA 循环能够高效地运转，可以有效地支撑大的 PDCA 循环，从而推动整个知识产权管理体系不断提升到新的阶段。

（2）在科研组织内部，各个部门以及每个员工根据组织的知识产权方针和目标，都有自己的 PDCA 循环，层层循环，形成大环套小环，小环里面又套更小的环。各部门以及每个员工的小环都围绕着组织的总目标朝着同一方向转动。通过循环把组织的各项工作有机地联系起来，彼此协同，互相促进。

PDCA 循环是不断前进、不断提高的过程。一个循环运转结束，知识产权管理的质量就会提高一步，然后再制定下一个循环，再运转、再提高，不断前进，不断提高。每完成一次 PDCA 循环，都要进行总结，提出新目标，再进行第二次 PDCA 循环。每循环一次，就会解决一部分问题，取得一部分成果，工作就前进一步，水平就提升一步。

28. 有些研究所已经建立了质量管理体系、环境管理体系等，再做知识产权管理体系会不会给研究所增加很多负担？如何避免形成"体系孤岛"、如何解决体系之间运行"两张皮"的问题？

知识产权管理是组织科研管理的重要组成部分，不是独立或游离于组织整体的管理制度和管理架构之外的。知识产权无处不在，它涉及科研组织几乎全部的业务领域和业务活动，而《科研组织知识产权管理规范》正是为科研组织提供了一套既有原则又可操作的参考模板，把知识产权管理规范的要求融入日常管理工作中，建立起规范化、体系化的知识产权管理模式。

组织建立和实施知识产权管理体系，并不是凭空建立一套新的管理制度和管理流程。它是在组织已有管理工作基础上，从知识产权角度对现有管理制度、管理体系的有益的补充和完善，共同服务于组织整体的发展战略。因此，知识产权管理体系与组织现有的管理制度、管理体系并不冲突。

在知识产权管理体系建设过程中，应该充分利用组织前期在质量管理体系、环境管理体系等体系化建设中的成熟经验，如管理理念、管理制度、管理文件、管理流程、记录和表单等，提高管理效率，降低管理成本。将知识产权管理体系逐步融入组织的各项业务过程，确保有效和高效地实现预期的结果，并建立合理长效的自我改进机制，从而促进整个管理体系的不断完善。

第四章 文件编写

结合调研诊断结果，对照标准要求，按照知识产权管理体系框架以及文件撰写方案，编制形成若干体系文件，以规范各项知识产权工作。知识产权管理体系文件主要包括知识产权方针和目标、手册、程序文件、记录文件等。文件编写的工作步骤一般如下。

（1）制订文件编写计划，按计划分工编写。文件使用部门的参与尤为重要。首先要梳理好本标准中要求的"文件"，文件不限于纸质文件，也可以是电子文档或音像资料。确定文件的编写原则、文件的编写方式，规划文件的编写步骤，注意文件编写中较易出现的问题。尽量沿用原有的制度、管理办法、程序及记录文件。

（2）方针和目标要根据现阶段的知识产权工作基础和未来发展的规划进行编写，由最高管理者批准。

（3）按计划编制程序文件和记录文件。

（4）按计划编制知识产权手册。

（5）知识产权管理部门对体系文件初稿组织征求意见、修改。

（6）修订后进行体系文件的审批发布实施。关于不同文件审批权限，可酌情决定。

问题及解答

1. 知识产权管理体系的文件包括哪些？

知识产权管理体系文件，一般由以下几个部分构成。

（1）知识产权方针：科研组织知识产权管理的宗旨和方向；

（2）知识产权目标：知识产权方针的具体落实和考核依据；

（3）知识产权手册：知识产权管理体系的基本规定，明确涉及的程序及其关系；

（4）标准要求形成文件的程序和记录：知识产权管理程序是知识产权管理的具体要求，涉及具体的管理流程规定。记录是科研组织管理活动的客观反映。

2. 文件的作用及形式是什么？

文件化体系是建立和完善知识产权管理体系的基础，文件就是规章制度和各种规定要求及其落实情况的证据，知识产权管理体系审核是使科研组织管理文件化得以建立和完善的根本保证。

文件的作用主要有以下四个方面。

（1）沟通意图，统一行动；

（2）传递信息、完成规定的活动，具备重复性和可追溯性；

（3）评价知识产权管理体系的有效性和持续的适宜性；

（4）积累丰富经验，为持续改进奠定基础。

体系文件的形式没有具体要求，可以是纸件形式，也可以是电子形式。

3. 建立科研组织知识产权管理体系中，建议"形成文件的程序"有哪些？

本标准出现的"形成文件的程序"，是指建立该程序，形成文件，并实施和保持。一个文件可以包括一个或多个程序的要求。一个形成文件的程序的要求可以被包含在多个文件中。

建立体系中，建议"形成文件的程序"包括但不限于以下几项。

（1）文件控制程序；

（2）知识产权管理办法；

（3）科技成果奖励管理办法；

（4）信息公开管理规定；

（5）合同管理办法；

（6）采购管理办法；

（7）专利分级管理办法；

（8）人力资源管理办法；

（9）学生培养管理办法；

（10）科研设备管理办法；

（11）技术转移转化管理办法。

4. 文件应由谁编写？

文件编写过程应由贯标单位内部人员主导，外部人员参与，内外配合共同完成。科研组织知识产权相应负责人和管理人员应协调、统筹文件框架和具体职责分配，科研组织体系覆盖各部门共同编写，每个部门根据自身在体系中的职能，完善自身相关内容，科研组织各部门的沟通对接，提出文件编写的基本思路与内容，外部人员配合进行文件编写，科研组织内部人员还应对后期的文件校正及正式发布进行统筹安排。

5. 文件编写的方式有哪些？

文件编写包括多种方式，这里主要介绍常见的三种方式，分别如下。

（1）自上而下依序展开方式：按方针、管理手册、程序文件、记录文件的顺序编写，这有利于上一层次文件与下一层次文件的衔接，但对文件编写人员的素质要求较高，文件编写所需时间较长，且伴随着反复修改。

（2）自下而上的编写方式：按基础性文件、程序文件、管理手册的顺序编写，这适用于管理基础较好的组织，但如无总体设计方案指导易出现混乱。

（3）从程序文件开始，向两边扩展的编写方式：先编写程序文件，再开始手册和基础性文件的编写，实际是从分析活动，确定活动程序开始，将标准的要求与组织实际紧密结合，可缩短文件编写时间。

6. 文件编写的步骤有哪些？

体系文件的编写是系统性工程，需要团队共同完成，所以文件编写前需制定文件编写的计划，按照计划和步骤逐步开展该项工作，文件编写的步骤主要包括：

（1）对文件编写人员进行培训（标准解读）。

（2）任命文件编写小组组长和组员。

（3）根据科研组织经营宗旨和发展要求编制或修订知识产权方针。

（4）根据知识产权方针和经营规划，确定目标、指标和管理方案。

（5）参考 GB/T 1.1—2000《标准化工作导则　第 1 部分：标准的结构和编写规则》制定文件编制规则，规范文件编写格式。

（6）制订文件编写计划，按计划分工编写。

（7）根据上述第（3）～（6）的结果策划运行控制程序，确定程序文件清单。策划时应注意：

① 对于同一个管控要素，可以既有管理方案又有运行控制程序，当然也可以只有其一；

② 同一个目标可以分解成多个指标，相应地，同一个目标也就可以由多个管理方案或多个运行控制程序来实现。

（8）进行各个文件本身的编写、审核、修改。

（9）通过上述各程序提出各部门的职责，并补充完善之，将其提炼到管理手册相应的条款中。

（10）对初稿组织广泛讨论，征求意见。

（11）工作小组对整套文件的接口协调性、统一性进行审核、修改。

（12）领导审定，发布实施。

7. 文件编写的原则有哪些？

文件编写的原则主要包括以下三个方面：

（1）系统性：组织应对其知识产权管理体系中采用的全部要素、要求和规定，系统、有条理地制定各项程序；所有文件应按统一规定的方法编辑成册；各层次文件应接口明确、结构合理、协调有序；各层次文件原则上应涉及知识产权管理体系一个逻辑上独立的部分。

（2）合规性：体系文件应在总体上遵循知识产权管理体系标准或所选标准条款的要求（提供标准适用性声明文件）以及国家或主管部门的有关法规要求；文件一旦批准实施，就必须认真执行；文件修改只能按规定的程序执行。

（3）可操作性：应符合本科研组织的实际情况。具体的控制要求应以满足组织需要为目的，而不是越多越严越好；体系文件应根据标准的要求、组织规模、经营活动的具体性质采取不同的形式；体系文件的详略程度应与人员的素质、技能和培训等因素相适应；所有文件规定都应在实际工作中能得到有效观测；将科研组织原有的优秀管理经验有机地融入知识产权管理体系之中。

8. 文件编写的注意事项有哪些？

文件编写需注意几个问题，主要包括：

（1）文件的编制一般在策划准备完成后进行。

如果前期工作不做好就直接编制文件，易产生系统性、整体性不强，以及脱离实际等弊病；加强文件间、文件层次间的协调。文件须经多次自上而下、自下而上的修改。

（2）文件的梳理。

在编制体系文件前，应制定现有"知识产权体系文件明细表"，将现行的行业标准、规章制度、管理办法以及记录表单等收集在一起，从而确定新增、增编或修编文件的目录。

（3）文件的统一编制、体系文件编制应结合本部门的职能分配进行。

除手册需统一组织制定外，其他文件应按部门分工，由归口职能部门分别制定，将知识产权职能分配落实到各管理机构，先提出草案，后组织审核。

（4）文件的最终要求。

既要满足标准要求，又要符合本单位的实际。

9. 如何借助既有的体系文件和管理制度构建知识产权管理体系文件？

体系文件构建可从如下两方面借助既有文件。

（1）已运行管理体系（如质量、环境、职业健康安全管理体系等）的手册、程序、记录；考虑科研组织机构设置、管理复杂性、过渡性、成熟性等客观需求，体系文件构建可引用或融合已运行的管理体系，融合建设即为知识产权管理体系文件融入其他体系，保持手册、程序、记录为一套文件，尽量减少新增记录，已有文件做适当修订，降低职能部门和科研人员的管理成本，做到简单、高效、实用；如科研组织因管理架构、体系运行经验欠缺，或考虑初始运行效果，亦可融入建设，即为手册独立建设，程序适当引用，记录层级融合建设（或手册独立建设，程序、记录层级融合建设）。

（2）无运行管理体系的科研组织可引用科研组织现行管理制度、流程、记录（表单）。体系构建充分利用现有的管理制度和流程、记录，构建知识产权手册，程序引用现行管理流程、记录表单，适当增加或修改，尽量减少新增记录，如科研组织已有线上协同办公系统（或中科院 ARP 系统等），已满足体系管理要求，无须再建立纸质流程和记录。

10. 知识产权手册应包含的主要内容有哪些？

知识产权手册可包含多种形式和内容。

（1）按照知识产权要素设计，知识产权手册通常应包括：前言、颁布令、研究院简介、知识产权方针和目标、任命书、范围、规范性引用文件、术语和定义、总体要求、组织管理、基础管理、项目管理、知识产权运用、知识产权保护、资源保障、检查和改进。

（2）按照知识产权过程规划，知识产权手册通常内容如下：

a. 体系管理过程：战略策划、制定方针、规定目标、沟通过程、确保获得所需资源等过程；

b. 资源过程：人力资源、财务资源、科研设施、基础资源、科研信息等过程；

c. 知识产权创造、保护、运用过程；

d. 体系分析、改进过程。

11. 知识产权程序应包含的主要内容有哪些？

知识产权程序文件一般包含科研组织现行管理制度、流程或为建立知识产权管理体系而新建的特殊程序。

知识产权程序文件清单见表4-1。

表4-1 知识产权程序文件清单

序号	文件名称	文件编号	管理部门
1	××研究所文件控制程序	×××-××-01	
2	××研究所信息传播管理办法	×××-××-02	
3	××研究所信息公开管理规定	×××-××-03	
4	××研究所公文管理办法	×××-××-04	
5	××研究所研究组管理办法	×××-××-05	
6	××研究所科技论文发表前审查规定	×××-××-06	
7	××研究所技术合同管理规定	×××-××-07	
8	××研究所学委会工作条例	×××-××-08	
9	××研究所科技奖励管理办法	×××-××-09	
10	××研究所国家技术转移中心管理办法	×××-××-10	
11	××研究所科研仪器设备管理办法	×××-××-11	
12	××研究所科技成果奖励实施细则	×××-××-12	
13	××研究所科研物资管理办法	×××-××-13	
14	××研究所知识产权管理办法	×××-××-14	
15	××研究所知识产权检查监督控制程序	×××-××-15	
16	××研究所知识产权专员管理办法	×××-××-16	
17	××研究所专利管理工作实施细则	×××-××-17	
18	××研究所专利管理流程	×××-××-18	
19	××研究所专利工作奖励管理办法	×××-××-19	
20	××研究所国防专利管理流程	×××-××-20	
21	××研究所专利分级管理办法	×××-××-21	
22	××研究所合同知识产权管理规定	×××-××-22	

12. 知识产权记录应包含的主要内容有哪些?

知识产权记录一般包含科研组织现行管理制度、流程所使用的表单，或为建立知识产权管理体系而新建的特殊表单。

知识产权记录清单见表4-2。

表4-2 知识产权记录清单

序号	记录表单名称	编号	管理部门
1	年度知识产权目标及考核记录	×××-××-01	
2	会议记录通知单	×××-××-02	
3	会议签到表	×××-××-03	
4	会议记录表	×××-××-04	
5	文件回收/销毁清单	×××-××-05	
6	文件发放回收登记表	×××-××-06	
7	技术合同审批表	×××-××-07	
8	资料申报表	×××-××-08	
9	大型科研仪器设备清单	×××-××-09	
10	大型科研仪器设备管理记录本	×××-××-10	
11	研究生科技成果管理规定	×××-××-11	
12	科技论文投稿审批表	×××-××-12	
13	科研物资采购合同审批表	×××-××-13	
14	科研论文发表前审批表	×××-××-14	
15	论文数据出处整理对照表	×××-××-15	
16	项目科研计划概况表	×××-××-16	
17	知识产权体系内民品项目清单	×××-××-17	
18	知识产权办公室人员情况表	×××-××-18	
19	知识产权专员一览表	×××-××-19	
20	知识产权分类统计表	×××-××-20	
21	外部知识产权服务机构名录	×××-××-21	
22	知识产权检查监督工作计划	×××-××-22	
23	部门知识产权检查监督报告表	×××-××-23	
24	知识产权检查监督工作报告	×××-××-24	
25	知识产权检查监督改进措施表	×××-××-25	
26	法律法规及其他要求文件一览表	×××-××-26	
27	知识产权纠纷处理记录台账	×××-××-27	

序号	记录表单名称	编号	管理部门
28	专利技术申报书	×××－××－28	
29	注册商标管理台账	×××－××－29	
30	专利管理台账	×××－××－30	
31	著作权管理台账	×××－××－31	
32	计算机软件著作权登记申报书	×××－××－32	
33	申请国外（PCT）专利申报书	×××－××－33	
34	项目知识产权评估表	×××－××－34	
35	科研创新与合理化建议评估报告	×××－××－35	
36	项目知识产权检索报告	×××－××－36	
37	知识产权权属变更放弃台账	×××－××－37	
38	授权专利终止申请表	×××－××－38	
39	专利变更申请表	×××－××－39	
40	专利申请放弃表	×××－××－40	
41	知识产权（实施许可转让）申请表	×××－××－41	
42	保密协议书	×××－××－42	
43	人事聘用合同	×××－××－43	
44	年度培训需求表	×××－××－44	
45	培训计划	×××－××－45	
46	培训签到表	×××－××－46	
47	培训申请表	×××－××－47	
48	培训总结表（所内）	×××－××－48	
49	培训总结表（所外）	×××－××－49	
50	培训信息反馈表	×××－××－50	
51	培训效果评估报告	×××－××－51	
52	培训信息反馈表	×××－××－52	
53	所内培训需求表	×××－××－53	
54	所外培训需求表	×××－××－54	
55	离职和退休协议书	×××－××－55	
56	入职员工知识产权背景调查表	×××－××－56	
57	入职人员知识产权声明	×××－××－57	
58	知识产权奖励表	×××－××－58	
59	项目情况登记表	×××－××－59	
60	项目知识产权跟踪检索分析记录	×××－××－60	

13. 知识产权方针和目标如何编写？

方针的含义必须明确、单义，只能有一种理解，要防止含义不清，有多种解释。方针要有鼓动性和号召力，能激励人员奋进，从而实现目标。方针的表达要简明扼要，简短有力，使人们容易记忆，易于贯彻。

目标要具体，尽量量化，可考核，可测量，可评价。

【案例 4.1】 几个研究所的知识产权方针和目标

1. 中科院青海盐湖研究所

知识产权方针：强化布局，激励创新，占领盐湖科技制高点。

知识产权目标：

（1）中长期目标

稳步提升专利知识产权，培养复合型人才，推进专利技术转移转化。

（2）三年目标

① 至 2021 年，知识产权质量有较大提高，知识产权申请数量达到 80 件/年以上，发明专利比例占当年申请专利的 90% 以上，实现海外专利布局突破。

② 建设知识产权专员队伍，形成知识产权专员助力科技创新的有效机制。

2. 中国科学院青岛生物能源与过程研究所

知识产权方针：坚持创新驱动与需求牵引相结合、原始创新与集成创新并重，激励创新创造，强化知识产权保护、运用与转化，显著提升研究所服务经济社会发展的能力，争创世界一流研究机构。

知识产权目标：

（1）中长期目标

构建知识产权管理体系与规范，形成高效的运行机制，推进知识产权转移转化，实现知识产权的规范化管理、价值化导向和收益化产出，知识产权管理达到国内科研机构先进水平。

（2）三年目标

① 知识产权数量和知识产权同步提高，知识产权申请数量达到 500 件/年，发明专利占有效专利 90% 以上，提高海外专利的申请数量。

② 健全知识产权运营转化制度，实施知识产权分级管理，开展生物、能源领域内系统性专利布局，构建具有示范引领作用的高价值专利组合或专利池。

③ 加强知识产权专员队伍建设，培养懂技术、懂产业、懂法律的复合型知识产权专员 50 名以上，全所特别是产业化主体的知识产权意识普遍提高，形成注重知识产权保护与运用的文化氛围。

3. 中国科学院广州能源研究所

知识产权方针：聚焦新能源，稳定数量，提高知识产权，培养人才，促进转化，实现价值。

知识产权目标：

（1）长期目标

至 2030 年，立足国家能源技术革命、生态环境改善、绿色低碳发展的战略需求，着力突破可再生能源、新能源、节能环保领域的重大科技问题，在发展战略性新兴产业中发挥引领作用。强化瓶颈及关键技术研究，实施知识产权战略，完善知识产权工作体系，加强专利评估、培育和申请的全过程管理，提高专利知识产权和技术价值为工作重心，争取获得国家级科技奖励 1～2 项，省部级科技奖励 3～5 项。深化科研制度改革举措，实现新型人事管理制度，培养 8～10 名专业知识产权管理运营人才，形成有利于吸引和聚集国际优秀人才的良好环境。

（2）五年目标

① 创新科研管理模式和资源配置体系，围绕可再生能源开发及低碳能源技术创新目标，加强应用基础和系统集成研究及平台建设，突破高技术壁垒，构建完整的技术创新链条，促进具有核心竞争力的成果转化和产业化应用，争取获得省部级奖励 2～3 项，国家级科技奖励 1～2 项。

② 建立知识产权运营和转化平台，推动技术转移转化，形成具有产业化价值的技术解决方案。

③ 建设面向战略性新兴产业的技术服务网络，为企业提供技术支撑和服务。

④ 培养专业知识产权管理运营人才 2～3 人。

14. 如何理解术语和定义？

术语和定义除了要写明标准中的术语和定义外，科研组织可根据自身实际情况增加个性化的解释。例如，某科研组织虽然是独立法人单位，但其财务账户是托管在另一科研组织之下，并没有独立的财务账号；某科研组织的组织结构与一般科研组织不同，其在课题组和研究中心外，还包括一些共同成立的联合实验室或中试基地，这部分由本单位员工和其他单位员工共同组成，像这些特殊情况，应在术语和定义中进行说明。

15. 科研组织职责分配表如何编制？

职责分配表是依照科研组织的组织结构和部门职责分配，将标准控制点与部门职能一一建立直观对应关系的表单。

科研组织职责分配见表4-3。

表4-3 科研组织职责分配表

《科研组织知识产权管理规范》要求	最高管理者	管理者代表	综合管理部门	科研管理部门	知识产权管理部门	知识产权服务支撑部门	人力资源管理部门	财务管理部门	保密管理部门	信息管理部门	资产管理部门	研究中心	项目组
4. 总体要求													
4.1 总则	▲	△	○	○	○	○	○	○	○	○	○	○	○
4.2 知识产权方针和目标	▲	△	○	○	△	○	○	○	○	○	○	○	○
4.3 知识产权手册	▲	△	○	○	○	○	○	○	○	○	○	○	○
4.4 文件管理	△	△	▲	△	△	△	△	△	△	△	△	△	△
5. 组织管理													
5.1 最高管理者	▲	△	○	○	○	○	○	○	○	○	○	○	○
5.2 管理者代表	○	▲	○	○	△								
5.3 知识产权管理机构	○	△	○	○	▲								
5.4 知识产权服务支撑机构			○		△	▲				○			△
5.5 研究中心			○	○								▲	○
5.6.1 项目组长			○	○	○							○	▲
5.6.2 知识产权专员			○	△	○								▲
6. 基础管理													
6.1.1 员工权责					△		▲						

续表

《科研组织知识产权管理规范》要求	最高管理者	管理者代表	综合管理部门	科研管理部门	知识产权管理部门	知识产权服务支撑部门	人力资源管理部门	财务管理部门	保密管理部门	信息管理部门	资产管理部门	研究中心	项目组
6.1.2 入职和离职					○		▲		○			○	○
6.1.3 培训					△		▲					○	○
6.1.4 项目组人员管理							○		○				▲
6.1.5 学生管理							▲		○				▲
6.2 科研设施管理											▲		○
6.3 合同管理			▲	▲	▲	▲	▲		○		▲		
6.4 信息管理	○		○		▲	△			○	▲		○	
7. 项目管理													
7.1 分类			△	▲									○
7.2 立项			○	△	○								▲
7.3 执行			○	△	○				○				▲
7.4 结题验收			○	△	○								▲
8. 知识产权运用													
8.1 评估与分级管理					▲	○							△
8.2 实施和运营					▲								△
8.3 许可和转让					▲	○							△
8.4 作价投资					▲	○							△
9. 知识产权保护 a)			▲		▲								○
9. 知识产权保护 b)				▲	△								○
9. 知识产权保护 c)					▲				△				△
9. 知识产权保护 d)					▲								○
9. 知识产权保护 e)					▲								○
10. 资源保障													
10.1 条件保障			▲						○		▲		
10.2 财务保障								▲					
11. 检查与改进													
11.1 检查监督		▲	○	○	△	○	○	○	○	○	○	○	○
11.2 评审改进	▲	△	○	○	△	○	○	○	○	○	○	○	○

▲为主管领导或归口管理部门　△为主要职责　○为相关职责

注：1. 人力资源管理部门包含学生管理；

　　2. 知识产权服务支撑部门可以设在组织内部，也可以委托外部机构。

第五章　培训宣贯

知识产权教育培训是提高全员知识产权意识和获取知识产权技能的重要手段，也是贯穿整个知识产权管理体系始终的一项重要活动。在知识产权管理体系中，人是最活跃的因素，也是最难管理的因素，因此科研组织应针对员工加强知识产权意识教育，开展知识产权文化建设，使各岗位人员认识到本岗位工作与知识产权的相关性以及对组织知识产权管理体系的重要性，清楚自己如何为实现组织的知识产权目标做出贡献。

体系文件经最高管理者或相关领导签发之后颁布实施，标志着科研组织的知识产权管理体系正式开始运行。这个时候，需要科研组织各相关部门，对所涉及的体系文件进行培训学习，确保相关人员能够了解并遵守新颁布的关于知识产权工作的新要求，让体系涉及的各岗位人员都清楚该岗位在体系中承担的职责，以保证体系能够顺畅运行。

（1）培训宣贯应覆盖知识产权管理体系内的所有人员，包括中、高层管理人员，知识产权管理人员，项目组长，知识产权专员，科研人员与学生，其他员工等，应确保每个人胜任自己岗位的工作，并能适应组织发展的需要。

（2）培训宣贯可以与组织日常的知识产权培训工作相结合，采取集中培训＋自学，线上培训＋线下培训等多种方式，确保体系内相关人员明确各自的职责，了解并遵守知识产权工作的具体要求。

（3）建立知识产权培训体系，匹配培训资源（包括培训师资、场所、经费等），针对不同岗位、不同层次的员工设计不同的培训课程，做到有的放矢，保证培训质量。

（4）采取适当的方式评价培训效果，并保留培训记录，以证实相关人员获得或提升了能力和意识。

问题及解答

1. 培训宣贯覆盖的范围有哪些？

培训宣贯应覆盖知识产权管理体系内所有人员，包括中、高层管理人员，知识产权管理人员，项目组长，知识产权专员，科研人员与学生，其他员工等，确保每个人都了解并遵守组织关于知识产权工作的新制度和新要求，认识到本岗位工作与知识产权工作的相关性以及对组织知识产权管理体系的重要性。

2. 培训宣贯的内容是什么？

（1）知识产权方针、目标。

学习和领会科研组织知识产权方针意义的内涵，以此作为一切知识产权工作的宗旨和方向，并确保知识产权方针有效贯彻落实；了解科研组织知识产权目标（中长期目标、近期目标）以及所在部门知识产权目标的要求，对照自己的实际工作，明确自己岗位的知识产权要求。

（2）知识产权管理手册、制度或程序文件等。

了解科研组织知识产权工作的具体要求、流程，熟悉所涉及的记录表单等。

（3）《科研组织知识产权管理规范》。

对标准进行解读，使组织内部员工和学生进一步加深对标准内容、条款的理解和认识。

3. 培训宣贯采取的形式有哪些？

（1）集中培训宣贯。

集中科研组织管理层、管理部门负责人、研究中心和项目组的负责人及知识产权专员等进行培训宣贯。由最高管理者或管理者代表宣布体系正式开始运行实施；由知识产权管理部门负责人介绍各部门在体系中的职责，解读体系文件的具体要求。

（2）线上解读＋线下自学。

科研组织可根据需要，将知识产权管理手册、制度或程序文件等（纸版或电子版）发放到相关人员手中，便于科研组织内部员工和学生获取、阅读和学习。知识产权管理部门进行线上的解读和宣传。

（3）制作宣传栏、标志牌。

制作宣传标语、标志牌等，加强对知识产权管理要求（特别是知识产权方针和目标）的宣传和贯彻。

（4）利用微信群、公众号、内部信息工作平台等。

利用微信群、公众号、内部信息工作平台等工具，加强知识产权管理要求、管理制度的宣贯。

4. 如何对最高管理层进行宣贯培训？

（1）邀请最高管理层成员参加培训宣贯会并讲话。

（2）利用最高管理层工作会议的机会，由知识产权管理部门负责人或外部专家向领导层解读《科研组织知识产权管理规范》标准条款，介绍体系文件的相关内容和要求等。

5. 如何对各管理部门负责人进行宣贯培训？

（1）对各管理部门负责人进行专项宣贯培训；

（2）邀请各管理部门负责人参加培训宣贯会；

（3）利用中层领导工作会议的机会，由知识产权管理部门负责人或知识产权管理人员，或者外部专家解读《科研组织知识产权管理规范》标准条款，介绍体系文件的相关内容和要求等。

6. 如何对项目组长进行宣贯培训？

（1）对项目组长进行专项宣贯培训；

（2）邀请项目组长参加培训宣贯会；

（3）利用科研组织内部学术研讨、交流的机会，邀请知识产权领域专业人士介绍相关技术领域知识产权现状、发展以及知识产权布局、战略等知识。

7. 目前培训工作中常见的问题有哪些？

（1）为了完成年度员工培训计划，编制的培训内容不全面，缺乏针对性，培训流于形式，对组织的发展毫无促进效果。

（2）培训时照本宣科，空讲理论，无实战效果，员工不能将所学用于实践中，培训后依然是"原来该怎么干现在还是怎么干"。

（3）各级领导对培训不重视，基本不参加相关培训，或者参加也只是走过场，对培训内容不了解、不熟悉，不知道自己在知识产权管理体系中的岗位职责和重要性，面对出现的问题说不清。

【案例5.1】培训计划表、培训记录表以及培训效果评价表

职工培训计划表见表5-1。培训记录表见表5-2。培训效果评价表见表5-3。

表5-1　职工培训计划表

年度：

序号	培训项目名称	参加培训部门或人员	人数	拟培训内容	培训方式	拟培训时间	学时	考核方法	经费来源及金额	组织培训单位

编制：　　年　月　日　　　审核：　　年　月　日　　　批准：　　年　月　日

表 5-2　××年度培训记录表

培训名称			
组织部门			
执行时间		地点	
培训类型		人数	
经费情况			
培训目标及主要内容：			
培训实施过程：（包含参加培训人员的数量和类别、培训方式方法创新、培训时长等内容）			
培训效果反馈情况：			
存在问题及建议：（需包含培训实施过程中遇到的问题、经验总结及意见建议等内容）			

表 5-3 培训效果评价表

项目（培训）名称			
执行部门			
项目负责人		电话	
执行时间		地点	
参加人员		人数	

培训班组织情况评估：

培训班授课教师、教材等取得效果评估：

（内容包括科研组织、讲师、教材等培训方面及学员受训结果）

学员受训情况反馈评估：

存在问题及建议：

项目负责人签字：　　　　　　　　　　　主办单位盖章：　　　年　月　日

人事处审核意见

（盖章）　　　年　月　日

第六章　实施运行

实施运行是指在建立了知识产权管理组织架构、体系文件后，开始正式实施运行知识产权管理体系，使知识产权相关的各岗位和环节进入知识产权管理体系设定的流程规范，开展各项知识产权活动。在实施运行阶段，需加强对记录文件的管理、保存、检查，以确保各种知识产权事务按照体系要求落实。体系文件经过管理层审批生效，主管部门向各部门下发体系文件，知识产权管理体系就进入实施运行阶段。

实施运行阶段的工作应包括下述内容：

（1）各职能部门根据职责，加强对执行部门开展相关活动的宣传培训，定期检查监督各部门的执行情况等。

（2）各执行部门及时内部传达、学习并执行新的体系文件，如制度、程序、表单等。

关于体系的实施运行，是体系构建环节的试金石。实施运行能够顺利开展的前提是建立了一个可执行的知识产权管理组织架构、体系文件等。应当设定适当的体系实施运行周期，使得知识产权相关的各岗位和环节能够进入知识产权管理体系设定的流程规范，开展各项知识产权活动。体系实施运行阶段的难点和重点在于需要熟悉和了解新的知识产权工作要求，并且遵照实施。因此，根据部门、岗位的特点，开展针对性的培训尤为重要。

问题及解答

1. 体系正式实施运行的标志是什么？

通过贯标筹备、体系策划、调研诊断、文件编写和培训宣贯，准备好知识产权管理体系文件，开始投入使用，实施运行也是体系建设最关键的事情。

什么时间算是体系开始运行了呢？实施运行的主要标志是最高管理者正式签发知识产权管理手册、公开公布并发放给员工，要求科研组织内部按照知识产权管理手册的要求运行，启用相关程序和表单，也可以召开会议宣布体系正式运行。知识产权管理手册的获得形式，可以印刷纸件发给大家，也可以在内部网站上挂电子版以便员工获取学习和遵照执行。体系正式运行是一个重要的时间节点，以此开始试运行、按照文件要求执行并留存相应的记录和表单，以便内部审核和外部认证时进行抽样检查，验证体系运行是否良好。

2. 体系管理是否需要专门的知识产权管理部门？

科研组织要做好知识产权管理体系建设，最好是建立专门的知识产权管理部门，进行知识产权创造、运用、保护等全链条各环节的管理工作。配备掌握知识产权相关法律知识和实务技能的专职人员对知识产权进行管理。该部门的主要工作如下：制定科研机构内部的知识产权管理制度规划；组织和跟踪专利申请、保护和转化的全过程；进行与专利相关的流程管理工作，向科研人员提供知识产权方面的建议，督促和协助科研人员申请专利；维护专利信息数据库、对专利申请和维持的过程进行跟踪和管理；积极促进科技成果的利用和转化等。由于科研机构常包括多学科多方向的课题组或者研发中心，还可以为每个课题组或研发中心指定兼职或专职的专利专员，配合知识产权管理部门进行专利挖掘、评价和申请。

知识产权管理部门和管理人员的安排体现了科研组织对知识产权的重视程度和

战略安排，目前绝大部分科研组织还未建立专门的知识产权管理部门，有的科研组织知识产权管理人员设在科技管理部门或者成果专利管理部门，作为科技管理和成果转化管理的辅助性岗位。领导十分重视知识产权或者科技成果做得较好的科研组织多数已经设立专门的知识产权管理部门，在贯标过程中，知识产权管理部门起到统筹协调和业务指导等关键作用，推动了科研组织的知识产权管理能力和管理水平的整体提升。因此，有条件的科研组织建议设立专门的知识产权管理部门，不只为了知识产权贯标工作，更为了提高对科研创新和成果转化的服务水平和支撑能力。

【案例6.1】建立以知识产权为核心的科研项目全过程管理，强化专利导航与专利战略布局

中科院天津工业生物所建立以知识产权为核心的科研项目全过程管理，强化专利导航与专利战略布局，以价值和需求为导向，加强专利保护与高价值专利培育，注重专利布局效果与专利组合价值。

自知识产权管理体系实施运行以来，以"某氨基酸生物制造"重大科研项目为例，氨基酸工业菌种创制是该研究所的重点研发方向，在立项前期，知识产权专员通过开展产业技术专利导航，全面分析氨基酸产业发展现状，厘清专利技术发展态势，明确了当前技术研发热点以及制约产业发展的技术障碍，识别知识产权风险，为项目研发工作提供决策建议；在项目实施过程中，根据项目研发任务和目标，依据专利导航信息以及竞争对手专利布局信息，由知识产权专员协助项目负责人制定了全面保护式专利布局策略，为创新成果提供充分的专利保护屏障，确保对创新成果的技术控制力和竞争优势，提高规避设计难度和研发成本，同时，及时向知识产权管理机构披露职务发明创造，开展创新性检索与专利挖掘，明确发明点与可保护主题，在专利申请全过程中争取最宽保护范围，加强某氨基酸生物制造核心技术专利保护与功能专利布局，以期实现专利布局效果，提升专利组合价值，实现知识产权价值。

3. 知识产权体系文件应该如何管理？

知识产权管理体系文件包括体系运行过程中所使用的文件，包括方针和目标、《知识产权手册》、程序文件、适用的外来文件和工作流程及记录表单。对与知识产权要求有关的文件的批准、发布和更改进行控制，确保对知识产权管理体系有效运行起重要作用的各个场所均使用现行有效文件。文件分为受控文件和非受控文件。受控文件是指按照发放范围登记、分发或独立存档管控，并能保证收回的文件。受控文件封面一般加盖"受控"印章或文字标识。受控文件除编号外，发放时还应注明文件分发号。受控文件由编制或控制部门确定发放范围并进行发放。非受控文件的发放可以参考受控文件的发放办法执行，但不可加盖"受控"印章或文字标识。文件可以是电子版或纸件，对于以网页或其他非纸质载体形式公布的文件，如果符合受控文件的定义，则应按照受控文件的控制要求对其发布、更改、作废等进行管理。

【案例6.2】 与文件相关的程序文件可以是《文件控制程序》和《文件材料归档管理办法》

某研究所的文件相关记录表单如下：

(1)《文件发放登记表》；

(2)《内部受控文件清单》；

(3)《文件回收销毁清单》；

(4)《文件更改申请单》；

(5)《外来文件清单》。

4. 知识产权管理手册的发放范围是什么？

知识产权管理手册是组织体的纲领性文件，是受控文件，应当经过管理者代表审阅，经科研组织的最高管理者签批。它是科研组织人员处理知识产权事务的指南，为科研人员提供便捷的操作指导。因此知识产权管理手册应当尽量发放到每一个科研组织的员工，可以发放纸件，也可以发放 PDF 电子版文件，或者放在内网供内部员工下载使用。针对手册的内容应当详细分解和培训，以便科研人员可以对照执行。电子版文件应和纸质文件保持一致，有相应的标识，并按照受控文件管理。

5. 科研组织知识产权管理过程中的外来文件有哪些？应如何管理外来文件？

外来文件一般指的是从外部接受的文件，一般像一些法律法规、通知书等，外来文件可以是受控的，也可以是非受控的。应由相关部门识别、控制跟踪外来文件，建立外来文件清单、按时归档并予以管理。

对外来文件应记录收文、传达、保存及处理等相关信息，外来文件至少应包含如下内容。

（1）行政决定：知识产权受理通知书、审查意见、审查决定等；

（2）司法判决；

（3）律师函件。

除此之外，还可以包括知识产权法律法规、荣誉证书、上级单位发布的规章制度等与知识产权相关的外来文件，这些外来文件都可按照标准的要求进行管理。

6. 科研组织知识产权管理过程中的记录表单有哪些？应如何管理？

标准中提到的记录文件应包括依据体系文件中的制度、程序或流程文件规定必须填写形成的记录表单，它是证明科研组织知识产权管理符合标准、法律法规及自身制度的证据，记录文件的形式可以为纸件、电子文档以及管理系统中的记录等。记录文件应明确责任部门、建立台账，规定保存期限，记录标识，编号等。做好记录的归档，可根据管理职责分类进行暂存、定期移交、存档等管理。应确保记录的齐全、完整、准确，便于保管和有效利用，充分发挥记录文件在科学研究、成果转移转化和知识产权管理等各项工作中的作用。

7. 知识产权专员应具备的条件是什么？其在项目组和研究所层面承担什么职责？

知识产权专员首先需具备一定的知识产权业务能力，其次还需要特定方向的专业背景以支撑其胜任在项目组和研究所层面的知识产权工作。近年来，我国越来越重视知识产权保护，科研单位也在积极探索知识产权有关工作。中科院知识产权专员制度是中科院知识产权工作的重要制度创新，也是加强中科院知识产权人才队伍建设的必然要求。中科院从 2008 年起全面实施知识产权专员制度，落实中科院知识产权战略的重要举措，有助于培养更多既懂科学技术、又掌握知识产权保护与应用专业知识的复合型人才，为中科院知识产权战略发展提供了坚实的人才保障。截至 2020 年年底，共有来自 100 多个院属单位的 520 名具备良好科研水平、掌握相当知识产权知识技能的科研和知识产权管理骨干通过了知识产权专员考试，获得知识产权专员资格，中科院知识产权专员队伍已初具规模。通过系列培训和考试，获取中科院知识产权专员资格的人员基本具备了知识产权检索分析报告撰写能力以及科研项目知识产权管理能力，为国家重大科技计划、重点研发计划，中科院先导专项、率先行动计划的实施提供独立的知识产权分析报告，为提升科研创新的效果起到了重要支撑和保障作用。

例如，中科院已有一批研究所建立了院所两级的知识产权专员制度，知识产权工作走在全院和全国前列，主要得益于知识产权专员的贡献，专员与课题组紧密结合，不仅有效保障了各项科研任务的完成和科技成果转化，也得到了国家知识产权局的高度评价。

中科院知识产权专员的工作环境分两个层面，研究所和项目组。在研究所层面，大约 1/3 在研究所的职能部门负责知识产权相关的工作，大约 2/3 在项目组负责知识产权管理服务工作。知识产权专员目前很多是兼职从事知识产权工作，大约 1/5 是专职从事知识产权工作的。知识产权专员需要对各项目组的知识产权情况有全面的了解，同时要积极跟进各项目组的知识产权目标的确定和实施，从整体角度配合研究所的知识产权管理工作。

在项目组层面，知识产权专员的主要职责包括：

（1）组内知识产权相关事务的沟通，包括专利撰写，维护、专利布局等；

（2）协助组长进行科研项目的知识产权管理；

（3）在科技研发、产业规划和专利运营等活动中，参与或协调监督外部服务机构，利用专利信息等数据资源，分析产业发展趋势和技术创新方向，明晰产业发展和技术研发路径，为组长决策提供参考；

（4）定期向研究中心及管理部门报告科研项目的知识产权情况，科研组织项目组人员参加知识产权培训。

【案例6.3】 设立知识产权专员

某研究所在主要应用的领域项目组均设立知识产权专员，每年评比优秀知识产权专员。2019年12月27日，该研究所举办第三届知识产权专员年度交流会暨2019年知识产权专员竞赛。竞赛按照《××研究所知识产权奖励实施细则》，旨在加强研究所知识产权专员队伍建设，提升专员队伍专业化水平，进一步加强专员对知识产权管理体系的认识，18名知识产权专员参加了竞赛与交流。

8. 标准中知识产权背景调查的对象是什么？

知识产权背景调查的对象一般为新入职人员和重大科研项目人员。应特别关注以下人员：人才引进人员、有工作经验人员、兼职科研人员、访问学者、合作方科研人员。知识产权背景调查的形式可以是相关人员声明或填写之前的工作经历、以往的知识产权情况，确认是否曾签署过竞业限制协议、保密协议及这些协议是否仍有效等。

9. 标准条款6.1.2 a) 中的知识产权背景调查的具体要求有哪些？

知识产权背景调查的对象一般为新入职人员和重大科研项目人员，在具体工作中，可以采取如下管理。

（1）对新入职人员和重大科研项目参与人员进行知识产权背景调查，而不仅仅是对正式员工开展知识产权背景调查。应特别关注以下人员：人才引进人员、有工作经验人员、兼职科研人员、访问学者、合作方科研人员。具体形式包括：自我声明、填写知识产权情况问卷、电话核实、前雇主拜访以及尽职调查等。

背景调查的目的主要是了解该人员是否与之前单位签订过保密协议、竞业限制协议等，了解这些协议的执行情况和有效性等，避免因人员的引进与原单位发生不必要的知识产权权属或商业秘密纠纷。

（2）应组织新入职人员中的知识产权关系密切人员签署知识产权声明文件以及签署知识产权权属协议，作为人事合同的补充。鉴于在入职时签订相关协议的主动性较强，可在人员入职时与其同时签订保密协议和竞业限制协议。竞业限制协议可以附生效条件，在员工离职时科研组织可以决定该协议是否生效、何时生效。

（3）对于有工作经历的学生，应开展适当的背景调查。这里所说的学生主要指在科研组织中学习并从事科学理论或实验研究的硕士研究生或博士研究生，还包括联合培养、委托培养、短期实习、毕业设计等情况。

某研究所的人员背景调查表见表6-1和表6-2。

表6-1　背景调查表1

基本信息	姓　名		性　别		身份证号			
	拟入职部门/课题组					入职时间		
	毕业院校			工作年限				
	原工作单位							
	原工作单位联系电话				联系人			
教育/工作经历	时间（年、月）	单位		部门	工作内容		职务	职称
已发表论文已申请专利情况	1. 2. ……							
您是否存在知识产权纠纷情况，如果有，请列出：								
您是否存在仍有效的竞业限制、保密约定、兼职取酬等情况，如果有，请列出：								
本人郑重承诺，以上信息均真实有效，对因填报不实引起的一切法律后果由本人承担。(**请手写一遍**) 　　　　　　　　　　　　　　　　　　　　　　签字人： 　　　　　　　　　　　　　　　　　　　　　　联系方式： 　　　　　　　　　　　　　　　　　　　　　　　　年　月　日								

表 6 - 2 背景调查表 2

姓名		手机号码	
身份证号		入职部门	
之前工作（学习）中涉及的知识产权情况介绍	和被申请岗位相关的已申请或完成的专利、版权、著作权信息，请列明： 1. 2. 3.		

入职前雇主（国外学习背景）的详细信息

公司名称 （毕业院校/国外学习背景的院校）	就职部门（在校课题组)/职位	就职（学习）期间	离职原因 （应届毕业生填写"毕业"）

您是否允许本单位在您入职本单位之前向该雇主（毕业学校或国外学习背景的院校）核查您所提供的知识产权信息？
□是 □否，如果否，请说明原因：

竞业限制协议	是否有签订过如竞业限制类的协议 □有 □无 若有，雇主是否向您发放竞业限制补偿金 □有 □无 若有，您认为签订的这份竞业限制协议是否可能影响到您能否在本所工作？ 如果是，请列出相关限制：
其他	你曾经有过以下情形吗？包括： □因为不正当行为或者原因而被辞退 □未通过背景调查 如果有，请全面解释：
被调查人签字	日期：

10. 对发明人的知识产权奖酬有哪些？其他知识产权类型的奖励方式有哪些？

标准中要求建立职务发明奖励报酬制度，依法对发明人给予奖励和报酬，还须对为知识产权运用做出重要贡献的人员给予奖励，还可以设置推动科研进步的奖励、论文著作权奖励、新品种奖励、标准编制奖励等。

科研组织对职务发明创造发明人的奖酬，除了应遵守《中华人民共和国专利法》（以下简称《专利法》）及其实施细则的规定外，还应满足《中华人民共和国促进科技成果转化法》（以下简称《促科法》）的要求。关于奖酬的标准，如果科研组织与发明人有约定或有相关制度，则根据约定或制度执行，如无则按照法律法规执行。

（1）发放形式：授权专利奖励可以是现金、绩效评价等；对为知识产权运用做出重要贡献人员的奖励通常指知识产权转移转化后的利益分配，可以是股权或现金方式，其他奖励的形式根据科研组织制度执行。

（2）发放时间：根据国家法律法规执行。

【案例6.4】2019 年科技部等 6 部门联合印发《关于扩大高校和科研院所科研相关自主权的若干意见》，正在试点，尝试进一步完善相关制度体系，推动扩大高校和科研院所科研领域自主权；这是一种知识产权机制体制的改革创新尝试，可以借鉴相关内容先行先试。

知识产权奖酬的执行要点如下：

教育部、国家知识产权局、科学技术部联合印发《关于提升高等学校专利知识产权 促进转化运用的若干意见》，以专利为突破口，优化专利资助奖励政策和考核评价机制，强化专业化机构和人才队伍建设，切实提升专利等科技成果知识产权，促进科技成果转化。该意见还要求，高校要停止对专利申请的资助奖励，大幅减少并逐步取消对专利授权的奖励，通过提高转化收益比例等"后补助"方式对发明人予以奖励，充分体现了促进转化运用的导向。

专利奖励报酬是指，《专利法》及其实施细则中规定的被授予专利权的单位对职务发明创造的发明人或者设计人的奖励，专利实施后被授予专利权的单位对发明人或者设计人给予合理的报酬。

扩展阅读

1.《专利法》中与奖励相关的条款：

第十五条　被授予专利权的单位应当对职务发明创造的发明人或者设计人给予奖励；发明创造专利实施后，根据其推广应用的范围和取得的经济效益，对发明人或者设计人给予合理的报酬。

2.《专利法》实施细则中与奖励相关的条款：

第六章　对职务发明创造的发明人或者设计人的奖励和报酬

第七十六条　被授予专利权的单位可以与发明人、设计人约定或者在其依法制定的规章制度中规定专利法第十六条规定的奖励、报酬的方式和数额。企业、事业单位给予发明人或者设计人的奖励、报酬，按照国家有关财务、会计制度的规定进行处理。

第七十七条　被授予专利权的单位未与发明人、设计人约定也未在其依法制定的规章制度中规定专利法第十六条规定的奖励的方式和数额的，应当自专利权公告之日起3个月内发给发明人或者设计人奖金。一项发明专利的奖金最低不少于3000元；一项实用新型专利或者外观设计专利的奖金最低不少于1000元。由于发明人或者设计人的建议被其所属单位采纳而完成的发明创造，被授予专利权的单位应当从优发给奖金。

第七十八条　被授予专利权的单位未与发明人、设计人约定也未在其依法制定的规章制度中规定专利法第十六条规定的报酬的方式和数额的，在专利权有效期限内，实施发明创造专利后，每年应当从实施该项发明或者实用新型专利的营业利润中提取不低于2%或者从实施该项外观设计专利的营业利润中提取不低于0.2%，作为报酬给予发明人或者设计人，或者参照上述比例，给予发明人或者设计人一次性报酬；被授予专利权的单位许可其他单位或者个人实施其专利的，应当从收取的使用费中提取不低于10%，作为报酬给予发明人或者设计人。

第七章　专利权的保护

第八十五条　除专利法第六十条规定的外，管理专利工作的部门应当事人请求，可以对下列专利纠纷进行调解：（一）专利申请权和专利权归属纠纷；（二）发明人、设计人资格纠纷；（三）职务发明创造的发明人、设计人的奖励和报酬纠纷；（四）在发明专利申请公布后专利权授予前使用发明而未支付适当费用的纠纷；（五）其他专利纠纷。对于前款第（四）项所列的纠纷，当事人请求管理专利工作的部门调解的，应当在专利权被授予之后提出。

3.《促科法》中与奖励相关的条款：

第四章　技术权益

第四十三条　国家设立的研究开发机构、高等院校转化科技成果所获得的收入全部留归本单位，在对完成、转化职务科技成果做出重要贡献的人员给予奖励和报酬后，主要用于科学技术研究开发与成果转化等相关工作。

第四十四条　职务科技成果转化后，由科技成果完成单位对完成、转化该项科技成果做出重要贡献的人员给予奖励和报酬。科技成果完成单位可以规定或者与科技人员约定奖励和报酬的方式、数额和时限。单位制定相关规定，应当充分听取本单位科技人员的意见，并在本单位公开相关规定。

第四十五条　科技成果完成单位未规定、也未与科技人员约定奖励和报酬的方式和数额的，按照下列标准对完成、转化职务科技成果做出重要贡献的人员给予奖励和报酬：（一）将该项职务科技成果转让、许可给他人实施的，从该项科技成果转让净收入或者许可净收入中提取不低于百分之五十的比例；（二）利用该项职务科技成果作价投资的，从该项科技成果形成的股份或者出资比例中提取不低于百分之五十的比例；（三）将该项职务科技成果自行实施或者与他人合作实施的，应当在实施转化成功投产后连续三至五年，每年从实施该项科技成果的营业利润中提取不低于百分之五的比例。国家设立的研究开发机构、高等院校规定或者与科技人员约定奖励和报酬的方式和数额应当符合前款第一项至第三项规定的标准。国有企业、事业单位依照本法规定对完成、转化职务科技成果做出重要贡献的人员给予奖励和报酬的支出计入当年本单位工资总额，但不受当年本单位工资总额限制、不纳入本单位工资总额基数。

第五章　法律责任

第四十七条　违反本法规定，在科技成果转化活动中弄虚作假，采取欺骗手段，骗取奖励和荣誉称号、诈骗钱财、非法牟利的，由政府有关部门依照管理职责责令改正，取消该奖励和荣誉称号，没收违法所得，并处以罚款。给他人造成经济损失的，依法承担民事赔偿责任。构成犯罪的，依法追究刑事责任。

11. 标准条款6.1.2 b）中"知识产权关系密切岗位"具体包含哪些人？其知识产权管理要点有哪些？

知识产权关系密切岗位通常指能接触到大量知识产权信息，关系到知识产权的创造、保护、运用几个重要环节直接接触的科研、管理或支撑岗位的人员。涉及人员包括知识产权管理人员、主要从事研发项目的人员、知识产权转移转化人员、知识产权专员。例如，某人在项目组主要从事相关仪器设备维护，不属于密切岗位；某副研究员从事科研工作，是项目负责人，申请专利，属于知识产权关系密切岗位。在日常工作中应加强管理，对相关人员进行识别和确认，要签署知识产权协议，必要时，在协议中预留竞业限制条款和触发条件。

12. 标准中的"涉及核心知识产权的员工"如何界定？科研组织如何管理这部分人员？

核心知识产权的员工是指科研项目中承担关键技术研发工作的主要科研人员和能接触到这些重要信息的科研管理人员。核心知识产权员工一般由科研单元或项目组判断，可以采用向科研组织知识产权主管部门备案的形式，科研组织知识产权主管部门审核或确认。对于"涉及核心知识产权的员工"应签署知识产权协议，协议应包括需保密的信息及范围、权利义务、违约责任、争议解决等。必要时可与"涉及核心知识产权的员工"签署竞业限制协议，竞业限制协议应包括：知悉范围、离职后的限制义务、期限、补偿标准等。

13. 标准条款6.1.2 d）中的知识产权协议或竞业限制协议签署的时机如何把握？

按照标准规定，核心知识产权员工在离职的时候签署知识产权协议或竞业限制协议，但在实际工作中，离职时签署存在一定难度，建议竞业限制协议的签署时机可分两种情况：

（1）员工入职时签署知识产权协议或声明中可包含一些竞业限制条款，待离职时再次判断是否需要执行竞业限制，可以根据需要启动竞业限制。

（2）对于在职员工可以签署包含竞业限制的知识产权补充协议，待离职时再次判断是否需要执行竞业限制，可以根据需要启动竞业限制。

【案例6.5】员工入职和离职管理——以广州能源所为例

该研究所人事教育处对全体员工通过人事合同进行管理，在劳动合同中明确员工的知识产权权属、奖励报酬、保密义务等，以及在造成知识产权损失时，应承担的责任。对于新进员工进行适当的知识产权背景调查和沟通，了解其已有的知识产权权利义务，避免侵害他人知识产权，形成《新入职员工知识产权背景调查表》并归档，提供入职知识产权培训。对于从事研究开发、学术活动等与知识产权关系密切的岗位，与其签订专门的知识产权声明文件，约定知识产权权属及保密事项。为防止员工流动后造成或加剧同业竞争，员工离职或退休时，管理部门与其进行知识产权恳谈，签订离职协议书，明确有关知识产权权利和义务。涉密员工离职时，要求交回属于该研究所的全部资料、实验数据、仪器设备、样品，签署《离所移交表》，并签订知识产权协议，以书面形式明确知识产权权属、其承担的竞业禁止义务，以及其对涉及的技术秘密的保密责任和期限等。涉及核心知识产权的员工离职时，签署《核心员工离职知识产权协议书》。

14. 标准对新入职员工和重大科研项目组人员的知识产权背景调查分别做出了要求，应如何理解二者的异同？如何执行？

标准中的知识产权背景调查包含两个层次，员工入所的背景调查和进入重大科研项目的背景调查。

对新入职员工进行适当的知识产权背景调查，形成记录。

新入职的员工并不一定会有与知识产权相关的背景，但重大科研项目组人员通常来说都具有比较深厚的知识产权或科研背景，因此，对新入职员工和重大科研项目组人员的知识产权背景调查的要求是不同的。

（1）新入职员工：从技术领域和前期工作两个方面考虑，考虑入所后的研发方向和之前的工作背景。

（2）重大科研项目组成员：根据标准 6.1.4 a）的要求，针对重大科研项目进行项目组人员知识产权背景调查，必要时签署保密协议。重大项目要紧密结合技术领域，要根据不同情况考虑，研究所内员工入所后没有变动岗位或团队具备延续性的可以不再做背景调查；研究所内员工变动团队的可以根据研究组的实际情况进行选择；跨团队或者跨研究所的员工应重新进行背景调查。

【案例 6.6】项目组人员管理

项目组长对参与重大科研项目的员工进行适当的知识产权背景调查和沟通，了解其已有的知识产权权利和义务，确认其使用的技术是否存在风险，技术本身是否存在知识产权纠纷等，避免侵害他人知识产权。项目组成员在发表论文、学位答辩、学术交流等学术事务前，由项目组长进行信息保密审核。在项目组成员退出科研项目时，由项目组长提醒其相应的知识产权事项，明确有关职务发明的权利和义务。对于与外单位合作的项目，特别加强对所外人员的管理，如知识产权背景调查，确保加入项目组的人员没有知识产权纠纷。形成《进/退项目组人员知识产权背景调查表》，由项目组专人保管。

15. 原有员工需要填写知识产权背景调查吗？

从标准 6.1.2 的角度，原有员工原则上无须知识产权背景调查；体系首次运行时，有潜在知识产权风险的人员可以考虑进行知识产权背景调查；对于入所不足一年的、可能与前雇主存在仍在执行的保密协议或禁止竞业协议的员工，也需要进行背景调查。

16. 标准中知识产权管理人员、中高层管理人员、知识产权专员、科研人员的培训重点是什么？

科研组织中不同人员承担的知识产权管理职责是不同的，因此标准关于培训的要求是对不同人员分别开展的分类培训。在实践中，对不同人员的培训内容既有相同的也有不同的，在制订培训计划时应根据人员和内容区分。普适性的培训可以组织一起培训。不同类型人员的培训重点如下。

对研究所中高层的培训内容可包括：知识产权管理规范内容、知识产权管理体系的价值、知识产权战略及规划等管理内容。

对知识产权专员的培训内容包括：知识产权管理规范，知识产权基础知识，专利撰写、挖掘与布局实务，专利案前检索与专利导航，科研项目的全过程管理等。

知识产权管理人员的培训内容可包括：知识产权管理规范、知识产权基础知识、专利价值评估和分级管理、科研项目的全过程管理、专利导航、体系审核认证等。

对科研人员的培训内容包括：知识产权管理规范、专利检索、专利申请策略等。

对新入所员工和学生开展知识产权常规培训，培训内容包括：知识产权管理规范、职务发明创造、知识产权基础知识、知识产权制度与流程等。

17. 标准中提到了几种知识产权工作人员的区别和联系？

在标准中一共有四种知识产权工作人员，分别是：知识产权管理部门的工作人员、研究中心的知识产权管理人员、项目组知识产权专员、重大科研项目的知识产权专员。

（1）知识产权管理部门的工作人员。

涉及标准条款5.3

> 5.3 知识产权管理机构
>
> 建立知识产权管理机构，并配备专职工作人员，承担以下职责：
>
> a）拟定知识产权规划并组织实施；
>
> b）拟定知识产权政策文件并组织实施，包括知识产权质量控制，知识产权运用的策划与管理等；
>
> c）建立、实施和运行知识产权管理体系，向最高管理者或管理者代表提出知识产权管理体系的改进需求建议；
>
> d）组织开展与知识产权相关的产学研合作和技术转移活动；
>
> e）建立专利导航工作机制，参与重大科研项目的知识产权布局；
>
> f）建立知识产权资产清单，建立知识产权资产评价及统计分析体系，提出知识产权重大资产处置方案；
>
> g）审查合同中的知识产权条款，防范知识产权风险；
>
> h）培养、指导和评价知识产权专员；
>
> i）负责知识产权日常管理工作，包括知识产权培训，知识产权信息备案，知识产权外部服务机构的遴选、协调、评价工作等。

知识产权管理部门的专职工作人员应具备的条件：具有与研究所相关的理工科专业技术背景（有科研或技术开发的工作经历），有较高的业务水平，熟悉知识产权法律、运营的知识和技巧等。

（2）研究中心的知识产权管理人员。

涉及标准条款5.5

> 5.5 研究中心
>
> 研究中心应配备知识产权管理人员，协助研究中心负责人，承担本机构知识产权管理工作，具体包括以下职责：
>
> a) 拟定知识产权计划并组织实施；
>
> b) 统筹承担科研项目的知识产权工作；
>
> c) 知识产权日常管理，包括统计知识产权信息并报送知识产权管理机构备案等；
>
> d) 确保与知识产权管理机构的有效沟通，定期向其报告知识产权工作情况。

研究中心的知识产权管理人员可以是专职的，也可以是兼职的，承担联络员的职责，要求具备一定的知识产权业务知识。承担日常事务性工作比较多，可以由研究中心的学术秘书或行政秘书担任。根据研究中心的职能不同，知识产权管理人员的工作内容和任职条件也会发生变化。

（3）项目组知识产权专员。

涉及标准条款5.6.2

> 5.6.2 知识产权专员
>
> 协助项目组长进行科研项目知识产权管理，负责：
>
> a) 专利导航工作；
>
> b) 知识产权信息管理，并定期向研究中心报告科研项目的知识产权情况；
>
> c) 组织项目组人员参加知识产权培训；
>
> d) 项目组知识产权事务沟通。

项目组的知识产权专员要求具备一定的专业技术水平和比较丰富的知识产权工作经验。沟通能力强，能够承担较多的日常事务性工作；一般是做一些日常的流程性的工作，有一定的检索分析能力，能独立完成或参与专利导航工作；熟悉科研项目管理。

（4）重大科研项目的知识产权专员。

涉及标准条款 7.1

> 7.1　分类
>
> 根据科研项目来源和重要程度等对科研项目进行分类管理；科研项目应实行立项、执行、结题验收全过程知识产权管理，重大科研项目应配备知识产权专员。

重大科研项目的知识产权专员要求具备较高的专业技术水平和丰富的知识产权工作经验。熟悉相关领域的学科和技术发展趋势，有较强的检索分析能力，能独立完成专利导航报告；有较强的专利撰写能力，能够把控专利质量并答复审查意见；熟悉科研项目管理。重大科研项目知识产权专员由项目承担单位聘用，可以是专职，也可以是兼职，可以由科研人员承担一部分知识产权工作。

18. 学生入所时的知识产权管理要求有哪些？

标准中的学生主要指在科研组织中学习并从事科学理论或实验研究的硕士研究生或博士研究生，还包括联合培养、委托培养、短期实习、毕业设计等学生。对于中科院的研究生，入所时的相关要求有：

（1）按照《中国科学院研究生科研活动行为规范》（科发监审字〔2016〕116号）规范学生的论文撰写和成果署名。

（2）研究所对于研究生在所学习期间的劳动与贡献予以承认和保护，并与所内工作人员同样享有应得的权益，如发表论文、成果申报、奖励申请的署名权及应得经济利益。

（3）研究生入学注册前，由研究生个人签署研究成果的保证书。若违反规定，视侵权情节，由研究所给予相应处分或贪污处理，并赔偿经济损失。

（4）加强对学生的管理和培训，开展知识产权培训，提升知识产权意识。培训可采用开设课程、讲座、报告、在线学习等多种形式。

（5）学生进入项目组前，应对其进行知识产权提醒，组织签署保密协议等。

19. 科研人员和学生发表论文的知识产权管理如何进行?

论文发表前审批可以由项目组或课题组主要负责管理,由知识产权专员和组长签字审核,如论文修改较大可以重新审核,论文发表前审查表由项目组审核,论文接收或修改完正式发表时,审核表定稿签字后,可随科研档案一起归档,知识产权管理部门抽查。年底绩效考评时,项目组将当年发表论文审批情况和清单报管理部门备案。

从知识产权管理和保密管理的角度,理论上应该是要进行投稿前审查的,但是在实际操作中不便进行。因为论文发表与专利申请不同,由于期刊众多,没有统一出口和入口,而投稿后如果被拒会进行修改或者改投其他期刊。

根据实际情况,职能部门和项目组管理和控制,中间过程不好把握,科研组织尽量在初次论文投稿前进行审核和论文接收后备案两个环节进行管理,中间过程由项目组负责审核,由项目组长实际签字确认。

建议科研组织根据论文审批表进行审批程序,论文发表前审批表应包含论文内容是否符合知识产权规定;是否所有论文作者知情;所有论文作者对论文是否有实质性贡献;没有忽略有关工作贡献者的著作权;通讯作者恰当,并能对研究内容知识产权负责;论文中所有数据和图表真实可靠,并且经过重复实验验证;论文中所有数据经过核查,并保有完整原始实验记录;是否存在一稿多投的现象等。

20. 学生毕业离所时的知识产权管理应从哪些方面考虑?

常规学生因毕业等原因离开科研组织时,可组织学生签署知识产权协议或保密协议,短期在研究所交流学习的学生离所后发表相关的论文也应由项目组审核。

知识产权或保密协议内容应包括:

(1)知识产权协议中可约定知识产权归属、署名权、荣誉权和发明人收益分配等。

(2)保密协议中可约定科研数据、科研成果等的保密义务。

(3)还可以对学生进行离所教育,进行知识产权提醒等。

学生离所时，要重点关注可能就职于行业大型企业的学生，主要关注他们有关商业秘密的保密义务，最好可以在离所提醒时予以具体明确需要履行保密义务的商业秘密，形式最好可以列表说明，而不是笼统地约定"有保密义务"。

21. 采购实验用品、软件、耗材时的知识产权风险有哪些？

科研组织开展科研工作中涉及大量的仪器设备、药品试剂、耗材、软件及服务的采购活动，采购事项不同，存在的知识产权风险也不同，主要如下。

（1）仪器设备：购买到侵权的仪器设备，但与供应商的采购协议中没有约定侵权责任承担义务；

（2）药品试剂、耗材：专利药品试剂的经销商没有代理资质；

（3）软件：办公软件及设计画图软件随意下载破解版或通过网络购买授权码。

（4）服务：设计公司在宣传册或宣传片中使用侵权图片或字体。

【案例6.7】××研究所在第三方采购的CAD企业版系统，在使用过程中接到某公司电话提示研究所使用的系统为盗版，并告知应购买正版系统，如继续使用盗版系统，后续将采取法律手段。

22. 如何理解标准条款6.2 b) "实验用过物品"的知识产权检查？

"实验用过物品"包括报废的仪器设备、电脑、摄录设备、实验药品残渣/废液/菌种、样品/样机、图纸等，参考科研组织的科研仪器处理办法和资产管理办法处置，需确保处置后无法获取其中的数据，防止知识产权流失和泄露重要信息：

（1）报废的仪器设备（尤其是带有存储硬盘的设备），电脑，工作站等，需做好数据备份，拆除存储元件并物理破坏，无法拆除的进行格式化，防止知识产权流失。

（2）实验用过的残渣、废液、菌种等，进行粉碎、灭活等处理。有毒有害的需要进行专业的处理，不能随意丢弃。

（3）样品、样机等在处置前需要进行知识产权和保密审查。

（4）图纸、试验记录等，需粉碎的重要文件送到专门的处理机构销毁，以免知识产权流失或信息泄露。

示例：××实验室的新药研发中间体的处理，要进行粉碎、掺杂手段，避免中间体被竞争对手反向推导。处理实验用过物品要注意不要泄露相关信息，以免被他人利用。参考研究所的科研仪器处理办法和资产管理办法处置。

23. 标准中"国家重大基础设施"和"大型科研仪器"的定义是什么？其中对用户的著作、论文成果，如何进行管理？

（1）根据国家发展和改革委员会等部门关于印发实施《国家重大基础设施管理办法》的通知（发改高技〔2014〕2545号）：国家重大科技基础设施是指为提升探索未知世界、发现自然规律、实现科技变革的能力，由国家统筹布局，依托高水平创新主体建设，面向社会开放共享的大型复杂科学研究装置或系统，是长期为高水平研究活动提供服务、具有较大国际影响力的国家公共设施。

中科院重大科技基础设施涉及时间标准发布、遥感、粒子物理与核物理、天文、同步辐射、地质、海洋、生态、生物资源、能源和国家安全等众多领域，目前共有运行设施17个，在建设施6个。按应用目的可分为以下三类。

第一类是为特定学科领域的重大科学技术目标建设的专用研究设施，如北京正负电子对撞机、兰州重离子研究装置等。

第二类是为多学科领域的基础研究、应用基础研究和应用研究服务的，具有强大支持能力的公共实验设施，如合肥同步辐射装置等。

第三类是为国家经济建设、国家安全和社会发展提供基础数据的公益科技设施，如中国遥感卫星地面站、长短波授时系统等。

（2）根据《国家重大科研基础设施和大型科研仪器开放共享管理办法》（国科发基〔2017〕289号）：该办法所指的国家重大科研基础设施和大型科研仪器（以下简称科研设施与仪器）主要包括政府预算资金投入建设和购置的用于科学研究和技术开发活动的各类重大科研基础设施和单台/套价值在50万元及以上的科学仪器设备。

（3）"国家重大基础设施"和"大型科研仪器"向社会开放时，科研组织应保护用户的身份信息和数据，以及形成的知识产权；要求用户在发表著作、论文时标注利用本组织的科研设施仪器的情况。

24. 标准6.3中，涉及国家重大专项等政府项目的知识产权管理规定有哪些？

标准6.3 d) 中"承担涉及国家重大专项等政府项目时，应理解该项目的知识产权管理规定，并按照要求进行管理"，本意是要求承担项目的科研组织识别项目发布单位的知识产权、法律、保密等的要求；倡导承担国家重大专项等政府项目的科研组织结合项目特点全面整体地考虑知识产权管理。

目前，提出明确的知识产权管理要求的项目有：

（1）针对中科院"弘光专项"的《中国科学院科技成果转移转化重点专项项目管理办法》。

（2）针对中科院"先导专项"的《中国科学院战略性先导科技专项管理办法及管理细则》。

【案例6.8】根据《中国科学院 A 类战略性先导科技专项"变革性洁净能源关键技术与示范"管理实施细则》提出了成果、知识产权和资产管理要求，包括如下。

① 各任务承担单位应建立知识产权保护工作的长效机制，建立严格的技术秘密保护制度和程序；各级任务均应按我院知识产权相关管理办法，配备知识产权专员。

② 建立知识产权全过程管理制度。

③ 在立项阶段，各级任务应对项目涉及领域国内外知识产权保护情况以及可能形成的知识产权转移转化前景进行分析。

④ 在实施阶段，应跟踪同期国内外相关研发进展与知识产权保护情况，进行知识产权分析，向项目负责人提出技术路线调整等建议。与院外企事业单位之间开展技术合作，应明确知识产权归属，保护我院合法权益。

⑤ 在验收阶段，各级任务应对项目实施期间知识产权创造情况进行总结，提出知识产权转移转化策略。

⑥ 在项目验收后三年内，继续跟踪相关知识产权转移转化情况。

⑦ 专项的研究成果，包括专著和论文等。

⑧ 专项实施过程中形成的论文、学术报告等发表、发布前，课题（子课题）责

任单位要进行审查和登记，涉及应当申请专利的技术内容，在提出专利申请前不得发表、公布或向他人泄露。

⑨ 专项实施过程中形成的科技成果，在申报国家科技奖等各类奖励时应服从总体组的统筹安排。

⑩ 专项实施过程中形成的技术秘密、研发的工艺及关键器件等，在对外公布及转让前，应经专项总体组审定并报领导小组审批。未经批准不得公布转让。成果转化及无形资产使用产生的经济效益按《中华人民共和国促进科技成果转化法》和国家有关规定执行。

⑪ 专项实施过程中形成的固定资产属国有资产，一般由承担单位使用和管理，我院有权进行调配。

⑫ 组织实施专项应优先使用已有大型科学仪器设备，提高已有大型科学仪器的使用效率。专项经费购置或形成的大型科学仪器设备、科学数据、自然科技资源等，在保障有关参与单位合法权益的基础上，按照国家有关规定开放共享，以减少重复浪费，提高资源使用效率。

25. 技术合同的分类有哪些？知识产权如何处理？

技术合同为当事人就技术开发、转让、咨询或者服务订立的确立相互之间权利和义务的合同。应当遵守有利于科学技术的进步，加速科学技术成果的转化、应用和推广的原则。卖方应当是所提供技术的合法拥有者，并保证其所提供技术的真实性；中介方应当保证自己所提供技术信息的真实性及其来源的合法性；买方应当按照合同约定使用技术，支付费用。

技术合同的标的范围包括：

（1）科学发展战略和规划的研究；

（2）技术政策和技术路线选择的研究；

（3）重大工程项目、研究开发项目、科技成果转化项目、重要技术改造和科技成果推广项目等的可行性分析；

（4）技术成果、重大工程和特定技术系统的技术评估；

（5）特定技术领域、行业、专业技术发展的技术预测；

（6）就区域、产业科技开发与创新及特定技术项目进行的技术调查、分析与论证；

（7）技术产品、服务、工艺分析和技术方案的比较与选择；

（8）专用设施、设备、仪器、装置及技术系统的技术性能分析；

（9）科技评估和技术查新项目。

技术合同的条款由当事人约定。一般应当包括：

（1）项目名称；

（2）标的技术的内容、范围和要求；

（3）履行计划、进度、期限、地点、地域和方式；

（4）技术情报资料的保密；

（5）风险责任的承担；

（6）技术成果归属和收益的分成办法；

（7）验收标准和方法；

（8）报酬、价款或者使用费及其支付方式；

（9）违约金或者损失赔偿的计算方法；

（10）争议的解决；

（11）名词术语的解释。

与履行合同有关的技术背景资料、可行性论证和技术评价报告、项目任务书和计划书、技术标准、技术规范、原始设计和工艺文件，以及其他技术文档，按照当事人的约定可以作为合同的组成部分。

技术合同涉及专利的，应当注明发明专利的名称、专利申请人和专利权人、申请日期、申请号、专利号以及专利权的有效期限。

签订技术合同应注意的问题：

（1）合同名称、合同类别（四技合同的性质）、研究规划、方案设计、业务服务等；

（2）有效期、签字日、合同的生效条件、受理时效、司法管辖等；

（3）签字人，法律授权——行为能力人、法人授权等；

（4）签字地、司法管辖与仲裁选择、商业信息、市场安全等；

（5）名词解释、释义、习惯用语、行业术语、法律用语等；

（6）知识产权、技术成果的归属与收益分配、无形资产、知识信息等；

（7）报酬、价款或者使用费及其支付方式：一次总付，分期支付，提成支付（首付＋提成）；

（8）验收、风险责任划分、违约金或者损失赔偿。

26. 合同如何管理？

科研组织对所签署的涉及知识产权内容的合同进行严格管理，规定凡以科研组织名义或利用科研组织资源与国内外有关单位（团体）开展科研项目申请、技术服务与咨询、成果转化与合作开发等活动的，均须签署协议（合同）书，并使用规范的合同范本，明确知识产权条款，对不规范的内容及时修改、补充。签订前须核实对方的法人资格、资质、资信、经营范围、履约能力，签约人是否为法人代表或经法人代表授权的委托代理人。合作双方根据合作内容，起草协议（合同）书。协议（合同）书的内容包括：合作目的、合作范围和内容、合作分工、经费组成与分配、知识产权权属、纠纷解决方式、协议（合同）书有效期等。对于检测设备合同，要求明确知识产权内容；如果是租借设备合同，还需要提供保密资质说明等；对于采购合同，要求进行供应商背景调查（特别是敏感设备）、代理商资质、产权保护等调查。签订合同（协议）前，填写"科技合作合同（协议）审批表"，连同合同（协议）草案提交管理部门审核，严禁研究团队和科研人员擅自对外签订合作合同（协议）。合同（协议）变更时进行跟踪评审，避免因知识产权问题遭受损失。

27. 标准中哪些条款与信息资源或信息利用相关？这些工作应由谁来做，怎么做？

知识产权信息越来越被人们重视，在知识产权管理中发挥了越来越重要的作用，除了具有数量巨大、内容广泛等特点外，还具有其他情报源所没有的新颖性、可靠性、详尽性和规范性。据统计，现在世界上约 90 个国家、地区及组织采用大约 30 种文字每年出版约 100 多万件专利文献，每年全世界发明创造成果的 90% ~ 95% 都记载在专利文献上，70% ~ 90% 仅仅出现在专利文献中，而不会出现在期刊论文、会议报告等其他文献形式上。同一发明成果出现在专利文献中的时间要比出现在其他载体上的时间平均早 1～2 年。知识产权信息可以用于知识产权创造、保护运用和管理的全过程，比如专利申请与布局、科研项目的立项执行与实施、科技成果转化、竞争对手分析、分级分类管理、产业规划、人才引进的背景调查、投资尽职调查、帮助科研组织培训专门人才、建设支撑服务机构等应用场景。

标准中与信息资源及信息利用相关的有六个条款和一个术语解释，具体包括条款 3.10、5.3、5.6、6.4、7.3、10.1 和 10.2，从知识产权管理机构，到项目组、科研项目执行以及条件保障和财务保障中都对信息资源的获取和利用提出了要求。尤其是把"专利导航"的概念融入标准，要求科研组织的知识产权管理部门、项目组和知识产权专员以及服务支撑机构要学会运用专利导航的方法，进行专利布局、挖掘、指导科研创新和竞争分析，利用专利大数据指导科研规划和产业布局与专利运营。

专利导航是专利大数据在科技研发、产业规划和专利运营等活动中的应用，为了特定目的，通过专利数据分析，为科学决策提供量化依据。2013 年 4 月 2 日，《国家知识产权局关于实施专利导航试点工程的通知》（国知发管字〔2013〕27 号）发布，提出：试点工程是以专利信息资源利用和专利分析为基础，把专利运用嵌入产业技术创新、产品创新、组织创新和商业模式创新，引导和支撑产业科学发展的探索性工作。探索建立专利信息分析与产业运行决策深度融合、专利创造与产业创新能力高度匹配、专利布局对产业竞争地位保障有力、专利价值实现对产业运行效益支撑有效的工作机制，推动重点产业的专利协同运用，培育形成专利导航产业发展新模式。

具体的信息分析工作需要结合科研和产业，需要专业的检索数据库和分析工具，需要一定的资金支持。可以由内部团队或者外部团队来完成，也可以用内外部结合的形式协同进行。外部团队的选择要注意符合科研组织的外协服务采购的管理规定。

28. 如何理解标准条款 6.4 b) 与 7.2 b)、7.3 a) 的区别与联系？

这三个条款都涉及知识产权及相关信息分析利用，知识产权信息可以用于知识产权创造、保护运用和管理的全过程，比如专利布局、挖掘、指导科研创新和竞争分析，利用专利大数据指导科研项目的立项、执行与实施，助推科技成果转化与产业规划，辅助管理部门实现专利分级分类管理，规避人才引进的知识产权风险等。

6.4 b）强调的是建立一种宏观的、常态化的、长效的信息收集与分析利用机制，为科研组织战略规划、重大决策、学科布局、项目管理、成果转化等提供充分的保障和支撑。

7.2 b）和7.3 a）是从科研项目全过程管理的角度，在科研项目的不同阶段，针对具体研究领域的具体需求，开展信息分析利用，是6.4 b）的信息利用原则在科研项目管理过程中的具体运用和体现。

29. 科研项目知识产权管理应关注哪些内容？

涉及标准条款"7 科研项目管理"：根据科研项目来源和重要程度等对科研项目进行分类管理；科研项目应实行立项、执行、结题验收全过程知识产权管理，重大科研项目应配备知识产权专员。

科研组织最重要的工作是承担并完成各种各样的科研项目，在此过程中产生了大量的知识产权。因此，建议科研组织对科研项目进行全过程管理，即在科研项目管理过程中融合知识产权管理要求，对于科研项目的考核应考虑知识产权工作绩效。对于重大项目应设置知识产权专员，专门负责处理项目实施过程中的知识产权事务和问题。科研项目知识产权全过程管理是运用项目管理与知识产权的理论、方法和技术，将知识产权管理融入科研项目的立项审批、项目实施、项目验收、成果转化与推广的全过程管理，是以知识产权的创造、管理、保护和运用为主线，全面涵盖知识产权相关事务的全过程信息化管理。

在项目管理的各阶段，知识产权管理应关注的内容如下。

（1）立项阶段：明确知识产权要求，制订知识产权工作方案；进行知识产权风险评估；优化科研项目科研方向，确定知识产权策略。

（2）执行阶段：适时调整知识产权策略，优化科研方向；做好知识产权保护，包括及时申请专利，高价值知识产权的专利布局，以及知识产权对外发布前信息披露审查等。

（3）结题验收：确定产生的知识产权是否满足项目要求；针对相关知识产权后

续如何维护、开发、运行维护制订方案建议。

可能存在的其他问题还有：

（1）项目组人员的管理。知识产权权属确定（固定人员、临时人员）；人员进出项目组。

（2）项目组知识产权的管理。知识产权专员（责任和义务、评价）；不同知识产权类型的管理要求。

（3）项目组资产的管理。采购；仪器设备管理；实验样品管理。

（4）项目组信息（对外交流）的管理。发表论文；技术交底书撰写；对外交流。

【案例6.9】 体系实施如何调动知识产权专员积极性

知识产权专员是保障体系顺利运行的关键，调动好他们的积极性尤为重要。管理部门和各科研项目组的知识产权专员大多数都是兼职做部门或项目组的知识产权管理工作，科研组织提供一定的服务和培训将有助于激励他们更好地为体系服务。例如，针对科研项目的专利导航（知识产权分析）、相关法律知识和管理技能培训等，帮助他们及时解决相关问题。2019年6月，某研究所邀请了有关专家讨论《科研组织知识产权管理规范》贯标工作等相关内容，知识产权专员参加讨论，加深对标准的理解。2019年10月，该研究所邀请专家介绍《专利检索分析在科研项目全流程中的应用》，使知识产权专员和科研人员熟悉和掌握知识产权分析的方法和策略，从对科研方向的分析拓展到对产业需求和动态的分析。同时，知识产权管理负责人利用不同场合，向知识产权专员所在部门、科研团队的负责人介绍他们的工作，对他们进行宣传和表扬，使相关负责人充分认识和肯定他们的工作。

30. 科研项目立项阶段的知识产权管理要求是什么？如何落实要求？

立项是科研项目正式开展前对涉及资金、人员、研究方法、技术路线、预期完成目标等进行设置、论证的第一道程序。项目申请时，选题阶段根据项目指南要求初步对技术领域相关的知识产权信息进行收集整理分析，形成相关的分析报告，可以作为项目申请书的一部分，有利于科研人员了解技术发展情况，提出项目知识产权保护方案，提高立项命中率。在项目获批后，首先应根据科研项目委托方的知识产权要求结合选题阶段的分析报告，制订具体的知识产权工作方案，并确保项目组内相关人员知悉（结合背景调查、提醒等）；在项目开发过程中，要跟踪该项目所属领域的知识产权信息（包括发展现状和趋势、知识产权保护状况和竞争态势等）进行收集、整理、分析和利用，适时形成相关的分析报告，并进行知识产权风险评估，制订风险规避方案；最后，根据分析结果，优化项目研发方向，确定知识产权布局策略。

【**案例 6.10**】某研究所在 × × 项目获批后编制了该项目的知识产权工作方案，并在一个月内编制了该项目的知识产权分析报告，分析该项目所属技术领域的专利、论文情况，分析得出发展现状和未来发展趋势，得到潜在的合作伙伴和竞争对手，针对可能存在的知识产权风险提出规避建议等，并将分析报告报送给项目组长，供项目组成员参考。

31. 科研项目知识产权信息分析报告可否只在立项阶段做？

知识产权信息分析在全过程管理中提供信息支持，围绕知识产权创造、保护、运用不同的阶段，分析的重点和强度不同，因此，不应仅覆盖立项阶段，标准 7.1 要求科研项目应实行立项、执行、结题验收全过程知识产权管理。

标准中对科研项目的知识产权信息分析利用，除了在立项阶段提出要求，还在项目执行阶段提出要求。因为知识产权信息尤其是专利信息，随着时间推移不断公开，不能只在科研项目立项阶段进行信息检索分析，而应根据科研项目的具体执行，对项目涉及的技术领域进行跟踪监控，定期开展知识产权信息检索和分析并加以利用。在项目验收阶段，应关注项目产出知识产权，并结合前期的分析，为项目的成果提出知识产权运营方案。

科研项目知识产权信息分析报告应满足标准中的各项要求，一般包括所属领域的发展现状和趋势、知识产权保护状况和竞争态势等内容，并且应根据分析结果，进行知识产权风险评估，制订有效的风险规避方案。知识产权信息分析报告可以与本领域的专利导航工作结合；可以形成单独报告，也可以是专利导航报告中的一部分。

32. 科研项目的执行过程中知识产权分析如何开展？

科研项目经过一段时间的开展，可能已经产生了一些阶段性科研成果，众所周知，世界上绝大部分国家或地区的专利保护采用先申请制，因此知识产权管理在项目的执行阶段就应全面展开。

在执行阶段的知识产权管理包括：

（1）定期开展知识产权信息分析并加以利用；收集和分析与项目相关的产业市场情报、国家和地方政策，以及竞争对手的知识产权信息等资料，跟踪与监控研发活动中的知识产权动态，根据分析的结果，有可能要调整研发策略和知识产权策略，优化科研项目研发方向。

（2）评估和确认阶段性成果，明确知识产权保护形式，根据项目合同或项目任务书确定知识产权的归属等；应按照不同的知识产权品类选择保护形式，需要申请专利保护的，应进行申请前的信息检索，对技术方案的新颖性和创造性进行初步评估。商标检索分析时要选择合适的数据库，制定适宜的检索策略。

涉及标准条款7.3

> 7.3　执行
>
> 执行阶段的知识产权管理包括：
>
> a）搜集和分析与科研项目相关的产业市场情报及知识产权信息等资料，跟踪与监控研发活动中的知识产权动态，适时调整研发策略和知识产权策略，持续优化科研项目研发方向；
>
> b）定期做好研发记录，及时总结和报告研发成果；
>
> c）及时对研发成果进行评估和确认，明确保护方式和权益归属，适时形成知识产权；
>
> d）对研发成果适时进行专利挖掘，形成有效的专利布局；
>
> e）研发成果对外发布前，进行知识产权审查，确保发布的内容、形式和时间符合要求；
>
> f）根据知识产权市场化前景初步确立知识产权运营模式。

（3）对研发成果及时开展专利挖掘，形成专利布局；既要考虑对具体技术方案的保护，又要考虑面向核心技术的多类别、多地域、多层级、多用途的知识产权布局，以最终形成高知识产权专利组合。

（4）研发成果对外发布宣传前，按照信息发布的要求审核，确保发布的内容、形式和时间符合要求。

预判知识产权市场化前景，初步确立知识产权运营模式：转让、许可或无形资产出资等。

【案例6.11】2020年，中科院宁波材料研究所拟完成环氧树脂与阻燃、石墨烯、高 B_s 高频非晶纳米晶带材、光电解水制氢、增材制造与增减材复合制造、ECMO生命支持系统关键膜肺氧合器、抗菌止血材料、医用可降解金属材料、气体传感器、燃料电池、柔性电致变色、新型呋喃衍生物、高 Tg 抗冲击透明聚酯等项目专利分析布局，并选择其开展产业及应用场景分析，引导及提高技术的市场化程度。目前该项工作获得了科研团队的好评与大力支持。研究所非常重视知识产权的布局分析工作，每年知识产权管理部门都会围绕"一三五"规划项目，组织知识产权专员开展相关项目的知识产权检索分析工作（见图6-1）。贯标开展之前已撰写了30余份知识产权分析报告，为团队研发方向、专利布局提供支撑指导，并培养了专业的知识产权专员队伍。

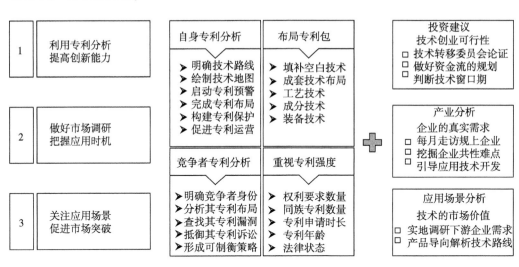

图6-1 专利检索分析方法及应用

33. 科研项目的哪些环节需要设计和考虑运营模式？

在项目执行阶段与结题验收阶段都需要设计和考虑知识产权运营模式。

涉及标准条款 7.3 f) 和 7.4 d)

> 7.3　执行
>
> 执行阶段的知识产权管理包括:
>
> f) 根据知识产权市场化前景初步确立知识产权运营模式。
>
> 7.4　结题验收
>
> 结题验收阶段的知识产权管理包括:
>
> d) 开展科研项目产出知识产权的分析, 提出知识产权维护、开发、运营的方案建议。

【案例 6.12】某研究所的××技术成果转化手册

包含负责人、电话、邮件地址、学科领域、项目阶段、项目简介及应用领域、原料、产品市场需求、技术原理和特点、技术特点和应用、投资与收益、合作方式、投资规模等。

34. 科研组织的标志、徽章、服务标记应如何定义和区分?

涉及标准条款 9 a)

> 9　知识产权保护
>
> 应做好知识产权保护工作, 防止被侵权和知识产权流失:
>
> a) 规范科研组织的名称、标志、徽章、域名及服务标记的使用, 需要商标保护的及时申请注册。

（1）标志（logo）, 是表明事物特征的记号。它以单纯、显著、易识别的物象、图形或文字符号为直观语言, 除表示什么、代替什么之外, 还具有表达意义、情感和指令行动等作用。科研组织的标志是其形象识别的基本标识。

（2）科研组织的标志必须严格按照规定的标准制作或印制。

（3）各部门徽标与科研组织的标志同时悬挂、张贴、印制或以其他形式应用时, 科研组织的标志应在各部门徽标的左侧（正面对视效果）。

（4）徽章，用来表示身份、职业、荣誉的标志。

（5）服务商标又称服务标记或劳务标志，是指提供服务的经营者为将自己提供的服务与他人提供的服务相区别而使用的标志。举例说明对于科研组织来讲，最常见的是名称和标志，应该及时通过注册商标或申请版权登记等方式进行保护。

2019 年 4 月 1 日，《中国科学院科学传播局关于规范和加强院形象标识使用管理工作的通知》（科发传播函字〔2019〕3 号）发布了《中国科学院形象识别系统手册》《中国科学院形象标识应用规范》。

具体要求如下。

不得更改中科院形象标识的字体、颜色和组合方式，不得在公众场合故意以焚烧、毁损、涂划、玷污、践踏等方式侮辱中科院形象标识载体。

举行院级科研、管理类会议、活动，发布重要成果、事项以及制作相关材料时，应使用中科院形象标识；举办所级科研、管理类会议、活动时，可使用中科院形象标识。

院属企业、所级分支机构（含所投资企业）不得使用中科院形象标识。任何单位、部门和个人不得将中科院形象标识整体或部分或以变造的方式用于产品商标、产品包装、商业广告、商业推广宣传或日常生活的陈设布置、私人庆吊活动等。

需要在涉及商业的场合使用中科院形象标识，须于使用前 10 天提出申请。

在制作相关办公用品、证件、会务用品、文化用品、音像制品等时，如需使用中科院形象标识，须于使用前 10 天提出申请。

35. 单位名称或简称以及标志是否能申请注册商标？是否有必要申请为注册商标？

单位名称或简称可以起到将其与其他主体区分开的作用，是机关、团体、企业等法人和非法人组织的名字及其缩写，与商标标识商品或服务来源、区分产品或服务的功能相类似。《中华人民共和国商标法》（以下简称《商标法》）没有明确禁止单位名称作为商标注册，除中央国家机关名称等《商标法》第 10 条明确规定不得作为商标使用的单位名称以外，其他符合可区分性、显著性特征的单位名称及简称在不与他人在先取得的权利相冲突的情况下均可以作为商标进行注册。单位名称和简称，即使不注册为商标，也可以得到《中华人民共和国反不正当竞争法》（以下简称《反不正当竞争法》）的保护。通过《反不正当竞争法》保护单位名称和字号，单位名称须"有一定影响"，他人的擅自使用须达到"引人误认为是他人商品或者与他人存在特定联系"的程度。相比而言，单位名称容易达到上述条件，而单位简称达到上述条件的难度大一些。由于单位名称一般通过《反不正当竞争法》就可以获得保护，申请为商标的必要性不大；单位简称也不是必须注册为商标，在他人擅自使用的可能性较大，而通过《反不正当竞争法》保护有难度时可以考虑申请为注册商标。

《反不正当竞争法》第六条规定，"经营者不得实施下列混淆行为，引人误认为是他人商品或者与他人存在特定联系：……（二）擅自使用他人有一定影响的企业名称（包括简称、字号等）、社会组织名称（包括简称、字号等)"。

36. 单位名称或简称被擅自使用，应通过什么途径保护？

首先，应当判断他人的使用是否构成侵权。如果单位的单位名称或简称被擅自使用，引人误认为使用者是单位的商品或者与单位存在特定联系，使用人构成不正当竞争。

其次，根据情况选择适当的保护途径。主要包括：（1）自行协商。（2）向法院起诉，要求判令停止侵权行为或要求变更企业名称。（3）向监督检查部门举报，要求监督检查部门调查。监督检查部门认定被举报人实施混淆行为的，由监督检查部门责令停止违法行为，没收违法商品。违法经营额五万元以上的，可以并处违法经营额五倍以下的罚款；没有违法经营额或者违法经营额不足五万元的，可以并处二十五万元以下的罚款。情节严重的，吊销营业执照。（4）要求企业登记机关变更企业名称。经营者登记的企业名称违反《反不正当竞争法》第六条规定的，应当及时办理名称变更登记；名称变更前，由原企业登记机关以统一社会信用代码代替其名称。另外，除了上述途径外，为了提醒社会公众防止混淆误认，也可以在网站或报刊发表声明，以正视听，并对侵权者产生威慑作用。在采取以上措施时，主张让对方停止不正当竞争的行为（即引起混淆的行为）有可能得到支持，但主张让对方停止使用企业名称或变更企业字号，一般很难得到支持。

【案例6.13】关于"国科大"简称和商标被冒用的声明（见图6－2）

关于"国科大"简称和商标被冒用的声明

　　近期，我校发现沛县国科大技术转移中心、广州国科大教育发展咨询有限公司以及中能国科大健康产业有限公司等三家单位未经我校许可，擅自侵权使用"国科大"字样作为企业字号，从事的业务范围涉及与我校和校属企业相关的科技、教育等领域，在社会上造成不良影响。为此，我校郑重声明如下：

　　一、"国科大"字样既是我校的简称，又是我校的注册商标。

　　二、上述三家单位均与我校不存在任何法律上的关系。我校从未授权上述三家单位或其法人代表、股东、设立人使用"国科大"字样作为字号。

　　三、凡因上述三家单位从事的经营活动而遭受损失的单位或个人，请立即到当地市场监督管理部门举报。

　　四、为保护我校的合法权益，维持正常的市场秩序，我校要求上述三家单位立即停止侵权行为。

　　五、我校正采取适当措施进行维权，并保留通过法律途径依法追究相关责任人一切法律责任的权利。

　　特此声明。

中国科学院大学
2018 年 □ 月 23 日

图6－2　关于"国科大"简称和商标被冒用的声明

37. 标准9 c）中提到的未披露信息专有权的定义是什么？核心管理工作是什么？

　　《与贸易有关的知识产权协定》（*Agreement on Trade - Related Aspects of Intellectual Property Rights*，TRIPS）中的"未披露信息"又称"商业秘密"，未披露信息是指不为公众所知悉、能为权利人带来经济利益，具有实用性并经权利人采取保密措施的技术信息和经营信息。这种信息是通过自己保密的方式进行保护，其内容一般不为不负保密义务的人所知悉。

　　未披露信息要得到保护必须符合下列条件：

　　（1）该信息具有秘密性；

　　（2）该信息具有商业上的价值；

（3）合法控制信息的人已采取了适当的措施保持信息的秘密性。

确定哪些信息属于机构的未披露信息后，未披露信息的管理可有以下几个核心管理工作：

（1）开展确定未披露信息事项（等级、期限、知悉范围）等工作，明确未披露信息的范围和等级，进行业务盘点，让职工和学生可以明确未披露信息的知悉范围。

（2）对产生及处理和接触未披露信息的人员、设备、区域、载体进行管理。确保相关文件的储存或使用过程，进行必要的密级标识，文件的储存、备份、传输、取用应有基本的管理规定，取用人员应该分级，针对文件取用的权限进行管理。

（3）签署必要的保密协议，能够接触到未披露信息的职工和学生，需要签署《保密协议》。研究所与供应商、合作伙伴等外部相关方，可以通过《保密协议》来建立法律上的保密义务关系。必要时可以附有关竞业限制的约定。

（4）物理环境的基础管理，文件必须有能够被充分识别的访问权限管理。

（5）开展对未披露信息的管理情况进行自查和监督检查。

38. 如何确定科研组织的未披露信息？科研组织的哪些信息可以确定为未披露信息？

科研组织或者项目组根据工作实际需要提出未披露信息事项，相关职能部门审批、备案存档；科研组织定期对年度新增未披露信息事项进行统计，编制未披露信息事项目录，并按照管理办法进行管理。

科研组织的未披露信息包含技术方案、图纸、配方、实验数据、工艺参数、实验样品、菌种、合作伙伴信息、商务谈判信息、合同标的等。

39. 标准条款 9 e）中关于科研组织如何建立"及时跟踪和调查相关知识产权被侵权机制"？实际操作中应注意哪些方面？

这里的"知识产权纠纷"包括知识产权权属纠纷、发明人资质纠纷、奖励/报酬纠纷、侵权纠纷、合同纠纷、行政纠纷等。"知识产权风险"包括知识产权泄露、知识产权被他人抢先申请，科技成果转化不成功，侵犯别人知识产权，科研项目研究方向落入他人保护范围，等等。

对于那些具有很好的市场转化前景或者已经投入生产的技术或产品，科研组织要建立定期监控的机制，对所属技术领域、行业、产业、竞争对手、主要企业的信息进行跟踪监控，及时发现侵权情况，运用法律形式进行保护。这种监控机制应该是常态化的长效机制。

对于科研组织和企业合作转化的成果，因为成果关系企业的发展和利益，可以借助企业的渠道监控市场的变化，及时反馈技术被侵权的情况，科研组织和企业共同研究应对方案。

【案例6.14】中科院某研究所知识产权专员王某在浏览某网络购物平台的时候赫然发现国内某企业在电商的产品宣传页上使用了"中科院某研究所开发专利产品"的字样，还附有专利号。王某沟通研究所的相关团队和知识产权部门发现该公司行为系侵权，研究所知识产权部门启动维权工作。

提倡研究所采用灵活方式，关注电商和展会等多渠道跟踪技术被侵权的情况。

除了销售方，还要关注生产方是不是也存在侵权行为。所以，科研组织开展经常性知识产权侵权监测很有必要。

40. 知识产权法律法规应包含哪些内容？如何收集和保持最新版本？

根据机构的知识产权特点，技术领域、市场区域相关的法律法规，做好法律法规在组织内部的宣传、培训及传达。让科研人员了解法律法规的注意事项。

知识产权法律法规应考虑科研组织自身情况，选择与自身密切相关的法律法规，有关法律法规的最新版本可以在中华人民共和国司法部法律法规数据库查询：http：//search. chinalaw. gov. cn/search2. html。

41. 科研人员离岗创业，关于知识产权方面如何管理？如果其从事科技成果转化，采用职务智力劳动成果，是否允许？如何保护单位的技术秘密？

科研人员离岗创业时应明确创业的成果是否属于职务成果。如果采用职务成果创业，需要审批和明确的知识产权约定可以体现在科研组织的成果管理、人事管理、知识产权管理制度中，依据制度办理，没有相关制度的可以起草《知识产权补充协议》，约定知识产权的职务属性和离岗期间的知识产权归属和收益。因为这属于一种新的情况，较少发生，大部分科研组织之前并没有这样的常规管理制度，可能会一事一议，即按照人事合同的补充协议或者知识产权与保密协议签署。在此过程中，通常会涉及关联交易、定价等。

科研人员离岗创业设立公司，可以考虑将成果授权到公司，签署正式"四技"合同，约定许可对价，做关联交易审批，而且定价不能太低；也可以在知识产权管理办法中规定这类情况，知识产权管理体系文件中嵌入知识产权补充协议；也可以一事一议地签署知识产权协议。

42. 知识产权转移转化关联交易如何定价？

涉及关联交易时建议采用第三方评估的方法定价，然后公示，需要规定具体流程。定价管理办法可以规定：在技术转让过程中，如需开展关联业务，须按照科研组织关联业务管理办法执行，技术合同定价须通过评估定价或挂牌交易、拍卖等方式确定价格。

43. 技术合同的管理要素是什么？

技术合同又称为"四技"合同，包含开发、转让、咨询、服务四类。技术合同管理的基本要素是：理解技术合同，理解知识产权、技术合同中的权利归属、职务发明的利益分配，技术合同中的权利处置、知识产权风险控制等。

技术合同中一般应当包括：

（1）项目名称；

（2）标的技术的内容、范围和要求；

（3）履行计划、进度、期限、地点、地域和方式；

（4）技术情报资料的保密；

（5）风险责任的承担；

（6）技术成果的知识产权归属和收益的分成办法；

（7）验收标准和方法；

（8）报酬、价款或者使用费及其支付方式；

（9）违约金或者损失赔偿的计算方法；

（10）争议的解决；

（11）名词术语的解释。

44. 成果转化过程中的奖励流程如何设置？

科技成果转移转化完成后，科技成果完成单位依法应当对完成、转化该项科技成果做出重要贡献的人员给予奖励和报酬。科技成果转化奖励基本分为现金奖励和股权奖励两种，灵活运用两种奖励模式能影响到科技成果转化人员的积极性和工作成效。《促科法》第四十五条针对五种转化形式（转让、许可、作价出资、自行实施、合作实施）下如何进行奖励作出规定，但向科研与转化人员进行奖励的决策和操作流程仍需科研组织具体规划和设计。《促科法》实施以来，部分科研组织成果转化过程中的奖励流程可按图6-3设置。

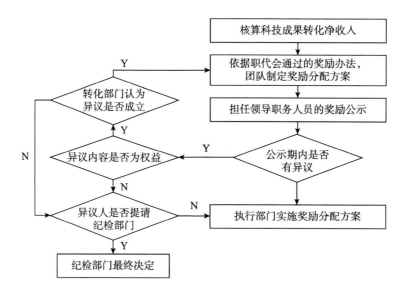

图6-3　科研组织成果转化过程中的奖励流程

45. 尽职调查的主要内容是什么？

尽职调查主要是从知识产权的法律风险、技术价值和市场价值等维度，选取权利归属、知识产权纠纷、有无质押、其他风险因素、权利有效性、权利稳定性、权利范围、技术发展趋势、核心专利解析、主要竞争对手情况、技术成熟度、可实施性等，合理选取参数，量化打分，在此基础上进行综合评价，给出书面意见，形成知识产权尽职调查报告，供投资决策参考。

46. 在岗创业和离岗创业的规定？有何相关政策？

《国务院实施〈中华人民共和国促进科技成果转化法〉若干规定》（国发〔2016〕16 号）中明确提出了"离岗创业"的规定：国家设立的研究开发机构、高等院校科技人员在履行岗位职责、完成本职工作的前提下，经征得单位同意，可以兼职到企业等从事科技成果转化活动，或者离岗创业，在原则上不超过 3 年时间内保留人事关系，从事科技成果转化活动。研究开发机构、高等院校应当建立制度规定或者与科技人员约定兼职、离岗从事科技成果转化活动期间和期满后的权利和义务。离岗创业期间，科技人员所承担的国家科技计划和基金项目原则上不得中止，确需中止的应当按照有关管理办法办理手续。

关于在岗创业的规定，多见于地方的政策规定，如《北京市促进科技成果转化条例》（2019 年 11 月 27 日，北京市十五届人大常委会第十六次会议表决通过，2020 年 1 月 1 日实施）规定：研发机构、高等院校的科技人员可以按照国家和本市有关规定，经所在单位同意，通过离岗创业、在岗创业或者到企业兼职等方式，从事科技成果转化活动，并按照有关规定取得合法报酬。

【案例6.15】2016 年 9 月，中科院发布《中国科学院科技人员离岗创业管理暂行办法》（科发人字〔2016〕111 号），对于离岗创业做出相应规定。

第一条 为更好地促进我院科技成果转化工作，鼓励科技人员积极投身"大众创业、万众创新"事业，保障离岗创业人员的权益，根据国家关于科技人员离岗创业有关政策，结合我院实际，制定本办法。

第二条 离岗创业是我院促进科技成果转化的一项具体措施，申请离岗创业的科技人员应同时具备以下条件：

（一）在人事关系所在单位连续工作满 3 年的事业编制人员；

（二）离岗创业期间从事的工作与人事关系所在单位科技成果转化相关。

第三条 现主持国家或我院重大科技项目的人员，原则上不得离岗创业。正在接受审查、调查，尚未作出结论的人员，不得离岗创业。

单位领导班子成员、中层管理人员符合第二条规定的，在辞去领导职务后，可以申请离岗创业。

现从事军工项目或涉及国家秘密的人员（含在脱密期的人员），按照《中华人民共和国保密法》等有关规定执行。

第四条 科技人员离岗创业应当按照以下程序办理：

（一）科技人员向人事关系所在单位提出书面申请，并提交离岗创业计划；

（二）人事管理、科研管理等相关部门对科技人员的条件进行审核；

（三）人事关系所在单位领导集体研究决定；

（四）人事关系所在单位、科技人员和离岗创业所在单位签订三方协议，明确各方权利、责任和义务；

（五）签订或变更聘用合同，办理相关手续。

第五条 科技人员离岗创业的，由人事关系所在单位合理确定其离岗创业时限，原则上在不超过3年时间内保留其人事关系。离岗创业期满确需延期的，经人事关系所在单位同意可适当延长，延长期最多不超过2年。

第六条 人事关系所在单位、离岗创业人员和离岗创业所在单位，应当约定离岗创业时限、工资待遇、社会保险、知识产权、技术秘密保护、研究生培养、返回人事关系所在单位工作相关事宜、违约责任处理、发生争议处理等。

第七条 离岗创业期间，人事关系所在单位停发离岗创业人员工资，其工资由离岗创业所在单位发放；如由人事关系所在单位代发，所需经费由离岗创业所在单位列支。

离岗创业人员的社会保险和住房公积金由人事关系所在单位缴纳，缴费基数参照人事关系所在单位同类人员缴费工资基数确定，缴费所需经费由离岗创业所在单位列支。离岗创业人员的住房、医疗等待遇由人事关系所在单位予以保留。人事关系所在单位按照国家有关规定做好离岗创业人员档案工资管理。

第八条 离岗创业期间，离岗创业人员与人事关系所在单位其他在岗人员同等享有参加岗位等级晋升的权利，但应符合我院及人事关系所在单位岗位管理有关规定，岗位等级晋升结果计入个人人事档案。

第九条 离岗创业期间，由离岗创业所在单位负责离岗创业人员的年度考核，人事关系所在单位对其年度考核结果进行认定，并计入个人人事档案。

第十条 离岗创业期间，离岗创业人员所承担的国家科技计划和基金项目原则上不得中止，确需中止的应当按照有关管理办法办理手续。离岗创业人员承担的其他科技项目，由人事关系所在单位与离岗创业人员协商处理。

第十一条 离岗创业期间，离岗创业人员若有违法违纪行为，人事关系所在单位应依据有关规定，给予其处分或解除聘用合同。离岗创业人员若违反聘用合同约定事项，人事关系所在单位可依据有关规定或合同约定，予以处理。

第十二条 离岗创业期满，离岗创业人员申请返回人事关系所在单位工作的，应当在离岗创业期满15个工作日内返回，其工作相关事宜按照双方约定执行。对逾期未归的离岗创业人员，人事关系所在单位按照旷工处理，依据有关规定与其解除聘用合同，终止人事关系。

离岗创业期间，离岗创业人员申请提前返回人事关系所在单位工作的，按照双方约定执行。

第十三条 离岗创业期间或期满，离岗创业人员可与人事关系所在单位协商一致，解除聘用合同，终止人事关系。

第十四条 各单位应依据本办法，并结合实际，制定本单位科技人员离岗创业管理细则。管理细则应征求本单位职工代表大会意见，并报院备案。

第十五条 本办法由人事局负责解释，自印发之日起施行。

第七章　评价改进

对于科研组织来讲，建立起比较系统和完善的知识产权管理体系是一个长期的过程。在体系实际运行过程中会不断暴露出各种各样的问题，需要组织建立自我纠正的机制，即持续地评价改进。

评价改进相当于 PDCA 中的 C（检查）和 A（处置或改进）两个环节，对应的是《科研组织知识产权管理规范》标准中"11 检查和改进"的内容，是对知识产权管理体系过去一段时间内运行状况的全面回顾和总结，也是对体系未来发展的新的预期和要求。

涉及标准条款 11.1 和 11.2

> 11　检查与改进
>
> 11.1　检查监督
>
> 定期开展检查监督，根据监督检查的结果，对照知识产权方针、目标，制定和落实改进措施，确保知识产权管理体系的适宜性和有效性。
>
> 11.2　评审改进
>
> 最高管理者应定期评审知识产权管理体系的适宜性和有效性，制定和落实改进措施，确保与科研组织的战略方向一致。

科研组织在对自己的知识产权管理体系进行评价改进的时候，需要注意：

（1）应设定适当的周期，对知识产权管理体系及其运行控制过程进行检查监督，明确检查的内容，将实际情况与规范所设定的目标进行对比，及时纠正知识产权管理体系制定和实施过程中存在的问题与不足。

（2）评价改进的方式根据实际情况设定，包括但不限于内部审核（第一方审核）、管理评审、外部审核（第二方审核、第三方审核）、例行检查、绩效评价和目标考核等。

问题及解答

1. 科研组织对知识产权管理体系进行评价改进有哪些方式？

当科研组织的知识产权管理体系运行一段时间之后，需要考察评价体系的运行状况是否能够满足要求，从而达到持续改进的目的。评价改进的方式根据实际情况设定，包括但不限于内部审核、管理评审、外部审核、例行检查、绩效评价和目标考核等。

审核是一种评价知识产权管理体系有效性和适宜性的方法，以识别风险和确定体系是否满足要求。在审核过程中，需要收集各种证据。通过对所收集的证据进行充分分析，采取有效的纠正和改进措施，使知识产权管理体系不断完善，组织的绩效达到更高的水平。审核包括内部审核和外部审核。其中，内部审核是由科研组织或以科研组织的名义进行的评价改进活动，即通常所说的第一方审核。外部审核包括第二方审核（由顾客或相关方主导，如中科院机关对院属研究所知识产权管理体系的考核、评审等就属于第二方审核）和第三方审核（由认证机构主导），是借助外部的力量对科研组织知识产权管理体系进行有效的监督和评价。

在标准中并没有明确要求采取哪种方式对体系进行检查监督和评价改进，科研组织可以根据自己的实际情况选择适宜的方式或采取多种方式的组合。需要注意的是，无论采用哪种方式，不仅要关注体系运行的结果，还要关注对于体系中具体实施过程的监督和评价。

2. 如何设定评价改进的频次？

对于内部审核、管理评审和外部审核，每年应至少组织一次；对于例行检查、绩效评价和目标考核，可以根据具体情况合理安排评价的频次，如每周、每月、每季度、每半年一次等。

3. 什么是内部审核？内部审核的流程有哪些？

内部审核：有时称为第一方审核，由科研组织自己或以科研组织的名义进行，用于管理评审和其他内部目的，可作为科研组织自我合格声明的基础，内部审核可以由与正在被审核的活动无责任关系的人员进行，以证实独立性。原则上，内部审核应该覆盖体系的所有部门和所有过程。

内部审核的依据：《科研组织知识产权管理规范》、科研组织知识产权管理体系文件、相关法律法规和其他要求。

内部审核的流程包括：制订内部审核计划，成立审核组，编制内部审核检查表，首次会议，实施内部审核，不符合项和整改、验证，末次会议，形成内部审核报告。

4. 内部审核的频次如何设置？

原则上，科研组织每年至少要对知识产权管理体系进行内部审核 1 次，时间间隔不超过 12 个月。当遇到下列情况时，可适当增加内部审核的频次：

（1）科研组织机构发生重大变化；

（2）发生重大知识产权事故；

（3）知识产权管理体系的某些部门或过程需要加强监督和控制。

对于临时安排的内部审核，可以不用覆盖体系的所有过程、所有部门和所有人员。

5. 内部审核计划应包括哪些内容？

知识产权管理部门编制内部审核计划，包括：审核目的、审核范围、审核依据、各部门涉及的标准条款、审核组组成及人员分工等。经最高管理者或管理者代表批准后实施。

【案例 7.1】 中科院××研究所编制的内部审核计划

20××年度内部审核实施计划见表 7-1。审核计划安排见表 7-2。

表 7-1 20××年度内部审核实施计划

审核目的	评价××研究所（以下简称：××所）知识产权管理是否符合 GB/T 33250—2016 标准的要求，验证体系是否有效地保持、实施和持续改进，并且纠正不合格项。		
审核范围	科研组织知识产权管理规范（GB/T 33250—2016）各条款所涉及的有关职能部门及所覆盖服务及过程。	审核日期	20××年×月××日—××日
审核人员		审核组长	
审核要素	GB/T 33250—2016 无删减		
审核依据	1. 科研组织知识产权管理规范（GB/T 33250—2016）； 2. 知识产权管理体系文件：知识产权管理手册、程序文件、制度、相关记录表单等； 3. 国家、地方及行业的有关法律、法规等。		
审核日程	日　期	时　间	审核内容
		9：00—9：30	首次会议
		（次日）11：30—12：00	末次会议

审核要求：

1. 各部门提前准备好内审资料，并在审核中积极主动配合审核组和内审员的审核工作。

2. 要求审核人员在审核中做到公开、公正、独立、透明，本着实事求是的原则，发现问题及时与受审核部门沟通，并做好记录。

3. 20××年×月×日提交审核报告，并监督各部门在十天内拿出纠正措施，各部门负责人负责实施纠正措施。

4. 纠正措施完成后，各部门通知审核组，由内审员进行跟踪验证并评价纠正措施的有效性。

5. 会议精神传达到各个部门和每个同志，审核期间不得请假。

编制人		日　期	
批准人		日　期	

表7-2　审核计划安排

日期	时间	部门/过程	主要要求/条款	部门/过程	主要要求/条款	部门/过程	主要要求/条款
		第一组		第二组		第三组	
×月×日	9：00—9：30	首次会议					
×月×日	9：30—10：30	管理层	4.1, 4.2, 5.1, 5.2, 5.3, 5.5, 11	科研管理处（知识产权办公室）	4.2, 4.3, 4.4, 5.3, 5.4, 5.6.2, 6.1.1, 6.3, 6.4 b)、6.4 c), 7, 8, 9 b) ~9 d)	综合办公室	4.2, 4.4, 5.3, 6.3 a), 6.4 c), 9 a), 10.1
×月×日	10：30—12：00	资产管理处	4.2, 5.3, 6.2 a)、6.2 b), 6.3 a), 10.1			研究生部	4.2, 5.3, 6.1.5 a)、6.1.5 d), 6.3 a)
×月×日	14：00—15：00	财务处	4.2, 5.3, 10.2			文献信息中心	4.2, 5.3, 5.4, 6.3 a), 6.4 a)、6.4 b)
×月×日	15：00—17：00	人事处	4.2, 5.3, 6.1.1 ~ 6.1.3, 6.3 a)			测试中心	4.2, 5.3, 6.2 c)、6.2 d), 6.3 a)
×月×日上午	8：30—11：00	××研究团队	4.2, 4.4 b) ~ 4.4 d), 5.5, 5.6, 6.1.4, 6.1.5 b)、6.1.5 c), 6.3 d), 6.4 c), 7, 9 e)	YY研究团队	4.2, 4.4 b) ~ 4.4 d), 5.5, 5.6, 6.1.4, 6.1.5 b)、6.1.5 c), 6.3 d), 6.4 c), 7, 9 e)	ZZ研究团队	4.2, 4.4 b) ~ 4.4 d), 5.5, 5.6, 6.1.4, 6.1.5 b)、6.1.5 c), 6.3 d), 6.4 c), 7, 9 e)
×月×日上午	11：00—11：30	评审情况通报（与管理层沟通）					
×月×日上午	11：30—12：00	末次会议					

6. 内部审核的日程安排需要注意什么问题？

内部审核是在较短时间内对科研组织的知识产权管理体系运行状态进行比较全面、系统评价的一种方式，应该覆盖体系内全部过程、全部部门和全部人员。因此，在内部审核的时间安排上，需要做好策划，使相关部门提前做好准备；此外，还要合理分配各部门的审核时间，避免出现因为审核而影响正常工作的情况。

7. 内部审核的审核组如何构成？

审核组由审核组长和内审员组成。

审核组长的职责：全面负责审核组工作。分配审核任务；组织编制和审查内部审核检查表；负责审核过程的控制和管理；确定不合格报告；决定审核结论；编写内部审核报告。

内审员的职责：编写内部审核检查表，采取合理的审核方法进行审核；审核中收集审核证据，形成审核发现，得出审核结论；开具不符合项；对不符合采取的纠正和纠正措施进行跟踪验证。

审核组成员通常由组织内部人员担任，必要的时候也可以考虑请外部人员参与审核。

注意：原则上，内审员不得审核自己所在的部门或者和自己相关的工作。

8. 内审员需要具备什么条件？

内审员应该具备以下条件：

（1）熟悉《科研组织知识产权管理规范》标准，科研组织的知识产权管理手册和相关制度（程序文件），以及知识产权方面的相关法律法规等；

（2）了解知识产权体系内部审核程序，具备知识产权管理体系审核的基本知识；

（3）具备一定的知识产权专业知识和工作经验；

（4）经过培训获得内审员❶资质；

（5）经过最高管理者或管理者代表授权。

9. 内部审核前是否需要进行文件评审？

需要视具体情况而定。一般情况下，内部审核前不需要进行文件评审。如果是由外部专家组成审核组进行内部审核，或者体系文件经过一段时间的运行发现存在较多问题，这个时候，可以考虑在实施内部审核活动前先进行文件评审。

文件评审应关注文件的符合性、适宜性、有效性和一致性。

10. 如何编制内部审核检查表？

内部审核检查表包括：受审核部门/代表、审核时间、审核人员；标准/体系文件条款，审核内容，审核方法，审核记录，结果（是否符合），审核人员和审核组长签字。

【案例7.2】内部审核检查表（知识产权管理部门）

知识产权管理部门内部审核检查表见表7-3。

表7-3　知识产权管理部门内部审核检查表

受审核部门：知识产权管理部门　　　　受审核人员：　　　　　　　　　　　审核员：

时间	检查内容	依据：GB/T 33250—2016；知识产权手册		检查记录	不符合项标记
		对应标准编号	对应手册编号		
	5.3 知识产权管理机构 询问受审核部门的情况、职责	5.3	5.3		
	4.2 知识产权方针和目标 1. 询问是否熟悉并理解研究所知识产权方针、目标。 2. 查看部门知识产权目标、考核等情况。	4.2	4.2		

---

❶ 内审员培训的方式为现场授课＋考试，培训课程包括：标准解读，体系策划与体系文件编写，内部审核和管理评审的要点与实施，外部审核注意事项等。

时间	检查内容	依据：GB/T 33250—2016；知识产权手册		检查记录	不符合项标记
		对应标准编号	对应手册编号		
	4.3 知识产权手册 1. 查看《知识产权手册》及其发布记录，发布人应符合要求，签字日期应与发布日期一致。 2. 查看《知识产权手册》内容，是否包括知识产权机构设置的要求或文件，以及知识产权机构的职责与权限的描述。 3. 查看《知识产权手册》是否包括程序/制度文件或对程序/制度文件的引用。	4.3	4.3		
	4.4 文件管理 1. 知识产权体系文件在发布前或者修订后重新发布时应经过审核与批准。手册发布后如有更改，应按照相关要求执行。 2. 查询文件管理的情况，是否形成保密文件，文件是否按照类别和秘密级别分别管理。 3. 查询文件识别、取用和阅读的相关要求，文件编号、借阅等是否按照要求执行。 4. 查看对于外来文件（包括但不限于行政决定、司法判决、律师函件）的管理是否有效。 5. 查询失效文件的相关要求，并重点关注失效文件是否按照要求进行标记。 6. 查询文件下发的相关要求，并查看分发记录。	4.4	4.4		
	5.4 知识产权服务支撑机构 1. 询问知识产权支撑部门的构成；如果是外部机构，是否招标，是否签订委托服务合同。 2. 询问提供的知识产权支撑服务内容。	5.4	5.4		

时间	检查内容	依据：GB/T 33250—2016；知识产权手册		检查记录	不符合项标记
		对应标准编号	对应手册编号		
	6.1.1 员工权责 1. 查看知识产权（科技成果）奖励报酬制度，关于知识产权创造、保护和运用的奖励和报酬、知识产权损失的责任在手册、程序文件或规章制度中应明确。 2. 查看知识产权奖励和报酬的发放记录：知识产权奖励和报酬的发放应和相关文件中的规定相一致。	6.1.1	6.1.1		
	6.1.2 入职和离职 2. 查看员工离职时是否根据人员类别办理手续，包括： 1）离职时应进行知识产权事项提醒； 2）核心知识产权员工离职时，应签署离职知识产权协议或竞业限制协议等。	6.1.2	6.1.2		
	6.3 合同管理 1. 询问合同签订情况，查看合同台账，查看合同及其知识产权条款的审查记录。 2. 对于知识产权对外委托业务，查看书面合同中关于知识产权权属、保密约定等内容。 3. 查看委托开发或合作开发合同中关于知识产权权属、许可及利益分配、后续改进的权属和使用、发明人的奖励和报酬、保密义务等内容。	6.3	6.3		
	6.4 信息管理 1. 查看信息收集渠道，是否能及时获取所属领域、产业发展、有关主体知识产权信息。 2. 了解科研组织的专利信息分析利用情况，查看产业发展、技术领域、专利布局等有关情报分析报告是否加以有效利用。 3. 了解信息披露的知识产权审查机制，查看审查记录。	6.4	6.4		

时间	检查内容	依据：GB/T 33250—2016；知识产权手册		检查记录	不符合项标记
		对应标准编号	对应手册编号		
	7.3 执行（科研项目） 1. 查看知识产权申请审批记录。 2. 查看知识产权申请前的检索记录。	7.3	7.3		
	8.1 评估与分级管理 1. 了解科研组织的知识产权价值评估体系、知识产权分级管理机制。 2. 查看知识产权权属放弃程序及记录。 3. 查看科研项目知识产权处置流程及相应记录。 4. 查看对知识产权进行价值评估和分级的记录。 5. 查看有产业化前景的知识产权的转化策略。 6. 查看二次开发的技术项目的技术成果保护，以及形成的知识产权的相关记录。 7. 查看知识产权转移转化过程中的风险评估记录。 8. 查看知识产权转化后对于发明人、知识产权管理和转化人员的激励方案及相关记录。	8.1	8.1		
	8.2 实施和运营 1. 查看科研组织的知识产权实施和运营策略与规划。 2. 查看科研组织知识产权实施和运营控制流程。 3. 查看实施运营合同中科研组织关于权利人、发明人和运营主体间的收益约定。	8.2	8.2		

时间	检查内容	依据：GB/T 33250—2016；知识产权手册		检查记录	不符合项标记
		对应标准编号	对应手册编号		
	8.3 许可和转让 1. 查看许可和转让前的知识产权尽职调查记录，确保相关知识产权的有效性。 2. 查看知识产权许可和转让合同，合同中应明确双方的权利和义务。其中许可合同应明确规定许可方式、范围、期限等。 3. 查看许可和转让流程的监控记录。	8.3	8.3		
	8.4 作价投资 1. 查看针对技术需求方以及合作方的尽职调查记录，其中应包括其经济实力、管理水平、所处行业、生产能力、技术能力、营销能力等。 2. 查看知识产权价值评估报告。 3. 查看无形资产出资合同，合同中应明确受益方式和比例。	8.4	8.4		
	9 知识产权保护 1. 查看在职务发明创造、委托开发、合作开发以及参与知识产权联盟、协同创新组织等情况下，有关合同中是否明确知识产权归属、许可及利益分配、后续改进的权属等事项。 2. 查看知识产权纠纷应对机制，以及相关的风险规避方案。 3. 查看知识产权风险监控机制和记录，关注避免侵犯他人知识产权和防止相关知识产权被侵权的情况。	9 d)、9 e)	9 d)、9 e)		

内审员签字：　　　　　　　　　日期：

【案例7.3】 内部审核检查表（人力资源管理部门）

人力资源管理部门内部审核检查表见表7-4。

表7-4　人力资源管理部门内部审核检查表

受审核部门：人事教育处　　　　　　受审核人员：　　　　　　　审核员：

时间	检查内容	依据：GB/T 33250—2016；知识产权手册		检查记录	不符合项标记
		对应标准编号	对应手册编号		
	4.2 知识产权方针和目标 1. 询问是否熟悉并理解研究所知识产权方针、目标。 2. 查看部门知识产权目标、考核等情况。	4.2	4.2		
	5.3 知识产权管理机构 1. 询问人事教育处主要工作职责	5.3	5.3		
	6.1.1 员工权责 1. 询问与员工约定知识产权相关管理要求； 2. 询问并查看知识产权奖励和报酬的发放情况。	6.1.1	6.1.1		
	6.1.2 入职离职 1. 入职时是否进行了知识产权背景调查； 2. 所签订的劳动合同或者补充协议是否约定了知识产权权属、保密条款等。 3. 知识产权关系密切岗位人员是否签署了知识产权声明文件 4. 离职时是否进行了知识产权事项提醒 5. 核心知识产权员工离职时，是否签署离职知识产权协议或执行竞业限制协议等。	6.1.2	6.1.2		
	6.1.3 培训 1. 查看知识产权管理体系建立后知识产权培训计划和培训记录； 2. 询问培训是否覆盖中高层、项目组长、知识产权管理人员、全员。 3. 查看培训效果评价（满意度情况）记录。	6.1.3	6.1.3		

时间	检查内容	依据：GB/T 33250—2016；知识产权手册		检查记录	不符合项标记
		对应标准编号	对应手册编号		
	6.1.5 学生管理 查看组织对学生进行的知识产权培训和记录； 询问学生进入项目组前的管理要求； 询问并查看学生发表论文、进行学位答辩、学术交流等学术事务前信息披露审查与记录； 询问学生离开科研组织的管理要求。	6.1.5	6.1.5		
	6.3 合同 劳动合同的审查	6.3	6.3		

内审员签字：   日期：

11. 内部审核时，抽样的原则（方法）是什么？

内部审核时，采取的是抽样的方法，抽样的原则主要有判断抽样、统计抽样。

判断抽样又称"立意抽样"，是指根据调查人员的主观经验从总体样本中选择那些被判断为最能代表总体的单位作样本的抽样方法。判断抽样属于非随机抽样技术，与此相关的还有便利抽样、配额抽样、滚雪球抽样、固定样本调查法等。这些抽样方法在抽样时不遵循随机原则，而是按照调查员主观判断或仅按方便的原则抽取样本。

统计抽样法是运用概率论统计方法，然后评价样本结果，若样本符合要求，再在样本中进行随机抽取的过程。统计抽样必须满足以下两个特征：

（1）随机选取样本；

（2）运用概率论评价样本结果。

在实际审核过程中，至少抽取 2 ~ 3 个样本。

12. 什么是审核准则、审核证据、审核发现、审核结论？

审核准则是用于与客观证据进行比较的一组方针、程序或要求。

审核证据是与审核准则有关并能够证实的记录、事实陈述或其他信息。

审核发现是将收集的审核证据对照审核准则进行评价的结果。审核发现表明符合或不符合；审核发现可导致识别改进的机会或记录良好实践；如果审核准则选自法律要求或法规要求，审核发现可被称作合规或不合规。

审核结论是考虑了审核目标和所有审核发现后得出的审核结果。

13. 如何编制不符合报告？

审核员在不符合报告中应对不符合事实进行清楚完整的描述，对不符合标准/体系文件条款和不符合类型（一般不符合/严重不符合）给以合理的判定。

【案例7.4】内部审核不符合项报告

知识产权管理体系内部审核不符合项报告见表7-5。

表7-5　知识产权管理体系内部审核不符合项报告

文件编号：

受审核部门	××项目组	部门负责人	
内审员		审核日期	
不符合事实描述： 　　查××重大科研项目的人员管理时，项目组未能提供××的背景调查记录。 不符合 GB/T 33250—2016 标准条款：6.1.4 a）针对重大科研项目进行项目组人员知识产权背景调查，必要时签署保密协议。 不符合程度：一般不符合 　　　　　　　　　　　　　　　　　　　　　内审员： 　　　　　　　　　　　　　　　　　　　　　　　　年　月　日			
受审核部门意见： 　　　　　　　　　　　　　　　　受审核部门负责人： 　　　　　　　　　　　　　　　　　　　　年　月　日			

14. 如何进行不符合项整改？

受审核部门在不符合项整改报告中应对不符合的原因进行分析，采取适当的纠正和纠正措施，审核员应对该受审核部门所采取的纠正和纠正措施进行跟踪验证，确定纠正到位，纠正措施有效。

注意：受审核部门采取的纠正和纠正措施，不能只停留在问题的表层上，或者只局限在针对审核中已出现的问题就事论事，应该从整体考虑，深入分析问题的原因，找到合适的解决办法。

作为一名合格的内审员，在审核的时候不能只看到表面，不能为了完成任务而勉强开具不符合，这样的不符合往往流于形式，既没有说服力，又没有指导意义，也会造成受审核部门的异议和不信任。内审员应具备一定的观察和思考能力，不仅能够发现真正的问题所在，而且要指导受审核部门就该问题找到合适的解决办法。

针对审核中发现的问题，要彻底整改，加大纠正、纠正措施的监督力度，检查整改后措施的持续性和有效性，杜绝纠正、纠正措施的整改不到位或者相关问题的重复发生。

【案例7.5】 内部审核不符合项整改报告

知识产权管理体系内部审核不符合项整改报告见表7-6。

表7-6　知识产权管理体系内部审核不符合项整改报告

文件编号：

受审核部门	××项目组	部门负责人	××
不符合报告编号	2020001	审核日期	2020.×.×
不符合事实描述： 　　查××重大科研项目的人员管理时，未能提供××的背景调查记录。不符合 GB/T 33250—2016 条款 "6.1.4 a) 针对重大科研项目进行项目组人员知识产权背景调查；必要时签署保密协议" 要求。			
原因分析： 对标准条款理解不够深入，在人员管理方面存在知识产权风险和漏洞。			

续表

纠正/纠正措施： 完成对××的背景调查，并检查其他项目人员背景调查记录。 对项目组相关人员进行培训，学习《科研组织知识产权管理规范》标准条款和组织相关的管理制度。 　　　　　　　　　　　受审核部门负责人： 　　　　　　　　　　　　　　　　　　　　　　　年　　月　　日
纠正/纠正措施跟踪验证： 经验证，该问题得到纠正，纠正措施有效。 　　　　　　　　　　　　验证人： 　　　　　　　　　　　　　　　　　　　　　　　年　　月　　日

15. 什么是纠正、纠正措施、预防措施？

纠正（correction）是为消除已发现的不合格所采取的措施。通常情况下，纠正可与纠正措施一起实施，或在其之前或之后实施。

纠正措施（corrective action）是为消除不合格的原因并防止再发生所采取的措施。一个不合格可以有若干个原因，采取纠正措施是为了防止不合格再发生。

预防措施（preventive action）是为消除潜在不合格或其他潜在不期望情况的原因所采取的措施。一个潜在不合格可以有若干个原因，采取预防措施是为了防止不合格发生。

16. 如何编写内部审核报告？

审核组在内部审核报告中应简要描述内部审核过程，对发现的不符合项进行分析并评价所采取的纠正和纠正措施的有效性，对知识产权管理体系进行评价，并提出改进的建议。

【案例7.6】 内部审核报告

知识产权管理体系内部审核报告见表7-7。

表7-7 知识产权管理体系内部审核报告

文件编号：

审核目的	
审核范围	
审核依据	
审核人员	
审核日期	
审核过程描述	
不符合项统计与分析	
对知识产权管理体系评价	
对知识产权管理体系改进建议与措施	
审核组长／日期	
批准人／日期	

17. 内部审核和外部审核（第三方审核）有何区别？

（1）主导方不同。内部审核是科研组织主导的，对自身知识产权管理体系运行情况的自我评判；外部审核是由认证机构主导的社会第三方对科研组织知识产权管理体系运行状态的合格评定活动。

（2）审核组组成不同。内部审核的审核组成员可以来自科研组织内部，也可以来自科研组织外部；外部审核的审核组成员必须是认证机构专职的审核员（有专门的要求）。

（3）审核原则不同。内部审核关注的是知识产权管理体系的有效性和适宜性，即组织的知识产权管理体系是否与组织现有管理制度/体系相适应，并且能够有效解决组织在知识产权管理中遇到的问题；外部审核首先关注的是知识产权管理体系的符合性，即科研组织的知识产权管理体系是否符合《科研组织知识产权管理规范》标准以及科研组织相关知识产权管理制度的要求。

18. 什么是管理评审？管理评审的流程是什么？

管理评审：最高管理者为评价知识产权管理体系的充分性、适宜性和有效性所进行的活动。管理评审依据的是科研组织或相关方对于知识产权管理体系的期望和要求。

管理评审的流程包括：

（1）管理评审策划；

（2）管理评审准备（输入）；

（3）管理评审会议；

（4）管理评审报告（输出）；

（5）实施改进。

19. 管理评审的形式有哪些？

管理评审通常采取会议的形式，由最高管理者主持，主管领导，各职能部门负责人，研究单元负责人，项目组长，相关工作人员（包括知识产权管理人员、知识产权专员等）参加，就知识产权管理体系中各部门、各过程的运行状况和存在的问题以及体系未来发展的需求展开讨论，并形成共识。

组织可以就管理评审召开专门的会议，也可以利用领导层办公会的机会，把领导层关于知识产权管理工作形成的决议作为管理评审的结论，在后续工作中落实。

20. 管理评审的时机如何选择？

管理评审最适宜的开展时间是每年年中或者年底，组织在进行年中或年终总结的时候，根据各部门半年或一年工作的总结对知识产权管理体系整体运行状态给予充分、合理的评价，针对存在的问题提出改进的建议和措施，并结合下半年或下一年工作计划，对知识产权管理体系未来的发展提出新的要求。

21. 管理评审一定要有最高管理者的参与吗？如果没有，管理评审是否有效？

涉及标准条款11.2

> 11.2 评审改进
>
> 最高管理者应定期评审知识产权管理体系的适宜性和有效性，制定和落实改进措施，确保与科研组织的战略方向一致。

按照标准要求，科研组织管理评审是最高管理者的主要职责之一。最高管理者应按照策划的时间间隔对科研组织的知识产权管理体系进行评审，以确保其持续的适宜性和有效性，并与科研组织的战略方向保持一致。没有最高管理者参与的管理评审是无效的。

22. 管理评审的频次如何设置？

原则上，科研组织每年至少开展一次管理评审，时间间隔不应超过12个月。当遇到下列情况时，科研组织可适当增加管理评审的频次或进行专题的管理评审：

（1）科研组织的组织结构、发展战略、内外部环境等发生重大变化或调整；

（2）科研组织发生重大知识产权事故；

（3）科研组织的知识产权管理体系发生重大变更（如科研组织的最高管理层发生变化）；

（4）最高管理者认为必要的时机（如第三方认证前）。

23. 管理评审的输入包括哪些内容？

策划和实施管理评审时应考虑下列内容：

（1）以往管理评审所采取措施的落实情况；

（2）与知识产权管理体系相关的内外部因素的变化；

（3）知识产权方针、目标的实施及完成情况；

（4）科研组织发展目标、策略及新的科研规划；

（5）科研组织知识产权基本情况（包括资源的充分性）和风险评估信息，以及应对风险和机遇所采取措施的有效性；

（6）技术、标准发展趋势；

（7）前期审核（内部审核和外部审核）结果；

（8）重大知识产权事故（问题）的处置情况等。

24. 管理评审输出包括哪些内容？

管理评审输出的是管理评审报告，应包括以下内容：

（1）知识产权方针、目标的改进建议和措施；

（2）知识产权管理体系改进或提升的机会；

（3）知识产权管理体系所需的变更（包括体系文件的变更）；

（4）资源需求。

科研组织应对管理评审输出的落实情况进行跟踪、验证。

25. 如何编写管理评审报告？

管理评审报告可以按照以下格式编写：

（1）评审时间；

（2）主持人；

（3）参加人员；

（4）管理评审输入；

（5）管理评审综述（知识产权管理体系整体运行状态）；

（6）管理评审结论；

（7）存在问题和改进建议（包括资源需求），以及拟采取的措施和责任部门等。

（8）管理评审报告经最高管理者批准后发放到相关部门和相关人员知悉并遵照

执行。知识产权管理部门应对管理评审中提出的整改措施的落实情况进行跟踪和监督。

【案例7.7】 管理评审报告

知识产权管理体系管理评审报告见表7-8。

表7-8　知识产权管理体系管理评审报告

文件编号：

评审时间		评审地点	
主持人		参加评审人员	可附名单
管理评审输入材料：			
管理评审综述：(包括对知识产权管理体系运行情况以及存在问题的描述)			
管理评审结论：(包含对知识产权管理体系改进的建议和措施，对资源的需求和匹配)			
最高管理者/日期			

26. 管理评审时可否有外部专家参加？

科研组织在进行管理评审时可以邀请外部专家参加。外部专家可以以顾问的身份参加管理评审，站在"局外人"的角度对科研组织的知识产权管理体系运行情况给予客观评价，并针对科研组织的知识产权管理体系中存在的问题和未来的发展给予合理化的建议和意见。

27. 管理评审和内部审核的联系和区别是什么？

内部审核与管理评审是科研组织对知识产权管理体系进行评价改进的主要方式，都关注体系的适宜性和有效性。通常先做内部审核，后作管理评审，内部审核的结果作为管理评审的输入，是评价科研组织知识产权管理体系整体运行情况的依据之一。

管理评审和内部审核的区别如下。

（1）内部审核由审核组完成，依据的是《科研组织知识产权管理规范》、科研组织知识产权管理体系文件、相关的法律法规或其他要求；管理评审由最高管理者主持，依据的是科研组织或相关方的期望和要求。

（2）内部审核关注的是体系的符合性和有效性，即科研组织的知识产权管理体系是否全面落实了《科研组织知识产权管理规范》标准的相关要求，科研组织的管理制度、管理文件是否和标准保持一致，标准和文件的要求是否得到了充分有效的运行实施；管理评审关注的是体系的有效性和适宜性，即科研组织在知识产权管理体系运行过程中遇到的问题是否都得到了有效的解决，知识产权管理体系是否从知识产权的角度补充完善了现有的管理制度和管理体系，并且能够满足科研组织未来发展的需要。

（3）内部审核的重点是发现问题并予以改进，即从具体实施的角度评价知识产权管理体系的运行是否充分、有效，关注的是体系的微观和细节，着重解决的是局部的、具体的问题，并针对存在的问题采取合适的纠正和纠正措施；管理评审强调的是对体系整体运行效果的评价，针对存在的宏观问题提出改进或提升的建议和要求，提高整个体系的管理水平和保障能力，并在此基础上强调知识产权管理体系要满足组织未来发展的需求。

第八章　认证审核

认证审核又称第三方认证，是由第三方认证机构对组织的知识产权管理体系进行的审查和检验。第三方认证机构，是指具有可靠的执行认证制度的必要能力，并在认证过程中能够客观、公正、独立地从事认证活动的机构。即认证机构是独立于科研组织相关方、具有独立的法人资格的第三方机构，故称为第三方认证机构。

组织的知识产权管理体系运行 3～6 个月后，贯标单位自评满足标准要求，可以向第三方认证机构提出认证申请，进行认证审核。

贯标单位与认证机构签订合同，由认证机构进行认证。

（1）认证前的活动。

① 认证的申请与受理：向认证机构提交申请书，并与认证机构签订认证合同。

② 审核启动（审核前的准备）。

与认证机构确定审核时间，由认证机构确定审核目的、范围和准则，成立审核组，制定审核方案、审核计划。

（2）初次认证。

① 初次认证的组织需经历两个阶段的审核。一阶段审核包括文件审核和现场审核。主要为评审受审核方的相关管理体系文件，采用收集信息、了解体系文件范围和程度的概况的方式以发现可能存在的差距。经过一阶段审核后，审核组会给出一阶段审核报告进行反馈，若一阶段审核存在问题，组织还需在下个审核阶段开启前进行整改，整改后报审核组确认通过后才可进入下个审核阶段。

② 二阶段审核。二阶段审核一般为具体的审核过程，包括文件审核和现场审核。审核组会按照之前与组织确认好的审核计划，按照时间和条款进行审核，最后给出审核结论。

（3）认证决定。

若组织通过二阶段审核，即通过认证，认证机构会颁发认证证书。有效期三年，自二阶段审核末次会议当天开始计算。

（4）监督活动。

若组织通过初次认证，还需接受每年一次的监督审核，监督审核的时间应在组织通过上次现场审核的 1 年内进行，每次监督审核应覆盖体系的部分部门和条款，两次监督审核应覆盖体系的所有部门和所有条款。

问题及解答

1. 什么是知识产权认证？知识产权认证都包含哪些内容？

知识产权认证，是指由认证机构证明法人或者其他组织的知识产权管理体系、知识产权服务符合相关国家标准或者技术规范的合格评定活动。

知识产权认证包括知识产权管理体系认证和知识产权服务认证。

知识产权管理体系认证，是指由认证机构证明法人或者其他组织的内部知识产权管理体系符合相关国家标准或者技术规范要求的合格评定活动。

知识产权服务认证，是指由认证机构证明法人或者其他组织提供的知识产权服务，符合相关国家标准或者技术规范要求的合格评定活动。

2. 从事知识产权认证的机构（简称认证机构），需要符合哪些条件？

从事知识产权认证的机构应当依法设立，符合《中华人民共和国认证认可条例》《认证机构管理办法》规定的条件，具备从事知识产权认证活动的相关专业能力要求，并经国家认证认可监督管理委员会（以下简称"国家认监委"）批准后，方可从事批准范围内的认证活动。

认证机构不得从事与其认证工作相关的咨询、代理、培训、信息分析等服务以及产品开发和营销等活动，不得与认证咨询机构和认证委托人在资产、管理或者人员上存在利益关系。

符合条件的认证机构，在全国认证认可信息公共服务平台（http：//cx.cnca.cn/CertECloud/index/index/page）可以查询获悉。

截至 2020 年 10 月 16 日，在全国认证认可信息公共服务平台可以查询到有效的知识产权认证机构有 24 家，列示如下（按照网站公示顺序排列）：

（1）方圆标志认证集团有限公司；

（2）新世纪检验认证有限公司；

（3）挪亚检测认证集团有限公司；

（4）凯新认证（北京）有限公司；

（5）北京军友诚信检测认证有限公司；

（6）中知（北京）认证有限公司；

（7）中规（北京）认证有限公司；

（8）深圳华凯检验认证有限公司；

（9）博纳检测认证有限公司；

（10）北京万坤认证服务有限公司；

（11）华亿认证中心有限公司；

（12）华知认证有限公司；

（13）国知（北京）认证有限公司；

（14）北京龙图致远认证服务有限责任公司；

（15）中际连横（北京）认证有限公司；

（16）中坛（北京）认证服务有限公司；

（17）中为创新（北京）认证有限公司；

（18）中审（深圳）认证有限公司；

（19）企知（北京）认证有限公司；

（20）中标通国际认证（深圳）有限公司；

（21）北京中科智雅国际认证有限公司；

（22）知产（北京）认证服务有限公司；

（23）安知认证有限公司；

（24）艾西姆认证（上海）有限公司。

3. 认证机构从事认证活动有哪些注意事项？

认证机构从事认证活动，应当按照知识产权认证基本规范、认证规则的规定从事认证活动，作出认证结论，确保认证过程完整、客观、真实，不得增加、减少或者遗漏认证基本规范、认证规则规定的程序要求。

认证机构应当对认证全过程做出完整记录，保留相应认证记录、认证资料，并归档留存。认证记录应当真实、准确，以证实认证活动得到有效实施。

被知识产权行政管理部门或者其他部门责令停业整顿，或者纳入国家信用信息失信主体名录的认证委托人，认证机构不得向其出具认证证书。

认证机构应当向公众提供查询认证证书有效性的方式。

任何组织和个人不得伪造、变造、冒用、非法买卖和转让认证证书和认证标志。

4. 什么是外部审核？外部审核与内部审核的区别是什么？

外部审核包括第二方审核和第三方审核。第二方审核由组织的相关方，如顾客或由其他人员以相关方的名义进行。第三方审核由独立的审核组织进行，如监管机构、提供认证或注册的机构。

内部审核，有时称第一方审核，由组织自己或以组织的名义进行，用于管理评审或其他内部目的（如确认管理体系的有效性或获得用于改进管理体系的信息），可作为组织自我合格声明的基础。在许多情况下，尤其在中小型组织内，可以由与正在被审核的活动无责任关系、无偏见以及无利益冲突的人员进行，以证实独立性。

5. 申请认证条件是什么？

申请认证的条件：

（1）已按 GB/T 33250—2016 标准建立了科研组织知识产权管理体系，且已有效实施运行至少三个月以上，并形成文件；

（2）已完成至少一次内部审核和管理评审；

（3）知识产权管理体系运行期间（含建立体系前一年）未被知识产权行政管理部门或者其他部门责令停业整顿，或者纳入国家信用信息失信主体名录。

6. 提交审核申请时，提交的材料有哪些？

组织的知识产权管理体系运行 3～6 个月后，贯标科研组织自评满足标准要求，可以向认证机构提出认证申请，提交相应材料，待认证机构初步判断满足认证条件后，提供材料清单。材料清单应至少包括资质文件（事业单位法人证书或组织机构代码证或其他相关资质证明）、体系文件（知识产权手册、程序文件清单、记录文件清单、程序文件、检查监督文件）、声明文件、知识产权明细及台账、其他证明材料、保密承诺书、科研组织申请材料完备性清单、科研组织知识产权管理体系认证申请书等。

7. 如何选择认证机构？

认证机构的选择需注意以下方面：

科研组织应根据自身需求、体系运行的经验、知识产权发展水平、认证机构的特点、所在区域、行业现状以及认证的成本等因素，综合考虑认证机构的选择。

一般建议考虑如下具体因素：

（1）认证机构资质。

在国内运作的认证机构，无论是国内还是国外机构，均需要在国家认证认可监督委员会进行备案，接受监督。

（2）审核队伍的水平。

对审核员的入职要求，行业要求如何。如一些机构要求，审核人员专业能够覆盖本组织的技术（学科）领域，审核人员要求有一定年限的行业经验，熟悉行业和认证有关程序。

（3）认证机构的审核服务、声誉和品牌。

由于现时管理体系发展很快，新的管理体系标准不断涌现，所以选择时应考虑今后需要，选择的机构应可提供多种不同体系的审核。而认证机构的声誉和品牌也相当重要，相当多的组织已经将要求"是否通过认证？"转变为"通过哪家认证机构的认证？"

（4）认证机构的行业优势。

每个认证机构都会有他们的行业优势，某种程度上，这一方面可以说明认证机构在这一行业的审核经验以及审核员的水平；认证机构优势行业的客户群也能反映出认证机构在这一行业的地位。

（5）认证客户的总体素质。

通过该机构认证的客户，在很大程度上也反映了该机构的水平和定位。一般情况下，认证机构均会公布通过其认证的客户名录。

（6）是否存在违规行为。

认证行业跟其他商业操作有较大的差别。认证有相当多的要求和准则，而这些大多是原则性问题，不能基于商业或市场的考虑来降低或改变要求。

8. 认证合同的重点关注内容是什么？

签订认证合同时，需与认证机构确认：组织的基本情况，包括但不限于组织的名称、注册地址、实际经营地址、组织的总人数、体系覆盖人数、体系覆盖部门、标准删减内容的说明、组织的认证范围、初次认证的大概时间和费用等内容。

增加组织的认证范围和体系覆盖人数、体系覆盖部门。

该合同也是知识产权咨询服务合同，也应符合科研组织相应制度的管理要求。

9. 如何确定外部审核中的审核人日？

审核人日是指审核员审核时间，一个审核人日通常为 8 小时，不包括旅途时间或午饭时间。不应通过增加每个工作日的工作小时数来减少审核人日数。

审核人日数的确定取决于审核对象即组织的规模（包括在组织的控制下进行活动的全部场所及所属的员工数量）、研发技术领域、研发项目数量、服务和过程的复杂程度、审核范围等几方面因素。

10. 与认证机构确认认证范围时的考虑因素有哪些？对知识产权管理体系认证范围描述有何建议？

确定科研组织的知识产权管理体系认证范围时，一般考虑知识产权体系覆盖的项目所属的技术领域、知识产权体系覆盖的组织机构、法人证书范围（不能超出法人证书范围）以及其他管理体系覆盖范围。

建议知识产权管理过程全覆盖，科研项目根据实际知识产权情况选择性覆盖。审核范围规定了审核的内容和界限，界定了组织的知识产权管理体系覆盖下的认证范围内的所有活动和过程、所涉及的部门和场所（固定的、临时的和流动性场所），并在一定程度上反映了审核的工作量以及为此需要投入的审核员的时间。

一般建议前期审核范围应大于认证证书范围，该范围的确定应涵盖包含项目的学科方向的汇总。

11. 什么是模拟审核？是否必须经历模拟审核？

模拟审核是指在进行外部认证前，由组织找到在本体系所涉及领域具有资深经验的审核员，按照外部认证的目的、原则和标准要求，对组织进行的一次模仿外部认证的审核。站在第三方立场，评价组织体系的有效性、适宜性和充分性。

模拟审核是组织根据自身组织建设的实际情况，可选择开展的一项工作，并不是外部认证前必须开展此项工作。该工作的开展有助于组织在外部认证前更加清晰和明确地认识自身的体系建设，以便在日后的工作中不断持续改进。

12. 认证审核分为几个阶段？

认证审核分为初次认证、监督审核、再认证三个阶段。

初次认证后的第一次监督审核应在认证证书签发日起 12 个月内进行。此后，监督审核应至少每个日历年（应进行再认证的年份除外）进行一次，且两次监督审核的时间间隔不得超过 12 个月。

（1）初次认证：对组织所建立的知识产权管理体系进行符合性评价，以确定组织的知识产权管理体系运行的有效性、充分性和适宜性，并作出是否推荐注册的决定。

（2）监督审核：验证组织的管理体系的持续符合性和有效性，确定能否推荐保持认证注册。

（3）再认证：验证组织的管理体系的持续符合性和有效性，确定是否推荐更新认证注册。

13. 初审一阶段审核是否一定要到现场审核？

初审一阶段审核是评审受审核方的相关文件，以确定文件所述的体系与审核准则的符合性；收集信息以支持审核活动。初审一阶段是否到现场进行审核，是由审核组长根据组织的实际情况和审核需要综合判断的。

只要不影响审核实施的有效性，文件评审可以与其他审核活动相结合，并贯穿在审核的全过程。

如果在审核计划所规定的时间框架内提供的文件不适宜、不充分，审核组长应告知审核方案管理人员和受审核方。应根据审核目标和范围决定审核是否继续进行或暂停，直到有关文件的问题得到解决。

14. 审核活动的准备工作有哪些？

审核活动开始前应进行如下准备工作：

（1）审核准备阶段的文件准备。

应准备好管理体系文件，便于审核员收集信息，如过程、职能方面的信息；准备审核活动和适用的工作文件；介绍体系文件范围和程度的概况。

（2）配合审核计划的编制。

审核组长应根据审核方案和受审核方提供的文件中包含的信息编制审核计划。审核计划应考虑审核活动对受审核方的过程影响，并为审核委托方、审核组和受审核方之间就审核的实施达成一致提供依据。审核计划应便于有效地安排和协调审核活动，以达到目标。组织应评价、判断审核计划是否合理，并提出修改意见。

（3）配合审核组工作分配。

审核组长可在审核组内协商，将对具体的过程、活动、职能或场所的审核工作分配给审核组每位成员。分配审核组工作时，应考虑审核员的独立性和能力、资源的有效利用以及审核员、实习审核员和技术专家的不同作用和职责。组织应评价、判断审核员分配是否合理，审核员专业程度及能力与所安排审核部门是否匹配，并提出建议。

（4）准备工作文件。

审核组成员应收集和评审与其承担的审核工作有关的信息，并准备必要的工作文件，用于审核过程的参考和记录审核证据。组织应在审核前安排好向导，接受审核人员或内审员等，准备好审核材料，按时参加审核。

15. 外部审核中陪同人员（向导）发挥什么作用？

审核中的陪同人员主要是向导和观察员❶。向导是由受审核方指定的协助审核组的人员。

在审核过程中，组织需要为每个审核小组配备一名向导，其主要任务是对审核小组的审核证据作见证，并在受审核部门和审核组之间进行简单的协调联络。他们不应影响或干扰审核的进行。如果不能确保如此，审核组长有权拒绝观察员参加特定的审核活动。

向导应掌握所有参与审核人员的联系方式，及时进行沟通协调，同时，向导应熟练掌握标准要求，理解审核员询问问题的含义，便于审核过程中为双方进行沟通解释。陪同人员应以旁观者的角度参与审核，未经审核员授意，不得代替受审核人员回答问题或进行相应解释。

受审核方指派的向导应协助审核组并根据审核组长的要求行动。他们的职责可包括：

（1）协助审核员确定面谈的人员并确认时间安排；

---

❶ 观察员是伴随审核组但不参与审核的人员。观察员应承担由审核委托方和受审核方约定的与健康安全、保安和保密相关的义务。

（2）安排访问受审核方的特定场所；

（3）确保审核组成员和观察员了解和遵守有关场所的安全规则和安全程序；

（4）向导的作用也可包括以下方面：代表受审核方对审核进行见证；在收集信息的过程中，作出澄清或提供帮助。

16. 不符合的分类有哪些?

根据不符合的性质，不符合分为两种，一种是严重不符合，是指系统性或区域性的、造成严重后果的问题；另一种是一般不符合，是指个别的、孤立的，偶发的问题。

【案例8.1】知识产权管理体系审核不符合项报告

知识产权管理体系审核不符合项报告见图8-1、图8-2。

×× 认证有限公司	文件名称：不符合项报告
	文件编号：××-10

不符合项报告

受审核方名称：××研究所	审核日期：202×年×月×日
受审核部门/过程：××	性　质：一般

不符合项描述：（判断时应引用标准具体内容，如同时不符合多个标准时，也应同时做出判断）

未对××领域的专利信息进行分类筛选和分析加工，形成产业发展、技术领域的相关情报分析报告。

不符合GB/T 33250—2016 6.4 b) 建立专利信息分析利用机制，对信息进行分类筛选和分析加工，形成产业发展、技术领域、专利布局等有关情报报告，并加以有效利用。

　审核员（签字）：　　　　审核组长（签字）：　　　　客户代表（签字）：

原因分析：

纠正、纠正措施实施情况或纠正措施计划（仅针对一般不符合项）：（请提供相应见证材料）

　　　　　　　　　　　客户代表：　　　时间：　年　月　日

跟踪结论：
□纠正和纠正措施可以接受且证实有效
□纠正和纠正措施计划可以接受，将在下次审核中验证有效性（仅针对一般不符合）
□纠正和纠正措施不能接受，或纠正措施未有效实施

　　　　　　　　　　　审核员签名：　　　时间：　年　月　日

图8-1　知识产权管理体系审核不符合项报告1

××认证有限公司	文件名称：不符合项报告
	文件编号：××-10

不符合项报告

受审核方名称：××研究所	审核日期：202×年 ×月 ×日
受审核部门/过程：××	性　质：严重

不符合项描述：（判断时应引用标准具体内容，如同时不符合多个标准时，也应同时做出判断）

查受审核方内部审核的不符合报告（编号：××）上记录受审核方未对合同中的知识产权条款进行审查并形成记录。查受审核方合同审批表（编号××），未对该合同知识产权条款进行审查并形成记录。

不符合GB/T 33250—2016　6.3 a)对合同中的知识产权条款进行审查，并形成记录。

　　审核员（签字）：　　　　审核组长（签字）：　　　　客户代表（签字）：

原因分析：

纠正、纠正措施实施情况或纠正措施计划（仅针对一般不符合项）：（请提供相应见证材料）

　　　　　　　　　　　　　客户代表：　　　时间：　年　月　日

跟踪结论：
□纠正和纠正措施可以接受且证实有效
□纠正和纠正措施计划可以接受，将在下次审核中验证有效性（仅针对一般不符合）
□纠正和纠正措施不能接受，或纠正措施未有效实施

　　　　　　　　　　　　　审核员签名：　　　时间：　年　月　日

图 8 - 2　知识产权管理体系审核不符合项报告 2

17. 什么是审核准则？

审核准则应是用于与审核证据进行比较的一组方针、程序或要求。

　　审核准则包括但不限于：

　　（1）科研组织知识产权管理规范（GB/T 33250—2016）；

　　（2）组织的知识产权管理体系文件，即组织的知识产权管理手册、程序文件、制度等；

　　（3）组织目前适用的国家、地方及行业的有关法律、法规等。

　　不同类型或不同目的的审核，其审核准则不尽相同。例如，以认证注册为目的的第三方审核，其审核准则主要是管理体系要求、适用的法律法规、行业规范和标

准，以及受审核方的管理体系文件等；以选择合格供方为目的的第二方审核，其审核准则主要是合同或供方评价准则要求，以及相关的法律法规和供方的管理体系文件等；以评价其自身管理体系运行状况和实现其方针和目标能力为目的的第一方审核，其审核准则主要是组织的质量方针、适用的法律法规要求和管理体系及程序要求等。

18. 什么是审核结论？分为哪几种？

审核结论可包含诸如以下内容：

（1）管理体系与审核准则的符合程度和其稳健程度，包括管理体系满足所声称的目标的有效性；

（2）管理体系的有效实施、保持和改进；

（3）管理评审过程在确保管理体系持续的适宜性、充分性、有效性和改进方面的能力；

（4）审核目标的完成情况、审核范围的覆盖情况，以及审核准则的履行情况；

（5）审核发现的根本原因（如果审核计划中有要求）；

（6）为识别趋势从其他受审核领域获得的相似的审核发现。

综合考虑所有审核发现，审核组得出审核结论。结论有四种：

第一种是推荐注册；

第二种是纠正之后推荐注册，是指公司存在一些问题点，需要在这些不符合纠正完成，并得到审核组的认可之后进行推荐注册的方式；

第三种是暂缓推荐注册，是指公司存在严重不符合或一般性不符合达到一定数量时，相应的不符合在整改后，需经过审核组的文件验证或再次现场认证后推荐注册的方式；

第四种是不推荐注册，当体系发生多项严重的不符合时适用。

19. 审核费用如何构成？

审核费用的计算标准，目前没有国家认监委或者国家知识产权局相应的规范文件。

行业内科研组织的外部认证初审审核费用的计算惯例分为两种：

（1）单独计算：认证申请费 1000 元，审定与注册费 2000 元，认证审核费 4000 元/（人·日），加印证书、更换证书，每张证书 100 元，英文证书，每张证书 100 元；额外加上审核员的食住行产生的必要费用（实报实销）等。

（2）包干计算：将认证费用与审核员的所有费用（主要是食住行产生的必要费用）统一预估计算，打包支付。

20. 审核活动如何实施？

（1）举行首次会议：

① 确认所有有关方（如受审核方、审核组）对审核计划的安排达成一致；

② 介绍审核组成员；

③ 确保所策划的审核活动能够实施。

（2）审核实施阶段的文件评审。

应评审受审核方的相关文件，以确定文件所述的体系与审核准则的符合性；收集信息以支持审核活动。

（3）审核中的沟通：在审核期间，可能有必要对审核组内部以及审核组与受审核方、审核委托方、可能的外部机构（如监管机构）之间的沟通做出正式安排，尤其是法律法规要求强制性报告不符合的情况。

审核组应定期讨论以交换信息，评定审核进展情况，需要时重新分配审核组成员的工作。

在审核中，适当时，审核组长应定期向受审核方、审核委托方通报审核进展及相关情况。如果收集的证据显示受审核方存在紧急的和重大的风险，应及时报告受审核方，适当时向审核委托方报告。对于超出审核范围之外的引起关注的问题，应予记录并向审核组长报告，以便可能时向审核委托方和受审核方通报。

（4）信息的收集和验证：在审核中，应通过适当的抽样收集并验证与审核目标、范围和准则有关的信息，包括与职能、活动和过程间接口有关的信息。只有能够验证的信息方可作为审核证据。导致审核发现的审核证据应予以记录。在收集证据的过程中，审核组如果发现了新的、变化的情况或风险，应予以关注。收集信息的方法包括面谈、观察、文件（包括记录）评审。

（5）形成审核发现：应对照审核准则评价审核证据以确定审核发现。审核发现能表明符合或不符合审核准则。当审核计划有规定时，具体的审核发现应包括具有证据支持的符合事项和良好实践、改进机会以及对受审核方的建议。

（6）准备审核结论：审核组在末次会议之前应充分讨论。

① 根据审核目标，评审审核发现以及在审核过程中所收集的其他适当信息；

② 考虑审核过程中固有的不确定因素，对审核结论达成一致；

③ 如果审核计划中有规定，提出建议；

④ 讨论审核后续活动（适用时）。

（7）举行末次会议：审核组长应主持末次会议，提出审核发现和审核结论。

21. 如何进行审核报告的编制与分发？

审核组长应根据审核方案程序报告审核结果。

审核报告应提供完整、准确、简明和清晰的审核记录，并包括或引用以下内容：

（1）审核目标；

（2）审核范围，尤其是应明确受审核的组织单元和职能单元或过程；

（3）明确审核委托方；

（4）明确审核组和受审核方在审核中的参与人员；

（5）进行审核活动的日期和地点；

（6）审核准则；

（7）审核发现和相关证据；

（8）审核结论；

（9）关于对审核准则遵守程度的陈述。

审核报告应在商定的时间期限内提交。如果延迟，应向受审核方和审核方案管理人员通告原因。

审核报告应按审核方案程序的规定注明日期，并经适当的评审和批准。

审核报告应分发至审核程序或审核计划规定的接收人。

22. 外部审核时，遇到知识产权管理体系运行后无相关业务发生，亦没有相关记录时，应该如何进行迎审？

当科研组织自体系运行后没有相关业务发生或没有相关记录时，需带手册中空表备查；没有项目结题，需准备立项、项目期相关资料；需向审核员描述，当遇到此种业务发生时采取的一般工作流程以及相应记录要求。

23. 第三方审核的主要目的是什么？

第三方审核的本质是由第三方机构专业的审核员对组织体系的一次检查，审核尽量做到公正、客观和准确，尽可能减少风险。审核是调查取证的过程，审核过程不仅是寻找负面的审核发现，也即寻求不合格的证据，同时也是正面求证，寻求合格证据的过程。审核的目的是帮助组织找出优点，并继续保持，同时也帮助组织找到缺点，希望组织能举一反三改进管理体系。

24. 第三方审核有何风险？

审核本身是一项抽样活动，所以存在一定的风险，抽样的范围是从体系建立至今体系所要求的所有过程与活动，可能组织做得差的没有抽到，做得好的抽到了，但是也可能相反。不符合报告所述的区域是发现不符合项的地方，未必就是组织存在该问题的唯一地方。发现不符合的部门不表明该部门的知识产权工作就很差，没有发现不符合的部门也不表明该部门工作就很完美。因此，审核活动中的抽样风险由双方共同承担。

25. 迎接审核前的准备和注意事项是什么？

审核前，应召开动员会，召集组织体系覆盖各部门、相关人员到会，再次强调首末次会议时间，各部门审核时间。强调各部门审核时需携带的资料，若资料为电子档案，则需携带电脑等电子设备。

列举一些部门需准备的备审资料，但不限于以下文件，具体根据组织体系要求准备：

（1）知识产权与成果管理部门：应准备部门结合组织制定的知识产权分解目标，知识产权台账、论文专利申请记录文件，专利维护与放弃记录文件，成果转移转化尽职调查与合同审查相关资料，知识产权分级管理相关资料等。

（2）人力资源管理部门：部门结合组织制定的知识产权分解目标，人事合同等约定文件的审查记录，入职背景调查，离退休人员的知识产权提醒，知识产权培训计划、效果、签到等记录文件。

（3）学生管理部门：部门结合组织制定的知识产权分解目标，学生入学协议等入学约定文件，学生的知识产权培训计划、效果、签到等记录文件。

（4）办公室/档案、资源调配：部门结合组织制定的知识产权分解目标，有效文件清单，收发文、文件销毁记录文件，宣传报道、接受媒体采访披露审查记录文件，办公场所等条件保障记录。

（5）财务资产管理部门：部门结合组织制定的知识产权分解目标，资产采购、处置、共享、外借相关记录文件，组织知识产权预算，并准备知识产权相关财务凭证备查。

为迎接审核，可以反复就各部门所涉及的相关条款进行讲解，强调迎审人员一定要积极、实事求是地回答审核员的问题，并且抱着不断学习改进的心态，虚心向审核员求教，学习先进经验，更好地改进体系。

26. 审核计划包括哪些内容？

审核计划是对审核活动的安排，是针对一次具体的审核活动进行策划的结果。审核计划通常应包括：受审核方名称、受审核方信息、审核目的、审核类型、审核范围、审核准则、审核组成员、审核日期、会议安排及附表等。其中附表中会明确具体内容，哪位审核员在哪一个时间，对组织的哪个部门进行哪些条款的审查。受审核人员可按照审核计划进行准备和迎审。

【案例8.2】知识产权管理体系审核计划

知识产权管理体系审核计划见图8-3、图8-4。

××认证有限公司	文件名称：审核计划
	文件编号：××-08

审核计划

受审核方名称：××研究所　地　址：××省××市××路×号
其他地址：
邮　编：8888888
电　话：8888-88888888　　传　真：　　　联系人：张三

审核类型	初次认证
审核日期	202×年×月×日至 202×年×月×日
审核目的	初次认证二阶段，评价客户管理体系的实施情况，包括有效性，以确定是否推荐认证；
审核范围	涉及的产品（服务）、活动：
	涉及的场所及部门，××省××市××路×号（管理层、知识产权与成果管理部门、科研项目管理部门、财务资产处、人力资源、办公资源调配、信息中心、研究生处、项目组）
	涉及的时期，202×年×月至本次现场审核结束日
审核准则	GB/T 33250—2016，委托方知识产权管理体系文件，适用的法律法规和其他要求

审核组组成

姓名	性别	人员编号	职责	注册级别	注册证书号
×××	男	A	组长	审核员	8888-ABXD-1234567
×××	男	B	组员	审核员	8888-ABXD-1234567
×××	女	C	组员	审核员	8888-ABXD-1234567

注1：审核组成员已声明与贵方不存在任何利益关系，且均已承诺将对有关贵方的文件、资料以及在审核过程中所获得的信息保密，未经贵方书面许可，不会向第三方提供。贵方若需了解这些人员的背景情况或对审核组成员有异议，可与我们联系，我们将提供相关信息或调整审核组（若3个工作日内贵方没有提出异议，我们将认为贵方接受该审核组）。

注2：贵方对审核过程中如有申诉、投诉或争议，可与我方联系。

注3：必要时，审核组长在征得贵方同意后，可调整本计划。

审核组长：　　　日期：　年 月 日　　受审核方代表：　　　日期：　年 月 日

审核确认：　　　日期：　年 月 日

图8-3　知识产权管理体系审核计划1

××认证有限公司	文件名称：审核计划
	文件编号：××-08

附表：审核活动安排

受审核方名称：××	时间	组别	拟审核的过程或活动及相关的标准条款	涉及的部门
2019-11-21	08:30—09:00	ABC	首次会议	管理层、各部门负责人
2019-11-21	09:00—09:30	A	202×年×月×日至202×年×月×日	管理层、管理者代表
2019-11-21	09:00—12:00	B	4.2；5.5；5.6.1；5.6.2；6.1.4；6.1.5；6.4	项目组一
2019-11-21	09:00—12:00	C	4.2；5.5；5.6.1；5.6.2；6.1.4；6.1.5；6.4	项目组二
2019-11-21	09:30—12:00	A	4.2；5.3；5.4；6.3；6.4；7.1；7.4；8.1；8.2；8.3；8.4；9；11.1	知识产权与成果管理部门
2019-11-21	12:30—16:30	B	7.1；7.2；7.3；7.4；9；11.1	项目组一
2019-11-21	12:30—16:30	C	7.1；7.2；7.3；7.4；9；11.1	项目组二
2019-11-21	12:30—17:00	A	4.2；5.5；5.6.1；5.6.2；6.1.4；6.1.5；6.4；7.1；7.2；7.3；7.4	项目组三
2019-11-21	16:30—17:00	ABC	审核组补充审核；内部沟通	—
2019-11-22	08:30—12:00	A	4.2；5.3；4.4 ；6.2 b)；6.4 c)；10.1；11.1	办公室、档案、资源调配
2019-11-22	08:30—12:00	B	4.2；5.3；6.2；10.2；11.1	资产财务处
2019-11-22	08:30—12:00	C	4.2；5.3；6.1.1；6.1.2；6.1.3；11.1	人力资源
2019-11-22	12:30—15:30	A	6.1.5；	研究生处
2019-11-22	12:30—15:30	B	4.2；5.4；6.2 d)；11.1	信息中心
2019-11-22	15:30—16:00	ABC	审核组补充审核；内部沟通	—
2019-11-22	16:00—16:30	ABC	202×年×月×日至202×年×月×日	管理层
2019-11-22	16:30—17:00	ABC	末次会议	管理层、各部门负责人

图8-4　知识产权管理体系审核计划2

27. 知识产权管理体系证书应包括哪些内容？

（1）认证委托人的名称和地址；

（2）认证范围；

（3）认证依据的标准或者技术规范；

（4）认证证书编号；

（5）认证类别；

（6）认证证书出具日期和有效期；

（7）认证机构的名称、地址和机构标志；

（8）认证标志；

（9）其他内容。

某研究所知识产权管理体系认证证书见图 8 - 5、图 8 - 6。

图 8 - 5　知识产权管理体系认证证书 1

图 8-6　知识产权管理体系认证证书 2

第九章　持续改进

持续改进是指为了提高满足要求的能力而反复进行的循环活动，它注重不断提高管理体系的有效性和效率，从而实现管理方针和目标，持续地满足科研组织和相关方的所有要求。

完成知识产权管理体系建设和通过第三方认证不是知识产权管理体系建设和运行的终结，知识产权管理体系的持久运行需要不断投入人员、精力和资金，这样才能源源不断地产出具有高价值的知识产权。前面几个过程输出的结论是下一个过程改进完善的输入，认证只是阶段性的目标和成果，体系初步得到了外界认可，但是体系是一个长期的不断发展的过程。本着不忘初心、规范管理、提高质量、促进转化的思路不断改进体系的建设。

持续改进是永无止境的。持续改进是对科研组织工作的一种期待，持续改进的关键是使体系长期有效地运转，把贯标的工作一直不断地推动下去。将知识产权管理体系作为一个常态化的机制，融入科研组织的相关管理体系之中，共同为组织的发展发挥良好的作用。

在体系的建设和运行过程中，不断地了解知识产权管理体系的本质、了解过程方法的意义，不断提升管理水平，增强竞争力，提出管理新思路。采用 PDCA 循环总结、检查体系运行的结果，对成功的经验加以肯定，并予以标准化或制定作业指导书，便于以后工作时遵循；对于方案效果不显著的情况或者实施过程中出现的问题，进行总结，为开展新一轮的 PDCA 循环提供依据。通过流程的固化和可追溯性，提升对现有工作效率和效果的掌控能力。

《科研组织知识产权管理规范》是实现组织自我进化管理的向导，科研组织要想在激烈的竞争中屹立不倒，就要不断地进化、前进。科研组织的进化管理能够不断地改进运行过程，能够使组织的最高决策者站在更好的角度观察组织的内外部变化，从而实现可持续发展，能够促进投入产出最大化，可以起到激励、鞭策作用，提升员工的危机感。应持续改进知识产权管理体系，唯有不断改进体系，才能保证体系的有效运行。

知识产权管理体系建设是一个从有到优、从优到精、持续改善的过程。因此，持续改进不仅是一种理念，更是一种状态，是最终要达到自主的状态，能够使科研组织通过知识产权管理体系建设和持续改进达到自我更新和提升的境界。

问题及解答

1. 通过认证后如何做到知识产权管理体系的持续改进？

通过认证后应持续改进知识产权管理体系，能保证体系的有效运行，主要表现在以下四个方面。

（1）通过管理体系的现有过程如方针、目标的管理，审核的结果，数据分析，管理评审及实施《科研组织知识产权管理规范》认证纠正措施，由各部门按知识产权管理体系文件的要求实现日常持续改进，并提出改进要求，按PDCA循环步骤实施促进管理体系的持续改进。

（2）管理层应采取有效的措施和方法促进员工树立持续改进意识，积极地寻找改进机会。

（3）知识产权管理部门在识别、确定培训需求时，应将持续改进工具和方法作为培训内容之一。

（4）知识产权管理部门负责每年对组织持续改进工作进行总结，形成组织新一年的改进工作计划并提交管理评审，以实现持续改进。

2. 持续改进的概念和特点分别是什么？

持续改进，是增强满足要求的能力的循环活动。制定改进目标和寻求改进机会的过程是一个持续过程，该过程使用审核发现和审核结论、数据分析、管理评审或其他方法，其结果通常导致纠正措施或预防措施。

持续改进的关键因素是全体员工的努力、介入、自愿改变和沟通。"持续改进"的策略是日本管理部门中最重要的理念。持续改进方法最初是一个日本管理概念，指逐渐、连续地增加改善。持续改进被作为系统层面的一部分加以应用并进行改进，是日本持续改进之父今井正明在《改善——日本企业成功的关键》一书中提出的，持续改进意味着不断改进，涉及每一个人、每一环节的连续不断地改进，从最高的管理部门、管理人员到工人。

为了赢得激烈竞争和相关方的信任，科研组织导入《科研组织知识产权管理规范》等标准，这些标准都非常重视对关键过程的标准化及其不断地完善。如果引入标准，就必须在此基础上不断完善，不论是在标准导入的准备阶段，还是在导入标准后，都要认真实施 Kaizen 活动。在现状测量和分析的基础上，制定可行的解决方案，优化选择改进方案。建立现场改进的标准和维护制度，运行并维持改进效果，反馈问题解决方案、改进实施。

持续改进有以下几个特点：

（1）全员都可以参与改进提案制度；

（2）改进是领导层需要关注的课题；

（3）改进要体现在实际运行中；

（4）要建立专家诊断制度。

3. 持续改进活动包括哪些方面？

（1）确定、测量和分析现状：科研组织可通过体系审核和评审、信息反馈以及其他信息来源搜集信息并对现状进行系统分析，识别存在的问题或不足之处，论证需要改进的必要性进而确定应进行改进的方向。

（2）建立改进目标：根据确立的改进方向，研究制订具体的改进目标，目标值的确定应保持现实性和先进性。

（3）寻找可能的解决办法：科研组织应就需要改进的方向，针对当前存在的问题进行原因分析，对造成后果的重要性进行评价，并围绕改进的目标研究合适的改进措施和解决办法，可提出多个解决方案，选定经济合理的最佳改进方案。

（4）实施选定的解决方案：当组织确立改进方向、改进目标和确定改进方案后，负责改进的部门应切实贯彻实施改进活动。在实施中，科研组织还应加强检查和督促改进活动的进度，并协调解决实施改进中存在的问题，确保改进活动顺利进行。

（5）测量、验证和分析实施的结果：组织应对实施改进措施的结果进行测量和评价，验证、分析实施改进措施的结果是否达到预期目标所规定的要求。对确认达到目标要求的项目，按改进后的过程方法和要求实施控制。

（6）将更改纳入文件：对经过确认的改进应修改相关知识产权管理文件。

4. 应如何做到既能保障日常体系稳定运行，又能做到持续改进呢？

持续运行，关键在持续，无论做什么事，都要日复一日地做好。改进是持续进行的，要反复抓、抓反复、抓提高。建议应采取保持稳定和改进并重的做法。

首先，通过流程化的方式，将现有稳定的知识产权管理业务过程固化下来。其次，通过指标检测现有的工作效果和效率。找到可以改进的空间后，再调整指标或调整流程。也就是说，改进的过程应当是先固化、再检测、找空间、再改进，然后再固化的过程。因此，不但要建立标准、维护标准，还要提升标准。每天改善一点点，每天进步一点点。小到每个专利申请需要的检索程序和审批程序，大到成果转化过程中的每个交易的知识产权审核，从表单到流程、从过程到系统，进行认真的自查，进行改进，完成持续不断的改进。扎扎实实地走好每一步，科研组织的知识产权管理才会得到真正的发展。也许在实施的当时，还意识不到这种转变的幅度，未来回顾时，才能看清楚转变和提升的幅度有多大。

5. 知识产权管理体系在持续运行中应注意哪些问题？

在知识产权管理体系实施持续改进过程中，有几个问题值得注意。

首先，管理层要切实重视。持续改进是一种艰苦的修炼，需要假以时日方能收到明显成效。

其次，持续改进需要科研组织内部的紧密协作。在不少情况下，持续改进的各个环节都涉及很多不同的管理部门和研究部门。只有紧密协作和沟通开放的文化才能保证运行和改进效果，避免改进可能造成的不利影响。

最后，全员参与。没有全员的参加，就没有全面的管理。少数人参与的改进不仅难以促使科研组织知识产权管理体系发生飞跃，并且难以持久。要依靠每位员工积极参与和建言献策，才能提高整个科研组织的持续改进能力。

因此领导重视、紧密协作和全员参与是持续运行和改进中应注意的主要问题，做好这三点，稳定的持续运行和不断的改进提升就水到渠成了。

6. 合同中的知识产权管理如何进行适应性调整？

一般情况下，在进行技术委托开发或合作开发时，尤其要重视对知识产权成果归属的约定。约定与否，对知识产权的最终归属有很大的影响。因此，参与技术开发的当事人应尽量在合同签订时对开发过程中产生的专利及技术秘密等知识产权成果的归属问题进行明确约定，避免后续出现知识产权权属纠纷，造成知识产权成果的流失。

在原《中华人民共和国技术合同法》（以下简称《合同法》）的条文中，直接或间接涉及知识产权，如使用权、转让权、申请专利权、转让申请专利权、专利权、专利实施权、后续改进权、开发新成果权、发明权、技术成果权、荣誉权、身份权、受奖权等。2021年1月1日起，《中华人民共和国民法典》（以下简称《民法典》）正式实施，其中涉及技术合同的条款共四十五条，体现在第三编（合同编）第二分编（典型合同分编）第二十章第八百四十三条至第八百八十七条。《民法典》在《合同法》的基础上对部分技术合同条款作了适当修改，区分了技术转让合同和技术许可合同，增加了其他知识产权的转让和许可、工作费用的负担等条款。对照《科研组织知识产权管理规范》合同管理条款的要求，应进行适应性调整，知识产权管理体系中技术合同的知识产权管理应同时满足标准和法律的要求。

科研组织在落实合同管理的知识产权要求时，首先要区分不同的合同类型提出适宜的知识产权条款要求，不应当一刀切。比如人事合同、采购合同、技术合同，其主管部门和合同中的知识产权条款内容和要求都不一样。还要考虑合同双方的实力对比、话语权的强弱等，可以按照合同的重要程度、金额和不同来源考虑知识产权的博弈要求，对价以及平衡点。知识产权管理部门可以根据以上因素，结合科研组织的发展要求，逐步细化不同类型合同的知识产权管理并且将评审过程形成记录。通常情况下，发明人报酬是由另外的制度规定的，在合同中不经常出现这类约定，这一点可以在审核时提供另外的证据，供审核员参考。《科研组织知识产权管理规范》中6.3 d）要求技术合同涉及国家重大专项等政府项目时，应理解该项目的知识产权管理规定并按照要求管理。但是在目前情况下，有些科研组织技术合同评审和科研项目管理并不在一个部门，想要在签署横向合同时了解项目来源有一定难度。因此，这是未来技术合同管理的一个改进的方向，需要科研组织关注这方面内容并研究未来改进的解决方案。

7. 如何落实和加强信息披露的知识产权管理？

《科研组织知识产权管理规范》信息管理条款要求建立信息披露的知识产权审查机制。信息化时代，纵观科研组织有很多条信息披露的路线条，如网站信息发布、公众号发布、学术会议发布等。产学研合作是科研组织成果转化的主要形式，企业来访几乎每天都发生，科研人员去企业交流也很频繁，这里面包含了很多的信息交流和披露。企业来访和学术报告等交流模式的知识产权信息披露如何做到事前审查，是体系建设中的难点。如果增加繁复的审批程序势必会打击科研人员交流的积极性和企业来访的兴趣，因此，需要在保证正常业务的情况下，加强对科研人员的培训，时常提醒科研团队的负责人在派员外出做技术报告或者接受企业来访前，对披露的信息内容进行审核评估，审核是否适合披露，审核参观场所是否会泄露还没有申请专利的技术秘密等。如果能够在事前进行邮件或书面的审批程序就更加理想。信息披露的管理是个循序渐进的过程，要坚持不断地培训，加强科研人员和学生对信息披露的认识，逐渐从被动执行到主动落实，真正建立信息披露机制。

8. 做不到全部项目的全过程管理怎么办？

对于大中型的科研组织来讲，通常有上千名科研人员和研究生，纵向和横向的科研项目也有成百上千个，要想一次性地把成百上千个项目都严格按照《科研组织知识产权管理规范》科研项目条款的要求马上进行严格的知识产权全过程管理确实有一定的难度。因此，初次建设体系，需要根据科研组织的情况，结合科研项目的来源和重要程度，首先对项目进行分级分类，开展分级管理，配备知识产权专员。人才是做好项目管理的关键，对于重大项目，建议要指定或培养至少一位专职或者兼职的知识产权专员，有条件的项目组可以设置专职的知识产权专员。在体系建设初期，要对重大项目的知识产权按照《科研组织知识产权管理规范》的科研项目条款进行管理。项目分类和选择要兼顾体系覆盖范围和认证的要求，其他类型的项目要参考上述要求逐步地规范起来，用一定的时间周期，逐渐把大部分项目纳入体系中来。如果一次性强行要求所有项目都必须符合标准要求，很多科研组织就会产生畏难情绪，甚至拒绝体系。因此，采用因势利导、循序渐进的方式逐渐实现科研项目的全过程知识产权管理，符合《科研组织知识产权管理规范》的初衷，也能提升科研组织导入体系的积极性，是一种符合实际的科研项目全过程管理导入模式。

9. 未披露信息的管理如何导入和改进？

技术秘密（Know-How）又称为专有技术、技术诀窍或者非专利技术，是一种处于保密状态的、能够解决特定实际问题的、可以传播和转移的技术。作为一种能够解决某一实际问题的诀窍或方法，技术秘密具有技术价值和经济价值。技术秘密管理的内容包括设置技术秘密管理机构，制定技术秘密管理规定，管理技术秘密的日常事务等。由于技术秘密本身的特殊性，技术秘密的知悉范围应尽量小。从事国防项目的科研机构一般会有保密处或者保密办，主要负责国家秘密的监督和管理，但对于科研组织的技术秘密或商业秘密的管理往往是空白。《科研组织知识产权管理规范》一定程度上扩大了技术秘密或商业秘密的范围，将科研组织未对外披露的信息统称为未披露信息，并在"第九章 知识产权保护"中提到了未披露信息的管理，但是在实际导入的过程中，很多科研组织感觉无从下手。有的科研组织将科研过程中的全部未披露信息都严格按照国家秘密的管理要求进行管理，导致科研人员束手束脚，难以提升工作效率，产业化和成果转化效率不高。有的科研组织是无所谓的态度，认为没有什么技术秘密和商业秘密，给予科学家高度的自主权，直到出现人员离职或出国，由于未披露信息的提前披露或者不恰当披露导致科研组织或国家蒙受损失后才发现这是一个问题。

因此，未披露信息的知识产权管理是一个需要在未来不断规范和加强的管理事项，只是要逐步进行。首先从培养员工对未披露信息的意识开始，制定管理办法和规定，明确管理机构，确定人员审查技术秘密保护范围和保护状态，管理科研组织持有的技术秘密，保护技术秘密不被侵犯并注意防止侵犯他人的技术秘密，有条件的科研组织可以按实际情况确定并落实相关人员的保密津贴。在初次认证阶段最好能先梳理科研组织的未披露信息台账，识别哪些是需要保护的信息，然后逐步定密，明确管理的人员、部门和机制等。

10. 科研组织知识产权纠纷应对机制如何建立？

《科研组织知识产权管理规范》第九章中提到要建立知识产权纠纷应对机制，设立经常性知识产权经费，包括纠纷处理的费用。特别强调了及时发现和监控知识产权风险，纠纷发生后能够适时地通过相关途径处理相关纠纷。这也是科研组织日常工作忽略的一点，没有发生过纠纷的科研组织，很难意识到风险防控机制的重要性，应该防患于未然，制定风险规避方案。如果内部资源不充分，可以引入外部的律师事务所或者知识产权服务机构协助科研组织分析目前现状，提出风险规避方案。

对于重大项目或者有很好产业化前景的转移转化项目，要提前分析准备专利布局，及时进行专利预警分析，技术转让之前要进行技术的侵权分析，为承接技术的企业保驾护航。

一旦发生了纠纷或者诉讼，要请专业的机构或者专业的人员协助科研组织处理。内部的知识产权或者法务人员在风险预案的基础上，及时识别需要借助的途径或者机构，寻求专业人员的帮助，积极应对，为科研组织争取有利的结果。

第十章　案例分享

一、　中科院大连化学物理研究所的知识产权管理体系建设总结

2019 年 5 月，中科院大连化学物理研究所通过知识产权管理体系认证，是我国第一家通过该认证的科研机构。此次认证为中科院分期分批推进贯标工作创造了良好开局，积累了宝贵经验，也为中科院在国家科技创新体系中发挥率先引领作用提供了有效的支撑。

（一）研究所的基本情况

中科院大连化学物理研究所（以下简称"大连化物所"）创建于 1949 年 3 月，是一个基础研究与应用研究并重、应用研究和技术转化相结合，以任务带学科为主要特色的综合性研究所。70 多年来，大连化物所通过不断积累和调整，逐步形成自己的科研特色。大连化物所的发展战略为"发挥学科综合优势，加强技术集成创新，以可持续发展的能源研究为主导，坚持资源环境优化、生物技术和先进材料创新协调发展，在国民经济和国家安全中发挥不可替代的作用，创建世界一流研究所"。大连化物所的重点学科领域为：催化化学、工程化学、化学激光和分子反应动力学以及近代分析化学和生物技术。

大连化物所围绕国家能源发展战略，于 2011 年 10 月启动了洁净能源国家实验室（DNL）的筹建工作，DNL 是我国能源领域筹建的第一个国家实验室，有燃料电池、生物能源、化石能源与应用催化、节能与环境、低碳催化与工程、太阳能、储

能技术、氢能与先进材料、能源基础和战略、能源材料（筹）、能源研究技术平台等 10 个研究部和 1 个研究平台。2016 年以来，大连化物所按照中科院的统一部署，经过反复研讨和凝练，确定和完善了研究所"十三五"期间的"一三五"规划，即一个定位："以洁净能源国家实验室为平台，坚持基础研究与应用研究并重，在化石资源优化利用、化学能高效转化、可再生能源等洁净能源领域，持续提供重大创新性理论和技术成果，满足国家战略需求，发挥不可替代的作用，率先建成世界一流研究所"；四个重大突破："基于自由电子激光平台的能源化学转化本质与调控，以合成气制乙醇为代表的化石资源转化利用，新型动力电源与储能技术，以化学激光为代表的化学能高效转化"；九个重点培育方向："太阳能光—化学和光—电转化技术及科学利用，秸秆催化转化利用技术，甲烷和合成气直接转化制高值化学品，微反应技术，基于组学分析新技术的转化医学研究，寡糖农用制剂创制及应用推广，生态环境监测技术及设备，绿色高效推进技术，高通量、高效富氮膜技术"。

2017 年 10 月，中科院批准依托大连化物所筹建中科院洁净能源创新研究院，按照国家实验室体制机制模式运行，加快构建"1 + X + N"开放融合的创新组织体系，组建能源领域强大科技创新"集团军"。2018 年 4 月，中科院批准依托大连化物所启动实施"变革性洁净能源关键技术与示范"A 类先导专项，总经费 16 亿元，通过变革性关键技术突破与示范，实现化石能源、可再生能源、核能的融合发展，为构建我国清洁低碳、安全高效的能源体系提供技术支撑，为争取洁净能源国家实验室创造条件。

2011 年以来，大连化物所取得各类科研成果 280 余项，以第一完成单位获得省部级以上奖励 70 余项，其中获得国家奖励 8 项，中科院、省部级一等奖 15 项。2013 年，张存浩院士获得国家最高科学技术奖；2014 年，"甲醇制取低碳烯烃技术"获得国家技术发明一等奖。发表 SCI 论文总数 8447 篇。其中，影响因子大于 5 的 3016 篇，1005 篇学术论文发表在 Science、Nature、Angew. Chem.、JACS 等顶级学术刊物上（影响因子 >9）。出版科技专著 27 部。累计申请专利 8255 件，其中发明专利 7366 件，累计专利授权 2937 件，其中发明专利授权 2602 件。

（二）贯标时间、证书以及企业领导对创新、知识产权、贯标和认证工作的认识

2013 年开始关注企业标准贯标的进展，首先派员参加企业标准的培训学习，研

究企业标准与科研组织的情况差异，参与《科研组织知识产权管理规范》的调研、起草议案反馈等相关工作。2015年，中科院选取13个研究所开展贯标工作试点，大连化物所是13家试点所之一；2018年中科院部署32家研究所开展《科研组织知识产权管理规范》贯标工作，作为落实知识产权强国战略和中科院促进科技成果转移转化专项行动的重要举措，大连化物所响应院里部署，自愿申报成为32家贯标单位之一。大连化物所把贯标工作作为研究所梳理管理制度，发现管理短板，优化管理模式，提升管理水平，切实发挥知识产权对科技创新活动的有效引领、支撑、保障作用的绝佳契机。所领导高度重视，全体员工积极参与，各部门通力合作，扎实稳步推进贯标工作，围绕创新链和产业链，全力打造知识产权创造、运用、保护、管理和支撑服务的全链条。2019年5月，大连化物所通过知识产权管理体系认证，是我国第一家通过该认证的科研机构。2020年5月底，大连化物所又率先通过监督审核，为中科院分期分批推进贯标工作创造了良好开局，积累了宝贵经验，也为中科院在国家科技创新体系中发挥率先引领作用提供了有效的支撑。

（三）体系建设的作用

1. 围绕科研战略凝练知识产权方针目标

大连化物所发展定位是"以洁净能源国家实验室为平台，坚持基础研究与应用研究并重，在化石资源优化利用、化学能高效转化、可再生能源等洁净能源领域，持续提供重大创新性理论和技术成果，满足国家战略需求，发挥不可替代的作用，建设世界一流研究所"。战略层面统一部署研究开发和知识产权管理，使科研创新和知识产权管理互相支撑、互相促进，达到战略层面的有效联动和高度统一。

研究所贯标以来，所务会讨论确定研究所知识产权方针和目标，在战略层面确定了研究所未来知识产权发展方向，即"围绕研究所科技发展战略需求，加强技术创新和保护，支撑产业发展，创造核心知识产权，促进和保障成果转化运用，持续保持科技领军优势，建设世界一流研究所。"并把"形成以核心知识产权保障优势研究领域的有效发展模式，引领全球技术创新发展趋势，实现海外知识产权保护运用体系，不断提升研究所的竞争力和影响力"作为研究所中长期目标。知识产权管理规范是知识产权管理领域的最佳实践的总结，是知识产权战略落地的工具指南。

2. 以重大产出为导向, 促进科研项目全过程管理

贯标启动以来, 大连化物所成立了所长任领导组组长, 所务会全体成员为领导组成员的领导小组, 重视和支持贯标工作, 成立了协调小组进行部门协调, 成立了工作组具体推动贯标工作, 以促进重大产出为导向, 优化研究所科研布局, 逐步推进知识产权全过程管理, 构建合理的知识产权布局和保护体系, 促进高价值知识产权培育, 防控研究所知识产权风险。成立专项基金, 促进学科交叉与融合。在重大项目的科研项目管理过程中, 落实项目分类与知识产权全过程管理, 尤其针对中科院先导项目, 涉及的团队多, 科研人员多, 产出多。为落实全过程管理, 知识产权部门与科研项目管理部门和研究团队共同研究, 统筹协调, 调动各方面的力量, 研究制定了科研项目立项、执行验收的知识产权分析报告的撰写流程和专利分析流程, 并多次组织培训, 让知识产权专员掌握专利检索方法和报告的撰写方法。全所有100多个重要项目纳入全过程管理, 促进了重大项目的专利布局, 为将来的转化运用打下了良好的基础。

3. 培养知识产权人才, 专业的人做专业的事

让专业的人做专业的事, 培养知识产权人才队伍。让懂得专利相关知识的人在研发前期就参与进来, 对于专利布局是十分有益的。中科院知识产权专员培训自2008年以来, 为各研究所培养了一大批知识产权人才, 也带动更多的年轻人从事知识产权方面的工作。希望中科院有关部门加大对知识产权专员的支持力度, 建立以知识产权专员队伍为基础的工作网络, 培养出更多既懂技术又懂知识产权的复合型人才, 为创新输入源源不竭的动力。大连化物所近10年来培养了近100名院级和所级知识产权专员, 覆盖研究所重点学科和科研领域, 并深入科研一线, 成为科研团队的标配。大连化物所采购了大量数据库资源和检索软件, 并针对重点学科自主部署专利导航课题, 鼓励专员积极参与, 以赛代练, 不断提升能力, 更好地为科研团队服务。为了服务知识产权管理体系建设, 研究所又培养了10多名知识产权管理体系内审员, 在2019年和2020年内审和外审的过程中, 具有内审员资格的知识产权专员全程参与, 起到了很好的锻炼作用。

(四) 研究所知识产权方面的典型案例

为了战略防御和保持竞争优势, 进行专利群的部署十分必要。要将所有可能的

技术方案都分别申请专利，以形成一个"专利群"。围绕核心技术形成核心专利的基础上，要不断根据市场需求和竞争需要申请大量的外围专利，保护自己，打击和防御对手，既能防御也能出击，形成一系列的"专利群"，从而最大限度地保护自己的专利技术，这样才能保护应用技术在市场中的顺利转化和运用。例如，甲醇制取低碳烯烃（DMTO）技术自1991—2020年共申请国内外专利500余件，其中已获得授权200余件，外国专利50多件，已经分别进入美国、欧洲、日本等十余个国家和地区申请保护，构成国内外专利群，形成比较完善的知识产权保护体系。截至目前，DMTO技术已成功投产10套，获得巨大经济效益，该项目获得2014年度国家技术发明一等奖、专利金奖等多项奖励。

基础研究应注重知识产权保护。基础研究，除了发表高水平的文章，还需要在早期进行专利布局，注重知识产权保护，培育核心专利，为后期的应用研究及产品开发夯实基础，尽可能地跑马圈地，扩大保护范围。大连化物所包信和院士领导的团队在"合成气直接转化制低碳烯烃"基础研究方面取得了重大原创性成果，大连化物所知识产权管理部门与研究团队紧密配合，围绕该成果开展专利导航，加强专利布局，特别是海外专利布局，申请并获得授权多项国外专利，形成全方位的知识产权保护体系。

加强海外专利保护与布局，促进技术创新和转化运用。随着海外知识产权布局成为迫切需求和热点问题，海外专利布局策略越来越重要。海外布局具有一定的前瞻性，需要基于对产业的分析和判断以及研究所的战略发展目标而未雨绸缪。在实践中，海外布局是综合多因素进行的战略布局，如何进行有效的海外布局，则需要结合产业发展状况、企业商业目标等系统性、针对性地规划。2019年，大连化物所某项技术的核心专利被荷兰公司在欧洲专利局提出异议。在中科院科技促进发展局、IP中心支持下，大连化物所积极应对，最终与荷兰公司达成和解，并以合理价格许可该公司开展海外运营。这次成功维权有力保护了大连化物所原创技术的国际专利效力和未来市场地位，为国家及中科院未来海外专利保护提供了宝贵经验。

（五）对贯标咨询及认证工作的认识

大连化物所探索知识产权标准化管理5年有余，在中科院的统一部署和国家知识产权局的支持指导下取得阶段性成果，为研究所科研创新活动提供了有力保障，也为中科院贯标试点工作积累了宝贵经验，贯标的主旨和研究所一直以来寻求的管理模式和要求不谋而合，通过标准的贯彻执行强化了研究所的知识产权战略、促进了实施。

在选择辅导或者认证机构中，研究所应加强与辅导机构和认证机构的沟通，辅导或审核组人员应了解研究所的科研体系和文化，不断提高业务专业水平，咨询辅导和审核过程中针对研究所的具体情况提出建设性的改进意见，为研究所知识产权管理体系的改进提升起到支撑作用。

二、 中科院长春光学精密机械与物理研究所的体系建设总结

（一）知识产权管理体系建设过程

根据《科研组织知识产权管理规范》（GB/T 33250—2016）❶❷ 建设中科院长春光学精密机械与物理研究所（以下简称"长春光机所"）知识产权管理体系并持续改进。

知识产权管理规范贯标流程总体上可分为统一认识、贯标筹备、调查诊断、框架构建、文件编写、教育培训、实施运行、评价改进等八个步骤。

1. 统一认识

贯标预期决定科研组织知识产权贯标工作的成效，而统一认识是顺利开展知识产权管理体系建设的基础❸。

作为首批贯标单位，长春光机所知识产权贯标工作得到全所上下的重视理解和大力支持。所领导班子在深刻认识知识产权作为长春光机所竞争力核心要素的基础上，确立了长春光机所"规范管理、激励创造、优质发展"的知识产权方针，多次以所务会议形式听取贯标策划工作汇报，就知识产权体系建设要求、职责分配和科研项目管理等提出明确指导意见，为贯标工作顺利开展提供了坚实保障。

在贯标期间，长春光机所所领导班子认真听取调研诊断情况及建议方案、内审工作等相关汇报，全员出席贯标启动会、贯标宣讲会、管理评审会、现场审查首末次会议等重要活动。领导重视示范带头，全所职工统一认识，明确贯标工作预期并为之不断奋斗，是长春光机所知识产权贯标工作顺利开展、体系运行务实有效的基石。

---

❶ 《科研组织知识产权管理规范》编制说明。

❷ GB/T 33250—2016，科研组织知识产权管理规范［S］. 北京：中国标准出版社，2016.

❸ 臧春喜，王卫军，王雪梅. 基于系统思维的军工企业知识产权管理模式研究［J］. 中国航天，2017（1）：37－40.

2. 贯标筹备

在包括质量体系贯标、企业知识产权管理体系贯标等工作中，很多单位在贯标筹备阶段着力于贯标规划和组织贯标启动会，主要工作内容包括确保最高管理者参与、确定管理者代表、成立贯标工作组、召开启动会、辅导机构解读标准等。长春光机所知识产权贯标筹备阶段根据研究所自身实际将主要工作内容确定为标准解读、咨询调研和贯标方案策划三部分。

长春光机所知识产权与成果转化处作为知识产权主管部门和贯标牵头部门，将标准解读前移到贯标筹备阶段，管理者代表和知识产权与成果转化处人员深入研读标准，理解条款要求，初步分解部门职责，确定贯标重点工作。

除了自学研读，长春光机所积极与各方面专家交流研讨，与国家知识产权局、中科院科技促进发展局、认证机构就标准条款理解和认证要求等进行交流，学习大连化物所等中科院贯标试点单位的经验，与质量管理专家交流体系建设及运行经验、提前布局研究所内多体系融合工作等。

长春光机所从时间、程序、部门三个维度策划了详细的贯标工作方案。其中，程序维度关注体系建设与标准的符合性，时间维度保障各项工作按照时间节点推进，部门维度便于跟踪协调相关部门工作进展。

通过上述工作，贯标牵头部门对贯标工作心中有数，对宣贯贯标、解答疑问更有信心，对协同部门的输入更加明确，为其他管理部门和基层科研部门节省了大量时间精力，大大提高了贯标工作推进效率。

3. 调查诊断

调查诊断的目的是深入了解研究所知识产权管理实践，逐条对比标准条款要求，查找不足提出改进方案，明确部门职责，收集制度文件，在各部门指定专人配合贯标工作，为推进知识产权管理体系建设提供输入。

长春光机所从两个视角出发开展调查诊断。一是从知识产权主管部门的视角，对长春光机所知识产权情况进行总体分析，从数据切入发现问题。二是对所内部门进行走访调研，从基层部门视角讨论标准落地的具体方案。

在前期贯标方案策划基础上，贯标牵头部门有针对性地与相关部门进行研讨，了解部门与知识产权有关的工作事项和主要流程，就涉及的标准条款与相关部门确认管理职责，收集与知识产权管理相关的制度流程和对应表单，听取该部门是否有其他知识产权管理需求，同时要在该部门确定专人负责配合贯标工作组后续工作。调研信息应及时形成记录，并与相关部门进行确认。

在对标中要注意将 GB/T 33250—2016 的全部条款落实到部门，暂不能落实职责部门的条款，贯标牵头部门应秉持开放的态度组织相关部门商讨管理方案，必要时可提交所务会决策。

收集制度程序及第三层次文件，与《科研组织知识产权管理规范》条款要求逐一对标，将可以沿用、需要修订和需要新增的制度文件进行分类，此时已具备撰写知识产权管理体系文件初稿的基础，可转入下一步知识产权体系框架建设阶段。

4. 框架构建

在调查诊断基础上开始构建知识产权管理体系框架，本阶段主要工作是建立管理架构、明确管理职责、制定方针目标、建立贯标队伍、针对单项工作提出管理草案。

建立管理架构，即策划知识产权管理体系覆盖范围，形成组织机构图。最高管理者和管理者代表是组织机构图中必要的组成部分。对于科研组织而言，组织机构图中一般包括但不限于管理与支撑系统、研究系统、产业系统，知识产权服务支撑机构可设在科研组织内部，也可聘请外部服务机构，由于其受知识产权管理机构委托承担标准规定相应职责，可作为知识产权管理机构的下级机构体现在组织机构图中。

明确管理职责，通过形成职能分配表和知识产权手册中对各部门知识产权职责的具体描述来体现。

制定方针目标，既要兼顾现在，也要着眼未来。知识产权方针和中期、长期目标应通过知识产权手册予以发布。知识产权年度目标和部门目标一般依据年度知识产权目标制定实施程序，每年制定和实施。

建立贯标队伍，由最高管理者在最高管理层中指定专人作为管理者代表总体负责知识产权管理事务。队伍组成方面，各管理与支撑部门由部门负责人作为直接责任人，同时确定专人具体负责体系建设中与本部门有关的制度流程交流、修订、内外审联络等工作，各研究部室中由部门负责人作为直接责任人，同时确定专人具体负责体系建设中相关工作，以及通知转达、培训组织、内外审联络、本部门知识产权目标过程监测等。中科院、所级知识产权专员❶是长春光机所贯标工作中一支非

---

❶ 肖尤丹. 中国科学院知识产权专员制度评析［J］. 科技促进发展，2012（7）：42－48.

常重要的力量。此外，长春光机所出资成立的长春中科长光知识产权运营有限公司作为知识产权服务支撑机构在研究所贯标过程中做了大量辅助性工作。

长春光机所于 2019 年 9 月 7 日召开长春光机所知识产权贯标工作启动会，成立贯标工作组，明确贯标工作总目标、任务分工及计划节点，邀请国家知识产权局专家解读标准，由最高管理者对贯标工作提出具体要求。

5. 文件编写

文件编写是前期工作基础上，结合科研组织自身情况对标结果。按照知识产权管理体系框架及标准中"4.3 知识产权手册"和"4.4 文件管理"的要求，编制形成知识产权管理体系文件。体系文件主要包括知识产权手册、知识产权程序文件、有关的第三层次文件和记录文件等。

标准中要求编制知识产权手册并应保持其有效性。知识产权手册中应阐明科研组织的知识产权方针和知识产权目标，描述组织知识产权管理体系的具体实施要求。手册中应包括知识产权手册签署页、管理者代表任命书、组织机构图、职能分配表、正文、知识产权管理体系制度文件、程序文件、记录文件目录等。

知识产权程序文件描述了针对某项管理内容的具体实施要求。程序文件的格式和内容由组织自行确定，能沿用的管理文件应尽量沿用，标准未对文件形式做特殊要求。考虑到在知识产权管理体系新建过程中会涉及大量的修订文件和新增文件，如能规定统一的内容和格式要求，将为管理文件集结成册、使用者熟悉适应带来很大的便利。

在正式开始组织文件编写前，长春光机所在前期贯标策划初步方案、所内相关部门意见征集等基础上聚焦技术秘密管理、科研合同管理、科研项目全过程知识产权管理、人力资源管理等重点工作邀请专家进行管理方案评审。

长春光机所通过 A、B 双角色协同方式组织文件编写工作。其中 A 角色为贯标工作组核心成员，主要为中科院、研究所两级知识产权专员骨干。B 角色为条款对应职能部门的体系联系人。前期文件收集、管理方案作为输入，A 和 B 在知识产权与成果转化处的组织和指导下共同完成相关文件编写。为提高工作效率，加强沟通协调，文件编写采取集中办公形式进行，遇有疑难问题现场协商解决。

通过编写、部门级讨论、最高管理层讨论、部门拟稿、征求意见、审批发布，2018 年 11 月 20 日，长春光机所知识产权管理体系正式颁布。收录文件、表单 45

个，梳理第三层次文件25个。

6. 教育培训

知识产权管理体系要有效运行，需要全员参与、全员理解、全员执行。"制度好"还要"执行好"，"执行好"需要"宣贯好"。这需要组织相应的培训学习，并在培训中关注培训目标、培训对象、培训内容、培训方式和培训效果[1]。

培训目标：确保相关部门和岗位人员清楚自身职责和工作流程，确保相关人员了解和遵守知识产权工作的新要求、新变化，确保知识产权管理体系顺利有效运行并形成体系运行的记录文件。

培训对象：GB/T 33250—2016的6.1.3和6.1.5 a）中明确指出知识产权培训对象为中、高层管理人员，知识产权管理人员，项目组长，知识产权专员，员工，学生。其中知识产权管理人员应理解为管理知识产权工作有关事项的人员，包括各职能部门中涉及标准条款要求的岗位人员，如人力资源部门中负责入离职人员管理、科研管理部门负责合同签订、条件保障部门负责采购、仪器设备管理等的相关人员，同时也包括各研究部门中负责知识产权管理的人员。

培训内容：依据GB/T 33250—2016宣贯知识产权体系文件，重点讲解各部门的知识产权职责和具体实施要求，详细介绍程序文件和记录文件。

需要指出的是，GB/T 33250—2016中"7 科研项目管理"是首次将全过程知识产权管理[2][3][4]和知识产权专员概念引入国家标准中，许多科研组织贯标前尚未形成规范的全过程知识产权管理模式。标准中的"7 科研项目管理"应作为科研组织知识产权管理规范贯标的重点，也是贯标培训宣贯的重点。

长春光机所的体系宣贯培训分为两部分，一是宏观宣贯制度规定，二是针对培训项目管理要求。后者面向科研项目组，培训对象为项目组长和知识产权专员。长春光机所在半年内先后组织两次科研项目全过程知识产权管理专题培训班。

---

[1] 李锡玲，吕旭宁. 关于加强中国科学院知识产权培训工作的思考［J］. 科技促进发展，2012（7）：62-66.

[2] 喻影，张珂，孙剑梅，颜燕红. 企业科研开发全过程知识产权管理探讨［J］. 中国发明与专利，2013（4）：10-13.

[3] 乔淑欣，曹志杰，才华，任湘，许怡婷. 以知识产权为核心的航天型号全生命周期知识管理模式研究［J］. 航天工业管理，2018（4）：109-113.

[4] 傅钰，彭洁，赵辉. 科研项目知识产权全过程管理体系构建——基于政策解构分析［J］. 科技进步与对策，2015（6）：120-125.

7. 实施运行

体系实施运行，即科研组织全体人员按照知识产权管理体系有关实施要求开展活动。体系实施运行中要注意积累记录文件，记录文件应采用体系颁布后的版本进行记录并签署完备，记录文件将在内部审核和外部审核时作为证实知识产权管理体系符合 GB/T 33250—2016 要求的证明材料使用，记录文件的管理要求在 GB/T 33250—2016 的 "4.4 文件管理" 中有详细的规定。知识产权管理体系的实施运行应与研究所既有管理手段相融合，记录文件可以使用纸质形式，也可以使用电子办公系统的电子记录形式。

体系实施运行是体系宣贯推进的过程，体系实施运行中贯标工作组应听取各方反馈，关注体系与研究所发展的适宜性和有效性，对体系运行效果进行评估。科研组织对体系建设运行应有容错机制，如在体系实施运行过程中发现问题，要认识到这属于正常情况，通过体系建立、实施运行和评价改进实现知识产权管理工作的不断迭代和完善，正是建立知识产权管理体系的意义所在。

长春光机所要求所属部门在体系颁布之日起须完成制度、流程、记录版本的切换，全所上下要切实贯彻知识产权管理体系相关要求。贯标工作组向不同主体提供有针对性的体系实施说明，包括知识产权职责、标准条款要求、程序文件、记录表单及具体说明。针对项目组，除专题培训外，还组织项目运行检查、答疑和针对性辅导等，保证了科研项目全过程知识产权管理实施有效。

8. 评价改进

评价改进体现的是对知识产权管理体系持续改进的要求，对应 GB/T 33250—2016 中 "11 检查和改进"。

评价改进一方面要 "定期开展检查监督"，监督检查的是科研组织知识产权活动是否按照体系要求落实运行，"确保知识产权管理体系的适宜性和有效性"。形式包括但不限于内部审核、外部审核、例行检查、专项检查等，目的是发现问题，而不对体系做评价或变更。

另一方面 "最高管理者应定期评审知识产权管理体系的适宜性和有效性"，形式为管理评审，目的是对体系运行中暴露出的问题进行分析，制定和落实改进措施，体系可能相应发生变更。

内部审核需要有内审员队伍，科研组织自行培养内审员较为常见。2018 年

12 月 6 日—7 日，国内也是中科院首期 "《科研组织知识产权管理规范》内审员培训班" 在长春光机所举办，长春光机所、大连化物所和青岛能源所听课学员超过百人，长春光机所包括中高层领导 13 人在内的 69 名学员通过考试。

内部审核中，要成立内审组，提前发布审核计划，针对受审核部门和项目设计知识产权管理体系内审检查表、开展一系列内部审核活动，形成内审记录和内审总结报告，作为管理评审的输入。

管理评审中，要向最高管理层汇报内部审核中发现的问题，提出整改措施建议、责任部门和预计完成时间。重大事项由最高管理层讨论后决定。

科研组织知识产权管理体系在进行初次认证审核时要注意与认证机构保持良好沟通，了解审核流程❶，拟定认证范围，做好条件保障，根据文审和第一阶段审核情况查缺补漏，根据现场审核情况及时整改、举一反三。2019 年 6 月 3 日—5 日，长春光机所顺利通过了中规（北京）认证有限公司的现场审核。6 月 12 日，长春光机所作为全国第二家单位通过科研组织知识产权管理体系认证。

通过认证机构的初次认证后，为有效保持和持续改进知识产权管理体系、保持相关资质，科研组织还需要接受认证机构的监督审核。监督审核至少每年进行一次，初次认证后的第一次监督审核应在认证决定日期 12 个月内进行。因此，每年一次内部审核、管理评审和外部审核是评价改进的常规工作。

（二）贯标工作的总结与思考

贯彻《科研组织知识产权管理规范》（GB/T 33250—2016）过程是艰辛的，对于科研组织提升知识产权管理能力、增强技术创新能力、激发人员创新活力、知识产权提质增效的作用是巨大的。

长春光机所通过知识产权贯标，在以下六个方面凸显成效。

1. 明确管理依据

通过知识产权贯标，研究所依据标准扫除管理盲区、提升管理水平，完善研究所创新生产中与知识产权各有关环节的管理规定，将制度文件编汇成册便于所内职工查阅使用。

---

❶　ISO 19011：2011，Guidelines for auditing management systems ［S］.

2. 建立沟通渠道

管理体系持续改进的要求将监督检查和向最高管理层汇报变为知识产权管理部门的"规定动作"，推动知识产权日常管理中不断发现问题、提出问题和解决问题。内部审核等活动也为部门间、职工与知识产权管理部门提供了沟通交流的平台。

3. 解决当前问题

通过知识产权贯标，长春光机所通过所发文明确职务发明奖励发放要求和发放标准，通过所务会决议要求设立科研项目全过程知识产权管理试点项目及专员，大力推动科研项目中的专利信息利用，拨付专项经费购买商用专利检索分析工具，明确商业秘密管理的责任部门等，采取措施，配备资源，解决了一系列知识产权管理中亟待解决的问题。

4. 提升职工意识

知识产权文化氛围浓厚，职工知识产权保护意识提升。知识产权与成果转化处接到有关合同签署、专利质量、专利检索分析布局等咨询数量大增。以项目为核心开展全过程知识产权管理深入人心。

5. 锻炼专业队伍

通过知识产权贯标，培养知识产权专员核心团队 6 人；贯标当年新增中科院知识产权专员 2 人、所级知识产权专员 26 人；培养内审员 69 人，外审员 1 人；知识产权体系联系人队伍和专员队伍在部门和项目组中作用逐步显现。

6. 提升知识产权质量和效益

通过知识产权贯标工作，科研人员对知识产权保护和分级、专利包的策划有了清晰的概念，多个学科领域开展核心技术成果的专利布局，用知识产权彰显技术实力、争取话语权。2018 年、2019 年，长春光机所获得中国专利奖优秀奖 2 项，吉林省专利金奖 1 项、专利优秀奖 2 项。成果转化以技术转化为主开始向以知识产权转化过渡，拓展了转化的方式和手段。贯标期间，长春光机所 3 件专利以 450 万元的价格转让至上海某企业，使科研人员获得了现金和未来项目分成收益，实现了"短期 + 长期"的组合收益。

（三）结语

贯彻实施《科研组织知识产权管理规范》对科研组织打通知识产权在科技创新

和成果转化活动的全链条管理和服务、提高自身知识产权管理水平和科技创新能力、提升知识产权质量和效益具有重要意义。

贯标工作要见实效，贯标单位首先要充分认识知识产权体系建设对自身发展的重要意义，把"要我贯"变为"我要贯"，要将贯标工作与研究所自身特点相融合，着力提升研究所知识产权管理效率，理顺管理职责、优化管理流程、打通管理全链条，全员参与，不怕暴露问题，积极解决问题，通过知识产权管理体系的不断迭代升级实现科研组织的优质发展。

第十一章　知识产权管理体系建设参考范例

范例1　知识产权管理规范管理控制点映射表

知识产权管理规范管理控制点映射关系见表11-1。

表11-1　知识产权管理规范管理控制点映射表

序号	管理控制点	企业知识产权管理规范（GB/T 29490—2013）	科研组织知识产权管理规范（GB/T 33250—2016）	高等学校知识产权管理规范（GB/T 33251—2016）
1	范围（A）	1　范围 本标准规定了企业策划、实施、检查、改进知识产权管理体系的要求。 本标准适用于有下列愿望的企业： a）建立知识产权管理体系； b）运行并持续改进知识产权管理体系； c）寻求外部组织对其知识产权管理体系的评价。 事业单位、社会团体等其他组织，可参照本标准相关要求执行。	1　范围 本标准规定了科研组织策划、实施和运用、检查、改进知识产权管理体系的要求。 本标准适用于中央或地方政府建立或出资设立的科研组织的知识产权管理。其他性质科研组织可参照执行。	1　范围 本标准规定了高等学校知识产权的文件管理、组织管理、资源管理、获取、运用、保护、检查和改进等要求。 本标准适用于我国各类高等学校的知识产权管理，其他教育组织可参照执行。
2	规范性引用文件（A）	2　规范性引用文件 下列文件对于本文件的应用是必不可少的。凡是注日期的引用文件，仅注日期的版本适用于本文件。凡是不注日期的引用文件，其最新版本（包括所有的修改单）适用于本文件。 GB/T 19000—2008 质量管理体系　基础和术语 GB/T 21374—2008 知识产权文献与信息　基本词汇	2　规范性引用文件 下列文件对于本文件的应用是必不可少的。凡是注日期的引用文件，仅注日期的版本适用于本文件。凡是不注日期的引用文件，其最新版本（包括所有的修改单）适用于本文件。 GB/T 19000—2008 质量管理体系　基础和术语 GB/T 29490—2013 企业知识产权管理规范	2　规范性引用文件 下列文件对于本文件的应用是必不可少的。凡是注日期的引用文件，仅注日期的版本适用于本文件。凡是不注日期的引用文件，其最新版本（包括所有的修改单）适用于本文件。 GB/T 19000 质量管理体系　基础和术语

序号	管理控制点	企业知识产权管理规范（GB/T 29490—2013）	科研组织知识产权管理规范（GB/T 33250—2016）	高等学校知识产权管理规范（GB/T 33251—2016）
3	术语和定义（A）	**3　术语和定义** GB/T 19000—2008 和 GB/T 21374—2008 界定的以及下列术语和定义适用于本文件。 **3.1　知识产权** 在科学技术、文学艺术等领域中，发明者、创造者等对自己的创造性劳动成果依法享有的专有权，其范围包括专利、商标、著作权及相关权、集成电路布图设计、地理标志、植物新品种、商业秘密、传统知识、遗传资源以及民间文艺等。 [GB/T 21374—2008，术语和定义 3.1.1] **3.2　过程** 将输入转化为输出的相互关联或相互作用的一组活动。 [GB/T 19000—2008，定义 3.4.1] **3.3　产品** 过程的结果。 注1：有下列四种通用的产品类别： ——服务（如运输）； ——软件（如计算机程序、字典）； ——硬件（如发动机机械零件）； ——流程性材料（如润滑油）。 许多产品由分属于不同产品类别的成分构成，其属性是服务、软件、硬件或流程性材料取决于产品的主导成分。例如：产品"汽车"是由硬件（如轮胎）、流程性材料（如：燃料、冷却	**3　术语和定义** GB/T 19000—2008、GB/T 29490—2013 界定的以及下列术语和定义适用于本文件。为了便于使用，以下重复列出了 GB/T 19000—2008、GB/T 29490—2013 中的某些术语和定义。 **3.1　科研组织** 有明确的任务和研究方向，有一定学术水平的业务骨干和一定数量的研究人员，具有开展研究、开发等学术工作的基本条件，主要进行科学研究与技术开发活动，并且在行政上有独立的组织形式，财务上独立核算盈亏，有权与其他单位签订合同，在银行有独立账户的单位。 **3.2　知识产权** 自然人或法人对其智力活动创造的成果依法享有的权利，主要包括专利权、商标权、著作权、集成电路布图设计权、地理标志权、植物新品种权、未披露的信息专有权等。 **3.3　管理体系** 建立方针和目标并实现这些目标的体系。 注：一个组织的管理体系可包括若干个不同的管理体系，如质量管理体系、财务管理体系或环境管理体系。 [GB/T 19000—2008，定义 3.2.2]	**3　术语和定义** GB/T 19000 界定的以及下列术语和定义适用于本文件。 **3.1　知识产权** 自然人或法人对其智力活动创造的成果依法享有的权利，主要包括专利权、商标权、著作权、集成电路布图设计权、地理标志权、植物新品种权、未披露的信息专有权等。 **3.2　教职员工** 高等学校任职的教师、职员、临时聘用人员、实习人员，以高等学校名义从事科研活动的博士后、访问学者和进修人员等。 **3.3　学生** 被学校依法录取、具有学籍的受教育者。 **3.4　科研项目** 由高等学校或其直属机构承担，在一定时间周期内进行科学技术研究活动所实施的项目。 **3.5　项目组** 完成科研项目的组织形式，是隶属于高等学校的、相对独立地开展研究开发活动的科研单元。 **3.6　知识产权专员** 具有一定知识产权专业能力，在科研项目中承担知识产权工作的人员。

序号	管理控制点	企业知识产权管理规范（GB/T 29490—2013）	科研组织知识产权管理规范（GB/T 33250—2016）	高等学校知识产权管理规范（GB/T 33251—2016）
3	术语和定义（A）	液）、软件（如：发动机控制软件、驾驶员手册）和服务（如销售人员所做的操作说明）所组成。注2：服务通常是无形的，并且是在供方和顾客接触面上需要完成至少一项活动的结果。服务的提供可涉及，例如：——在顾客提供的有形产品（如需要维修的汽车）上所完成的活动；——在顾客提供的无形产品（如为准备纳税申报单所需的损益表）上所完成的活动；——无形产品的交付（如知识传授方面的信息提供）；——为顾客创造氛围（如在宾馆和饭店）。软件由信息组成，通常是无形产品，并可以方法、报告或程序的形式存在。硬件通常是有形产品，其量具有计数的特性。流程性材料通常是有形产品，其量具有连续的特性。硬件和流程性材料经常被称为货物。[GB/T 19000—2008，定义3.4.2]**3.4　体系**相互关联或相互作用的一组要素。[GB/T 19000—2008，定义3.2.1]**3.5　管理体系**建立方针和目标并实现这些目标的体系。注：一个组织的管理体系可包括若干个不同的管理体系，如质量管理体系、财务管理体系或环境管理体系。[GB/T 19000—2008，定义3.2.2]**3.6　知识产权方针**知识产权工作的宗旨和方向。**3.7　知识产权手册**规定知识产权管理体系的文件。	**3.4　知识产权方针**知识产权工作的宗旨和方向。[GB/T 29490—2013，定义3.6]**3.5　知识产权手册**规定知识产权管理体系的文件。[GB/T 29490—2013，定义3.7]**3.6　员工**在科研组织任职的人员、临时聘用人员、实习人员，以科研组织名义从事科研活动的博士后、访问学者和进修人员等。**3.7　知识产权记录文件**记录组织知识产权管理活动、行为和工作等的文件，是知识产权管理情况的原始记录。**3.8　科研项目**由科研组织或其直属机构承担，在一定时间周期内进行科学技术研究活动所实施的项目。**3.9　项目组**完成科研项目的组织形式，是隶属于科研组织的、相对独立地开展研究开发活动的科研单元。**3.10　专利导航**在科技研发、产业规划和专利运营等活动中，通过利用专利信息等数据资源，分析产业发展格局和技术创新方向，明晰产业发展和技术研发路径，提高决策科学性的一种模式。**3.11　知识产权专员**具有一定知识产权专业能力，在科研项目中承担知识产权工作的人员。	**3.7　专利导航**在科技研发、产业规划和专利运营等活动中，通过利用专利信息等数据资源，分析产业发展格局和技术创新方向，明晰产业发展和技术研发路径，提高决策科学性的一种模式。

序号	管理控制点	企业知识产权管理规范（GB/T 29490—2013）	科研组织知识产权管理规范（GB/T 33250—2016）	高等学校知识产权管理规范（GB/T 33251—2016）
4	文件管理（A）	**4　知识产权管理体系**	**4　总体要求**	**4　文件管理**
5	总体要求（B）	**4.1　总体要求** 企业应按本标准的要求建立知识产权管理体系，实施、运行并持续改进，保持其有效性，并形成文件。	**4.1　总则** 应按本标准的要求建立、实施、运行知识产权管理体系，持续改进保持其有效性，并形成知识产权管理体系文件……	
6	文件要求（B）	**4.2　文件要求**		
7	文件要求总则（C）	**4.2.1　总则** 知识产权管理体系文件应包括： a）知识产权方针和目标； b）知识产权手册； c）本标准要求形成文件的程序和记录。 注：本标准出现的"形成文件的程序"，是指建立该程序，形成文件，并实施和保持。一个文件可以包括一个或多个程序的要求；一个形成文件的程序的要求可以被包含在多个文件中。	**4.1　总则** 应按本标准的要求建立、实施、运行知识产权管理体系，持续改进保持其有效性，并形成知识产权管理体系文件，包括： a）知识产权方针和目标； b）知识产权手册； c）本标准要求形成文件的程序和记录。 注1：本标准出现的"形成文件的程序"，是指建立该程序，形成文件，并实施和保持。一个文件可以包括一个或多个程序的要求；一个形成文件的程序的要求可以被包含在多个文件中。 注2：上述各类文件可以是纸质文档，也可以是电子文档或音像资料。	**4.1　文件类型** 知识产权文件包括： a）知识产权组织管理相关文件； b）人力资源、财务资源、基础设施、信息资源管理过程中的知识产权文件； c）知识产权获取、运用、保护等文件； d）知识产权相关的记录文件、外来文件。 注1：上述各类文件可以是纸质文档，也可以是电子文档或音像资料。 ……

序号	管理控制点	企业知识产权管理规范（GB/T 29490—2013）	科研组织知识产权管理规范（GB/T 33250—2016）	高等学校知识产权管理规范（GB/T 33251—2016）
8	文件控制（C）	**4.2.2 文件控制** 知识产权管理体系文件是企业实施知识产权管理的依据，应确保： a）发布前经过审核和批准，修订后再发布前重新审核和批准； b）文件中的相关要求明确； c）按文件类别、秘密级别进行管理； d）易于识别、取用和阅读； e）对因特定目的需要保留的失效文件予以标记。	**4.4 文件管理** 知识产权管理体系文件应满足以下要求： a）文件内容完整、表述明确，文件发布前需经过审核、批准；文件更新后再发布前，要重新进行审核、批准； b）建立、保持和维护知识产权记录文件，以证实知识产权管理体系符合本标准要求； c）按文件类别、秘密级别进行管理，易于识别、取用和阅读，保管方式和保管期限明确； …… e）因特定目的需要保留的失效文件，应予以标记。	**4.2 文件控制** 知识产权文件是高等学校实施知识产权管理的依据，应确保： a）发布前经过审核和批准； b）文件内容表述明确、完整； c）保管方式和保管期限明确； d）按文件类别、秘密级别进行管理，易于识别、取用和阅读； e）对因特定目的需要保留的失效文件予以标记。
9	知识产权手册（C）	**4.2.3 知识产权手册** 编制知识产权手册并保持其有效性，具体内容包括： a）知识产权机构设置、职责和权限的相关文件； b）知识产权管理体系的程序文件或对程序文件的引用； c）知识产权管理体系过程之间相互关系的表述。	**4.3 知识产权手册** 编制知识产权手册并应保持其有效性，包括： a）知识产权组织管理的相关文件； b）人力资源、科研设施、合同、信息管理和资源保障的知识产权相关文件； c）知识产权获取、运用、保护的相关文件； d）知识产权外来文件和知识产权记录文件； e）知识产权管理体系文件之间相互关系的表述。	

序号	管理控制点	企业知识产权管理规范（GB/T 29490—2013）	科研组织知识产权管理规范（GB/T 33250—2016）	高等学校知识产权管理规范（GB/T 33251—2016）
10	外来文件与记录文件（C）	**4.2.4　外来文件与记录文件** 编制形成文件的程序，规定记录的标识、贮存、保护、检索、保存和处置所需的控制。对外来文件和知识产权管理体系记录文件应予以控制并确保： a）对行政决定、司法判决、律师函件等外来文件进行有效管理，确保其来源与取得时间可识别； b）建立、保持和维护记录文件，以证实知识产权管理体系符合本标准要求，并有效运行； c）外来文件与记录文件完整，明确保管方式和保管期限。	**4.4　文件管理** 知识产权管理体系文件应满足以下要求： …… d）对行政决定、司法判决、律师函件等外来文件进行有效管理。	**4.1　文件类型** 知识产权文件包括： …… 注2：外来文件包括法律法规、行政决定、司法判决、律师函件等。
11	组织管理（A）	**5　管理职责**	**5　组织管理**	**5　组织管理**
12	管理承诺/最高管理者（B）	**5.1　管理承诺** 最高管理者是企业知识产权管理的第一责任人，应通过以下活动实现知识产权管理体系的有效性： a）制定知识产权方针； b）制定知识产权目标； c）明确知识产权管理职责和权限，确保有效沟通； d）确保资源的配备； e）组织管理评审。	**5.1　最高管理者** 最高管理者是科研组织知识产权管理第一责任人，负责： a）制定、批准发布知识产权方针； b）策划并批准知识产权中长期和近期目标； c）决定重大知识产权事项； d）定期评审并改进知识产权管理体系； e）确保资源配备。	**5.1　校长** 校长（或院长）是高等学校知识产权工作的第一责任人，承担以下职责： a）批准和发布高等学校知识产权目标； b）批准和发布知识产权政策、规划； c）审核或在其职责范围内决定知识产权重大事务； d）明确知识产权管理职责和权限，确保有效沟通； e）确保知识产权管理的保障条件和资源配备。

序号	管理控制点	企业知识产权管理规范（GB/T 29490—2013）	科研组织知识产权管理规范（GB/T 33250—2016）	高等学校知识产权管理规范（GB/T 33251—2016）
13	管理委员会（B）			**5.2　管理委员会** 成立有最高管理层参与的知识产权管理委员会，全面负责知识产权管理事务，承担以下职责： a）拟定与高等学校科学研究、社会服务、人才培养、文化传承创新相适应的知识产权长期、中期和短期目标； b）审核知识产权政策、规划，并监督执行情况； c）建立知识产权绩效评价体系，将知识产权作为高等学校绩效考评的评价指标之一； d）提出知识产权重大事务决策议案； e）审核知识产权重大资产处置方案； f）统筹协调知识产权管理事务。
14	知识产权方针（B）	**5.2　知识产权方针** 最高管理者应批准、发布企业知识产权方针，并确保方针： a）符合相关法律和政策的要求； b）与企业的经营发展相适应； c）在企业内部得到有效运行； d）在持续适宜性方面得到评审； e）形成文件，付诸实施，并予以保持； f）得到全体员工的理解。	**4.2　知识产权方针和目标** 应制定知识产权方针和目标，形成文件，由最高管理者发布并确保： a）符合法律法规和政策的要求； b）与科研组织的使命定位和发展战略相适应； c）知识产权目标可考核并与知识产权方针保持一致； d）在持续适宜性方面得到评审； e）得到员工、学生的理解和有效执行。	

序号	管理控制点	企业知识产权管理规范（GB/T 29490—2013）	科研组织知识产权管理规范（GB/T 33250—2016）	高等学校知识产权管理规范（GB/T 33251—2016）
15	策划（B）	**5.3　策划**		
16	知识产权管理体系策划（C）	**5.3.1　知识产权管理体系策划** 最高管理者应确保： a）理解相关方的需求，对知识产权管理体系进行策划，满足知识产权方针的要求； b）知识产权获取、维护、运用和保护活动得到有效运行和控制； c）知识产权管理体系得到持续改进。		
17	知识产权目标（C）	**5.3.2　知识产权目标** 最高管理者应针对企业内部有关职能和层次，建立并保持知识产权目标，并确保： a）形成文件并且可考核； b）与知识产权方针保持一致，内容包括对持续改进的承诺。	**4.2　知识产权方针和目标** 应制定知识产权方针和目标，形成文件，由最高管理者发布并确保： a）符合法律法规和政策的要求； b）与科研组织的使命定位和发展战略相适应； c）知识产权目标可考核并与知识产权方针保持一致； d）在持续适宜性方面得到评审； e）得到员工、学生的理解和有效执行。	**5.1　校长** 校长（或院长）是高等学校知识产权工作的第一责任人，承担以下职责： a）批准和发布高等学校知识产权目标； …… **5.2　管理委员会** 成立有最高管理层参与的知识产权管理委员会，全面负责知识产权管理事务，承担以下职责： a）拟定与高等学校科学研究、社会服务、人才培养、文化传承创新相适应的知识产权长期、中期和短期目标； ……

序号	管理控制点	企业知识产权管理规范（GB/T 29490—2013）	科研组织知识产权管理规范（GB/T 33250—2016）	高等学校知识产权管理规范（GB/T 33251—2016）
18	法律和其他要求（C）	**5.3.3 法律和其他要求** 最高管理者应批准建立、实施并保持形成文件的程序，以便： a）识别和获取适用的法律和其他要求，并建立获取渠道； b）及时更新有关法律和其他要求的信息，并传达给员工。		**4.1 文件类型** 知识产权文件包括： …… 注2：外来文件包括法律法规、行政决定、司法判决、律师函件等。
19	职责、权限和沟通（B）	**5.4 职责、权限和沟通**		
20	管理者代表（C）	**5.4.1 管理者代表** 最高管理者应在企业最高管理层中指定专人作为管理者代表，授权其承担以下职责： a）确保知识产权管理体系的建立、实施和保持； b）向最高管理者报告知识产权管理绩效和改进需求； c）确保全体员工对知识产权方针和目标的理解； d）落实知识产权管理体系运行和改进需要的各项资源； e）确保知识产权外部沟通的有效性。	**5.2 管理者代表** 最高管理者可在最高管理层中指定专人作为管理者代表，总体负责知识产权管理事务： a）统筹规划知识产权工作，审议知识产权规划，指导监督执行； b）审核知识产权资产处置方案； c）批准发布对外公开或提交重要的知识产权文件； d）协调涉及知识产权管理部门之间的关系； e）确保知识产权管理体系的建立、实施、保持和改进。	

序号	管理控制点	企业知识产权管理规范（GB/T 29490—2013）	科研组织知识产权管理规范（GB/T 33250—2016）	高等学校知识产权管理规范（GB/T 33251—2016）
21	管理机构（C）	**5.4.2　机构** 建立知识产权管理机构并配备专业的专职或兼职工作人员，或委托专业的服务机构代为管理，承担以下职责： a）制定企业知识产权发展规划； b）建立知识产权管理绩效评价体系； c）参与监督和考核其他相关管理机构； d）负责企业知识产权的日常管理工作。 其他管理机构负责落实与本机构相关的知识产权工作。	**5.3　知识产权管理机构** 建立知识产权管理机构，并配备专职工作人员，承担以下职责： a）拟定知识产权规划并组织实施； b）拟定知识产权政策文件并组织实施，包括知识产权质量控制，知识产权运用的策划与管理等； c）建立、实施和运行知识产权管理体系，向最高管理者或管理者代表提出知识产权管理体系的改进需求建议； d）组织开展与知识产权相关的产学研合作和技术转移活动； e）建立专利导航工作机制，参与重大科研项目的知识产权布局； f）建立知识产权资产清单，建立知识产权资产评价及统计分析体系，提出知识产权重大资产处置方案； g）审查合同中的知识产权条款，防范知识产权风险； h）培养、指导和评价知识产权专员； i）负责知识产权日常管理工作，包括知识产权培训，知识产权信息备案，知识产权外部服务机构的遴选、协调、评价工作等。 注：重大科研项目由科研组织自行认定。	**5.3　管理机构** 建立知识产权管理机构，配备专职工作人员，并承担以下职责： a）拟定知识产权工作规划并组织实施； b）拟定知识产权政策文件并组织实施，包括知识产权质量控制，知识产权运用的策划与管理等； c）提出知识产权绩效评价体系的方案； d）建立专利导航工作机制，参与重大科研项目的知识产权布局； e）建立知识产权资产清单和知识产权资产评价及统计分析体系，提出知识产权重大资产处置方案； f）审查合同中的知识产权条款，防范知识产权风险； g）培养、指导和评价知识产权专员； h）负责知识产权日常管理，包括知识产权培训，知识产权信息备案，知识产权外部服务机构遴选、协调、评价工作等。 注：重大科研项目由高等学校自行确定。

序号	管理控制点	企业知识产权管理规范（GB/T 29490—2013）	科研组织知识产权管理规范（GB/T 33250—2016）	高等学校知识产权管理规范（GB/T 33251—2016）
22	服务支撑机构（C）		**5.4 知识产权服务支撑机构** 建立知识产权服务支撑机构，可设在科研组织中负责信息文献的部门，或聘请外部服务机构，承担以下职责： a）受知识产权管理机构委托，为建立、实施与运行知识产权管理体系提供服务支撑； b）为知识产权管理机构提供服务支撑； c）为科研项目提供专利导航服务； d）负责知识产权信息及其他数据文献资源收集、整理、分析工作。	**5.4 服务支撑机构** 建立知识产权服务支撑机构，可设在图书馆等高等学校负责信息服务的部门，或聘请外部服务机构，承担以下职责： a）受知识产权管理机构委托，提供知识产权管理工作的服务支撑； b）为知识产权重大事务、重大决策提供服务支撑； c）开展重大科研项目专利导航工作，依需为科研项目提供知识产权服务支持； d）受知识产权管理机构委托，建设、维护知识产权信息管理平台，承担知识产权信息利用培训和推广工作； e）承担知识产权信息及其他数据文献情报收集、整理、分析工作。

序号	管理控制点	企业知识产权管理规范（GB/T 29490—2013）	科研组织知识产权管理规范（GB/T 33250—2016）	高等学校知识产权管理规范（GB/T 33251—2016）
23	基层学术组织（B）		**5.5　研究中心** 研究中心应配备知识产权管理人员，协助研究中心负责人，承担本机构知识产权管理工作，具体包括以下职责： a) 拟定知识产权计划并组织实施； b) 统筹承担科研项目的知识产权工作； c) 知识产权日常管理，包括统计知识产权信息并报送知识产权管理机构备案等； d) 确保与知识产权管理机构的有效沟通，定期向其报告知识产权工作情况。 注：研究中心是指科研组织直接管理的实验室、研究室等机构。	**5.5　学院（系）** 各校属学院（系）、直属机构应配备知识产权管理人员，协助院系、科研机构负责人承担本部门以下职责： a) 知识产权计划拟订和组织实施； b) 知识产权日常管理，包括统计知识产权信息并报送知识产权管理机构备案等。 注：科研机构包括重点实验室、工程中心、工程实验室以及校设研究中心等。
24	项目组（B）		**5.6　项目组**	**5.6　项目组**
25	项目组长（C）		**5.6.1　项目组长** 项目组长负责所承担科研项目的知识产权管理，包括： a) 根据科研项目要求，确定知识产权管理目标并组织实施； b) 确保科研项目验收时达到知识产权考核的要求； c) 设立项目组知识产权专员。	**5.6.1　项目组长** 项目组长负责所承担科研项目的知识产权管理，包括： a) 根据科研项目要求，确定知识产权管理目标并组织实施； b) 管理科研项目知识产权信息； c) 定期报告科研项目的知识产权工作情况； d) 组织项目组人员参加知识产权培训。

序号	管理控制点	企业知识产权管理规范（GB/T 29490—2013）	科研组织知识产权管理规范（GB/T 33250—2016）	高等学校知识产权管理规范（GB/T 33251—2016）
26	知识产权专员（C）		5.6.2 知识产权专员 协助项目组长进行科研项目知识产权管理，负责： a）专利导航工作； b）知识产权信息管理，并定期向研究中心报告科研项目的知识产权情况； c）组织项目组人员参加知识产权培训； d）项目组知识产权事务沟通。	5.6.2 知识产权专员 重大科研项目应配备知识产权专员，负责： a）科研项目专利导航工作； b）协助项目组长开展知识产权管理工作。
27	知识产权顾问（B）			5.7 知识产权顾问 根据知识产权管理需要，可聘请有关专家为学校知识产权顾问，为知识产权重大事务提供决策咨询意见。
28	内部沟通（C）	5.4.3 内部沟通 建立沟通渠道，确保知识产权管理体系有效运行。	5.6.2 知识产权专员 协助项目组长进行科研项目知识产权管理，负责： …… d）项目组知识产权事务沟通。	
29	支撑保障（A）	6 资源管理	6 基础管理 10 资源保障	6 资源管理
30	人力资源（B）	6.1 人力资源	6.1 人力资源管理	6.1 人力资源

序号	管理控制点	企业知识产权管理规范（GB/T 29490—2013）	科研组织知识产权管理规范（GB/T 33250—2016）	高等学校知识产权管理规范（GB/T 33251—2016）
31	知识产权工作人员（C）	**6.1.1 知识产权工作人员** 明确知识产权工作人员的任职条件，并采取适当措施，确保从事知识产权工作的人员满足相应的条件。	**5.6.1 项目组长** 项目组长负责所承担科研项目的知识产权管理，包括： a）根据科研项目要求，确定知识产权管理目标并组织实施； b）确保科研项目验收时达到知识产权考核的要求； c）设立项目组知识产权专员。 **5.6.2 知识产权专员** 协助项目组长进行科研项目知识产权管理，负责： a）专利导航工作； b）知识产权信息管理，并定期向研究中心报告科研项目的知识产权情况； c）组织项目组人员参加知识产权培训； d）项目组知识产权事务沟通。	**5.6.1 项目组长** 项目组长负责所承担科研项目的知识产权管理，包括： a）根据科研项目要求，确定知识产权管理目标并组织实施； b）管理科研项目知识产权信息； c）定期报告科研项目的知识产权工作情况； d）组织项目组人员参加知识产权培训。 **5.6.2 知识产权专员** 重大科研项目应配备知识产权专员，负责： a）科研项目专利导航工作； b）协助项目组长开展知识产权管理工作。 **5.7 知识产权顾问** 根据知识产权管理需要，可聘请有关专家为学校知识产权顾问，为知识产权重大事务提供决策咨询意见。
32	培训（C）	**6.1.2 教育与培训** 组织开展知识产权教育培训，包括以下内容： a）规定知识产权工作人员的教育培训要求，制订计划并执行； b）组织对全体员工按业务领域和岗位要求进行知识产权培训，并形成记录； c）组织对中、高层管理人员进行知识产权培训，并形成记录； d）组织对研究开发等与知识产权关系密切的岗位人员进行知识产权培训，并形成记录。	**6.1.3 培训** 组织开展知识产权培训，包括： a）制订知识产权培训计划； b）组织中、高层管理人员的知识产权培训； c）组织知识产权管理人员的知识产权培训； d）组织项目组长、知识产权专员的专项培训； e）组织员工的知识产权培训。	**6.1.2 培训** 组织开展知识产权培训，包括以下内容： a）制订知识产权培训计划； b）组织对知识产权管理人员、知识产权服务支撑机构人员、知识产权专员等进行培训； c）对承担重大科研项目的科研人员进行知识产权培训； d）组织对教职员工进行知识产权培训。

序号	管理控制点	企业知识产权管理规范（GB/T 29490—2013）	科研组织知识产权管理规范（GB/T 33250—2016）	高等学校知识产权管理规范（GB/T 33251—2016）
33	人事合同（C）	**6.1.3　人事合同** 通过劳动合同、劳务合同等方式对员工进行管理，约定知识产权权属、保密条款；明确发明创造人员享有的权利和负有的义务；必要时应约定竞业限制和补偿条款。	**6.1.1　员工权责** 通过人事合同明确员工的知识产权权利与义务，包括： a）与员工约定知识产权权属、奖励报酬、保密义务等； …… c）明确员工造成知识产权损失的责任。	**6.1.1　人事合同** 人事合同中应明确知识产权内容，包括： a）在劳动合同、聘用合同、劳务合同等各类合同中约定知识产权权属、奖励报酬、保密义务等；明确发明创造人员享有的权利和承担的义务，保障发明创造人员的署名权；明确教职员工造成知识产权损失的责任； ……
34	入职（C）	**6.1.4　入职** 对新入职员工进行适当的知识产权背景调查，以避免侵犯他人知识产权；对于研究开发等与知识产权关系密切的岗位，应要求新入职员工签署知识产权声明文件。	**6.1.2　入职和离职** 加强入职、离职人员的知识产权管理，包括： a）对新入职员工进行适当的知识产权背景调查，形成记录； b）对于与知识产权关系密切岗位，应要求新入职员工签署知识产权声明文件； c）对离职、退休的员工进行知识产权事项提醒，明确有关职务发明的权利和义务； d）涉及核心知识产权的员工离职时，应签署知识产权协议或竞业限制协议。	**6.1.1　人事合同** 人事合同中应明确知识产权内容，包括： …… b）对新入职教职员工进行适当的知识产权背景调查，形成记录；对于与知识产权关系密切的岗位，应要求新入职教职员工签署知识产权声明文件； c）对离职、退休的教职员工进行知识产权事项提醒，明确有关职务发明的权利和义务；涉及核心知识产权的教职员工离职、退休时，应签署知识产权协议，进一步明确约定知识产权归属和保密责任。
35	离职（C）	**6.1.5　离职** 对离职的员工进行相应的知识产权事项提醒；涉及核心知识产权的员工离职时，应签署离职知识产权协议或执行竞业限制协议。		

序号	管理控制点	企业知识产权管理规范（GB/T 29490—2013）	科研组织知识产权管理规范（GB/T 33250—2016）	高等学校知识产权管理规范（GB/T 33251—2016）
36	奖励报酬（C）	**6.1.6 激励** 明确员工知识产权创造、保护和运用的奖励和报酬；明确员工造成知识产权损失的责任。	**6.1.1 员工权责** 通过人事合同明确员工的知识产权权利与义务，包括： …… b）建立职务发明奖励报酬制度，依法对发明人给予奖励和报酬，对为知识产权运用做出重要贡献的人员给予奖励； c）明确员工造成知识产权损失的责任。	**6.1.3 激励与评价** 建立激励与评价机制，包括： a）建立符合知识产权工作特点的职称评定、岗位管理、考核评价制度，将知识产权工作状况作为对相关院系、科研机构及教职员工进行评价、科研资金支持的重要内容和依据之一； b）建立职务发明奖励报酬制度，依法对发明人给予奖励和报酬，对为知识产权运用做出重要贡献的人员给予奖励。
37	项目组人员管理（C）		**6.1.4 项目组人员管理** 加强项目组人员的知识产权管理，包括： a）针对重大科研项目进行项目组人员知识产权背景调查；必要时签署保密协议； b）在论文发表、学位答辩、学术交流等学术事务前，应进行信息披露审查； c）在项目组人员退出科研项目时，进行知识产权提醒。	

序号	管理控制点	企业知识产权管理规范（GB/T 29490—2013）	科研组织知识产权管理规范（GB/T 33250—2016）	高等学校知识产权管理规范（GB/T 33251—2016）
38	学生管理（C）		6.1.5　学生管理 加强学生的知识产权管理，包括： a）组织对学生进行知识产权培训，提升知识产权意识； b）学生进入项目组，应进行知识产权提醒； c）在学生发表论文、进行学位答辩、学术交流等学术事务前，应进行信息披露审查； d）学生因毕业等原因离开科研组织时，可签署知识产权协议或保密协议。	6.1.4　学生管理 加强学生的知识产权管理，包括： a）组织对学生进行知识产权培训，提升知识产权意识； b）学生进入项目组，应对其进行知识产权提醒； c）学生因毕业等原因离开高等学校时，可签署知识产权协议或保密协议； d）根据需要面向学生开设知识产权课程。
39	基础设施（B）	6.2　基础设施 根据需要配备相关资源，以确保知识产权管理体系的运行： a）软硬件设备，如知识产权管理软件、数据库、计算机和网络设施等； b）办公场所。	10.1　条件保障 根据需要配备相关资源，支持知识产权管理体系的运行，包括： a）软硬件设备，如知识产权管理软件、计算机和网络设施等； b）办公场所。	6.3　资源保障 加强知识产权管理的资源保障，包括： a）建立知识产权管理信息化系统； b）根据需要配备软硬件设备、教室、办公场所相关资源，保障知识产权工作的运行。
40	财务资源（B）	6.3　财务资源 应设立知识产权经常性预算费用，以确保知识产权管理体系的运行： a）用于知识产权申请、注册、登记、维持、检索、分析、评估、诉讼和培训等事项； b）用于知识产权管理机构运行； c）用于知识产权激励； d）有条件的企业可设立知识产权风险准备金。	10.2　财务保障 设立经常性预算费用，用于： a）知识产权申请、注册、登记、维持； b）知识产权检索、分析、评估、运营、诉讼； c）知识产权管理机构、服务支撑机构运行； d）知识产权管理信息化； e）知识产权信息资源； f）知识产权激励； g）知识产权培训； h）其他知识产权工作。	6.2　财务资源 设立经常性预算费用，可用于： a）知识产权申请、注册、登记、维持； b）知识产权检索、分析、评估、运营、诉讼； c）知识产权管理机构运行； d）知识产权管理信息化； e）知识产权信息资源； f）知识产权激励； g）知识产权培训； h）其他知识产权工作。

序号	管理控制点	企业知识产权管理规范（GB/T 29490—2013）	科研组织知识产权管理规范（GB/T 33250—2016）	高等学校知识产权管理规范（GB/T 33251—2016）
41	信息资源（B）	**6.4 信息资源** 应编制形成文件的程序，以规定以下方面所需的控制： a）建立信息收集渠道，及时获取所属领域、竞争对手的知识产权信息； b）对信息进行分类筛选和分析加工，并加以有效利用； c）在对外信息发布之前进行相应审批； d）有条件的企业可建立知识产权信息数据库，并有效维护和及时更新。	**6.4 信息管理** 加强知识产权信息管理，包括： a）建立信息收集渠道，及时获取所属领域、产业发展、有关主体的知识产权信息； b）建立专利信息分析利用机制，对信息进行分类筛选和分析加工，形成产业发展、技术领域、专利布局等有关情报分析报告，并加以有效利用； c）建立信息披露的知识产权审查机制。	**6.5 信息资源** 加强信息资源的知识产权管理： a）建立信息收集渠道，及时获取知识产权信息； b）对知识产权信息进行分类筛选和分析加工，并加以有效利用； …… d）建立信息披露的知识产权审查机制，避免出现侵犯知识产权情况或造成知识产权流失。
42	设施管理（B）		**6.2 科研设施管理** 加强科研设施的知识产权管理，包括： a）采购实验用品、软件、耗材时进行知识产权审查； b）处理实验用过物品时应进行相应的知识产权检查； c）在仪器设备管理办法中明确知识产权要求，对外租借仪器设备时，应在租借合同中约定知识产权事务； d）国家重大科研基础设施和大型科研仪器向社会开放时，应保护用户身份信息以及在使用过程中形成的知识产权和科学数据，要求用户在发表著作、论文等成果时标注利用科研设施仪器情况。	**6.4 基础设施** 加强基础设施的知识产权管理，包括： a）采购实验设备、软件、用品、耗材时明确知识产权条款，处理实验用过物品时进行相应的知识产权检查，避免侵犯知识产权； b）国家重大科研基础设施和大型科研仪器向社会开放时，应保护用户身份信息以及在使用过程中形成的知识产权和科学数据，要求用户在发表著作、论文等成果时标注利用科研设施仪器的情况； ……

序号	管理控制点	企业知识产权管理规范（GB/T 29490—2013）	科研组织知识产权管理规范（GB/T 33250—2016）	高等学校知识产权管理规范（GB/T 33251—2016）
43	合同管理（B）	**7.5 合同管理** 加强合同中知识产权管理： a）应对合同中有关知识产权条款进行审查，并形成记录； b）对检索与分析、预警、申请、诉讼、侵权调查与鉴定、管理咨询等知识产权对外委托业务应签订书面合同，并约定知识产权权属、保密等内容； c）在进行委托开发或合作开发时，应签订书面合同，约定知识产权权属、许可及利益分配、后续改进的权属和使用等； d）承担涉及国家重大专项等政府支持项目时，应了解项目相关的知识产权管理规定，并按照要求进行管理。	**6.3 合同管理** 加强合同中的知识产权管理，包括： a）对合同中的知识产权条款进行审查，并形成记录； b）检索与分析、预警、申请、诉讼、侵权调查与鉴定、管理咨询等知识产权对外委托业务应签订书面合同，并约定知识产权权属、保密等内容； c）在进行委托开发或合作开发时，应签订书面合同，明确约定知识产权权属、许可及利益分配、后续改进的权属和使用、发明人的奖励和报酬、保密义务等； d）承担涉及国家重大专项等政府项目时，应理解该项目的知识产权管理规定，并按照要求进行管理。	**9.1 合同管理** 加强合同中的知识产权管理，包括： a）对合同中有关知识产权的条款进行审查； b）检索与分析、申请、诉讼、管理咨询等知识产权对外委托业务应签订书面合同，并约定知识产权权属、保密等内容； c）明确参与知识产权联盟、协同创新组织等情况下的知识产权归属、许可可转让及利益分配、后续改进的权益归属等事项。
44	保密（B）	**7.6 保密** 应编制形成文件的程序，以规定以下方面所需的控制： a）明确涉密人员，设定保密等级和接触权限； b）明确可能造成知识产权流失的设备，规定使用目的、人员和方式； c）明确涉密信息，规定保密等级、期限和传递、保存及销毁的要求； d）明确涉密区域，规定客户及参访人员活动范围等。	**9 知识产权保护** 应做好知识产权保护工作，防止被侵权和知识产权流失： …… c）加强未披露的信息专有权的保密管理，规定涉密信息的保密等级、期限和传递、保存及销毁的要求，明确涉密人员、设备、区域； ……	**6.4 基础设施** 加强基础设施的知识产权管理，包括： …… c）明确可能造成泄密的设备，规定使用目的、人员和方式；明确涉密区域，规定参访人员活动范围等。 **6.5 信息资源** 加强信息资源的知识产权管理： …… c）明确涉密信息，规定保密等级、期限和传递、保存、销毁的要求。

序号	管理控制点	企业知识产权管理规范（GB/T 29490—2013）	科研组织知识产权管理规范（GB/T 33250—2016）	高等学校知识产权管理规范（GB/T 33251—2016）
45	知识产权管理（A）	**7　基础管理**		
46	基础管理（B）	**7.1　获取** 应编制形成文件的程序，以规定以下方面所需的控制： a）根据知识产权目标，制订知识产权获取的工作计划，明确获取的方式和途径； b）在获取知识产权前进行必要的检索和分析； c）保持知识产权获取记录； d）保障发明创造人员的署名权。		
47	评估与分级（B）	**7.2　维护** 应编制形成文件的程序，以规定以下方面所需的控制： a）建立知识产权分类管理档案，进行日常维护； b）知识产权评估； c）知识产权权属变更； d）知识产权权属放弃； e）有条件的企业可对知识产权进行分级管理。	**8.1　评估与分级管理** 评估与分级管理中应满足以下要求： a）构建知识产权价值评估体系和分级管理机制，建立知识产权权属放弃程序； b）建立国家科研项目知识产权处置流程，使其符合国家相关法律法规的要求； c）组成评估专家组，定期从法律、技术、市场维度对知识产权进行价值评估和分级； ……	**8.1　分级管理** 加强知识产权分级管理，包括： a）基于知识产权价值分析，建立分级管理机制； b）结合项目组建议，从法律、技术、市场维度对知识产权进行价值分析，形成知识产权分级清单； c）根据分级清单，确定不同级别知识产权的处置方式与状态控制措施。
48	科研项目管理（B）	**8　实施和运行**	**7　科研项目管理**	**7　知识产权获取**

序号	管理控制点	企业知识产权管理规范（GB/T 29490—2013）	科研组织知识产权管理规范（GB/T 33250—2016）	高等学校知识产权管理规范（GB/T 33251—2016）
49	项目分类（C）		**7.1 分类** 根据科研项目来源和重要程度等对科研项目进行分类管理；科研项目应实行立项、执行、结题验收全过程知识产权管理，重大科研项目应配备知识产权专员。	
50	自然科学类科研项目（C）			**7.1 自然科学类科研项目**
51	选题（D）	**8.1 立项** 立项阶段的知识产权管理包括： a）分析该项目所涉及的知识产权信息，包括各关键技术的专利数量、地域分布和专利权人信息等； b）通过知识产权分析及市场调研相结合，明确该产品潜在的合作伙伴和竞争对手； c）进行知识产权风险评估，并将评估结果、防范预案作为项目立项与整体预算的依据。		**7.1.1 选题** 选题阶段的知识产权管理包括： a）建立信息收集渠道，获取拟研究选题的知识产权信息； b）对信息进行分类筛选和分析加工，把握技术发展趋势，确定研究方向和重点。
52	立项（D）		**7.2 立项** 立项阶段的知识产权管理包括： a）确认科研项目委托方的知识产权要求，制定知识产权工作方案，并确保相关人员知悉； b）分析该科研项目所属领域的发展现状和趋势、知识产权保护状况和竞争态势，进行知识产权风险评估； c）根据分析结果，优化科研项目研发方向，确定知识产权策略。	**7.1.2 立项** 立项阶段的知识产权管理包括： a）进行专利信息、文献情报分析，确定研究技术路线，提高项目技术起点； b）识别科研项目知识产权需求，进行知识产权风险评估，确定知识产权目标； c）在签订科研项目合同时，明确知识产权归属、使用、处置、收益分配等条款； d）对项目组人员进行培训，必要时与项目组人员签订知识产权协议，明确保密条款； e）重大科研项目应明确专人负责专利信息、文献情报分析工作。

序号	管理控制点	企业知识产权管理规范（GB/T 29490—2013）	科研组织知识产权管理规范（GB/T 33250—2016）	高等学校知识产权管理规范（GB/T 33251—2016）
53	实施（D）	**8.2　研究开发** 研究开发阶段的知识产权管理包括： a) 对该领域的知识产权信息、相关文献及其他公开信息进行检索，对项目的技术发展状况、知识产权状况和竞争对手状况等进行分析； b) 在检索分析的基础上，制定知识产权规划； c) 跟踪与监控研究开发活动中的知识产权，适时调整研究开发策略和内容，避免或降低知识产权侵权风险； d) 督促研究人员及时报告研究开发成果； e) 及时对研究开发成果进行评估和确认，明确保护方式和权益归属，适时形成知识产权； f) 保留研究开发活动中形成的记录，并实施有效的管理。	**7.3　执行** 执行阶段的知识产权管理包括： a) 搜集和分析与科研项目相关的产业市场情报及知识产权信息等资料，跟踪与监控研发活动中的知识产权动态，适时调整研发策略和知识产权策略，持续优化科研项目研发方向； b) 定期做好研发记录，及时总结和报告研发成果； c) 及时对研发成果进行评估和确认，明确保护方式和权益归属，适时形成知识产权； d) 对研发成果适时进行专利挖掘，形成有效的专利布局； e) 研发成果对外发布前，进行知识产权审查，确保发布的内容、形式和时间符合要求； f) 根据知识产权市场化前景初步确立知识产权运营模式。	**7.1.3　实施** 实施阶段的知识产权管理包括： a) 跟踪科研项目研究领域的专利信息、文献情报，适时调整研究方向和技术路线； b) 及时建立、保持和维护科研过程中知识产权记录文件； c) 项目组成员在发布与本科研项目有关的信息之前，应经项目组负责人审查； d) 使用其他单位管理的国家重大科研基础设施和大型科研仪器时，应约定保护身份信息以及在使用过程中形成的知识产权和科学数据等内容； e) 及时评估研究成果，确定保护方式，适时形成知识产权；对于有重大市场前景的科研项目，应以运用为导向，做好专利布局、商业秘密保护等。
54	结题验收（D）		**7.4　结题验收** 结题验收阶段的知识产权管理包括： a) 分析总结知识产权完成情况，确认科研项目符合委托方要求； b) 提交科研项目成果的知识产权清单，成果包括但不限于专利、文字作品、图形作品和模型作品、植物新品种、计算机软件、商业秘密、集成电路布图设计等； c) 整理科研项目知识产权成果并归档； d) 开展科研项目产出知识产权的分析，提出知识产权维护、开发、运营的方案建议。	**7.1.4　结题** 结题阶段的知识产权管理包括： a) 提交科研项目成果的知识产权清单，包括但不限于专利、文字作品、图形作品和模型作品、植物新品种、计算机软件、商业秘密、集成电路布图设计等； b) 依据科研项目知识产权需求和目标，形成科研项目知识产权评价报告； c) 提出知识产权运用建议。

序号	管理控制点	企业知识产权管理规范（GB/T 29490—2013）	科研组织知识产权管理规范（GB/T 33250—2016）	高等学校知识产权管理规范（GB/T 33251—2016）
55	人文社会科学类科研项目（C）			**7.2 人文社会科学类科研项目** 加强人文社会科学类科研项目管理，特别是创作过程中产生的职务作品的著作权管理，包括： a）在签订科研项目合同时，应签订著作权归属协议或在合同中专设著作权部分，明确约定作品著作权的归属，署名，著作权的行使，对作品的使用与处置、收益分配，涉及著作权侵权时的诉讼、仲裁解决途径等； b）对项目组人员进行培训，并与项目组人员签订职务作品著作权协议，约定作品的权利归属；必要时应采取保密措施，避免擅自先期发表、许可、转让等； c）创作完成时提交科研项目成果，包括但不限于论文、著作、教材、课件、剧本、视听作品、计算机程序等。 注：自然科学一般包括理学、工学、农学和医学；人文社会科学一般包括哲学、经济学、法学、教育学、文学、历史学、军事学、管理学和艺术学。

序号	管理 控制点	企业知识产权 管理规范 （GB/T 29490—2013）	科研组织知识产权 管理规范 （GB/T 33250—2016）	高等学校知识产权 管理规范 （GB/T 33251—2016）
56	著作权、名称、标志、徽章、域名及服务标记（B）		9　知识产权保护 应做好知识产权保护工作，防止被侵权和知识产权流失： a）规范科研组织的名称、标志、徽章、域名及服务标记的使用，需要商标保护的及时申请注册； b）规范著作权的使用和管理，建立在核心期刊上发表学术论文的统计工作机制，明确员工和学生在发表论文时标注主要参考文献、利用国家重大科研基础设施和大型科研仪器情况的要求； ……	7.3　其他 加强其他方面的知识产权管理，包括： a）规范校名、校标、校徽、域名及服务标记的使用，需要商标保护的应及时申请注册； b）建立非职务发明专利申请前登记工作机制； c）规范著作权的使用和管理，加强学位论文和毕业设计的查重检测工作，明确教职员工和学生在发表论文时标注主要参考文献，利用国家重大科研基础设施和大型科研仪器情况的要求。
57	运用（B）	7.3　运用	8　知识产权运用	8　知识产权运用
58	策划推广（C）		8.1　评估与分级管理 评估与分级管理中应满足以下要求： …… d）对于有产业化前景的知识产权，建立转化策略，适时启动转化程序，需要二次开发的，应保护二次开发的技术成果，适时形成知识产权； e）评估知识产权转移转化过程中的风险，综合考虑投资主体、共同权利人的利益； f）建立知识产权转化后发明人、知识产权管理和转化人员的激励方案； g）科研组织在对科研项目知识产权进行后续管理时，可邀请项目组选派代表参与。	8.2　策划推广 加强知识产权策划推广，包括： a）基于分级清单，对于有转化前景的知识产权，评估其应用前景，包括潜在用户、市场价值、投资规模等；评估转化过程中的风险，包括权利稳定性、市场风险等； b）根据应用前景和风险的评估结果，综合考虑投资主体、权利人的利益，制定转化策略； c）通过展示、推介、谈判等建立与潜在用户的合作关系； d）结合市场需求，进行知识产权组合并推广； e）鼓励利用知识产权创业。

序号	管理控制点	企业知识产权管理规范（GB/T 29490—2013）	科研组织知识产权管理规范（GB/T 33250—2016）	高等学校知识产权管理规范（GB/T 33251—2016）
59	实施、许可和转让（C）	7.3.1 实施、许可和转让 应编制形成文件的程序，以规定以下方面所需的控制： a）促进和监控知识产权的实施，有条件的企业可评估知识产权对企业的贡献； b）知识产权实施、许可或转让前，应分别制订调查方案，并进行评估。	8.2 实施和运营 实施和运营过程中应满足以下要求： a）制定知识产权实施和运营策略与规划； b）建立知识产权实施和运营控制流程； c）明确权利人、发明人和运营主体间的收益关系。 8.3 许可和转让 许可和转让过程中应满足以下要求： a）许可和转让前进行知识产权尽职调查，确保相关知识产权的有效性； b）知识产权许可和转让应签订书面合同，明确双方的权利和义务，其中许可合同应当明确规定许可方式、范围、期限等； c）监控许可和转让流程，预防与控制许可和转让风险，包括合同的签署、备案、执行、变更、中止与终止，以及知识产权权属的变更等。	8.3 许可和转让 在知识产权许可或转让时，应遵循下列要求： a）许可或转让前确认知识产权的法律状态及权利归属，确保相关知识产权的有效性； b）调查被许可方或受让方的实施意愿，防止恶意申请许可与购买行为； c）许可或转让应签订书面合同，明确双方权利和义务； d）监控许可或转让过程，包括合同的签署、备案、变更、执行、中止与终止，以及知识产权权属的变更等，预防与控制交易风险。
60	投融资（C）	7.3.2 投融资 投融资活动前，应对相关知识产权开展尽职调查，进行风险和价值评估。在境外投资前，应针对目的地的知识产权法律、政策及其执行情况，进行风险分析。	8.4 作价投资 作价投资过程中应满足以下要求： a）调查技术需求方以及合作方的经济实力、管理水平、所处行业、生产能力、技术能力、营销能力等； b）根据需要选择有资质的第三方进行知识产权价值评估； c）签订书面合同，明确受益方式和比例。	8.4 作价投资 在利用知识产权投资时，应遵循下列要求： a）调查合作方的经济实力、管理水平、生产能力、技术能力、营销能力等实施能力； b）对知识产权进行价值评估； c）明确受益方式和分配比例。

续表

序号	管理控制点	企业知识产权管理规范（GB/T 29490—2013）	科研组织知识产权管理规范（GB/T 33250—2016）	高等学校知识产权管理规范（GB/T 33251—2016）
61	企业重组（C）	**7.3.3　企业重组** 企业重组工作应满足以下要求： a）企业合并或并购前，应开展知识产权尽职调查，根据合并或并购的目的设定对目标企业知识产权状况的调查内容；有条件的企业可进行知识产权评估。 b）企业出售或剥离资产前，应对相关知识产权开展调查和评估，分析出售或剥离的知识产权对本企业未来竞争力的影响。		
62	标准化（C）	**7.3.4　标准化** 参与标准化工作应满足以下要求： a）参与标准化组织前，了解标准化组织的知识产权政策；将包含专利和专利申请的技术方案向标准化组织提案时，应按照知识产权政策要求披露并作出许可承诺； b）牵头制定标准时，应组织制定标准工作组的知识产权政策和工作程序。		

序号	管理控制点	企业知识产权管理规范（GB/T 29490—2013）	科研组织知识产权管理规范（GB/T 33250—2016）	高等学校知识产权管理规范（GB/T 33251—2016）
63	联盟及相关组织（C）	**7.3.5 联盟及相关组织** 参与或组建知识产权联盟及相关组织应满足以下要求： a）参与知识产权联盟或其他组织前，应了解其知识产权政策，并进行评估； b）组建知识产权联盟时，应遵循公平、合理且无歧视的原则，制定联盟知识产权政策；主要涉及专利合作的联盟可围绕核心技术建立专利池。		**9.1 合同管理** 加强合同中的知识产权管理，包括： …… c）明确参与知识产权联盟、协同创新组织等情况下的知识产权归属、许可转让及利益分配、后续改进的权益归属等事项。
64	保护（B）	**7.4 保护**	**9 知识产权保护**	**9 知识产权保护**
65	风险管理（C）	**7.4.1 风险管理** 应编制形成文件的程序，以规定以下方面所需的控制： a）采取措施，避免或降低生产、办公设备及软件侵犯他人知识产权的风险； b）定期监控产品可能涉及他人知识产权的状况，分析可能发生的纠纷及其对企业的损害程度，提出防范预案； c）有条件的企业可将知识产权纳入企业风险管理体系，对知识产权风险进行识别和评测，并采取相应风险控制措施。	**9 知识产权保护** 应做好知识产权保护工作，防止被侵权和知识产权流失： …… e）建立知识产权纠纷应对机制，制订有效的风险规避方案；及时发现和监控知识产权风险，避免侵犯他人知识产权；及时跟踪和调查相关知识产权被侵权的情况，适时通过行政和司法途径主动维权，有效保护自身知识产权。	**9.2 风险管理** 规避知识产权风险，主动维护自身权益，包括： a）及时发现和监控知识产权风险，制订有效的风险规避方案，避免侵犯他人知识产权； b）及时跟踪和调查相关知识产权被侵权的情况，建立知识产权纠纷应对机制； c）在应对知识产权纠纷时，评估通过行政处理、司法诉讼、仲裁、调解等不同处理方式对高等学校产生的影响，选取适宜的争议解决方式，适时通过行政和司法途径主动维权； d）加强学术交流中的知识产权管理，避免知识产权流失。
66	争议处理（C）	**7.4.2 争议处理** 应编制形成文件的程序，以规定以下方面所需的控制： a）及时发现和监控知识产权被侵犯的情况，适时运用行政和司法途径保护知识产权； b）在处理知识产权纠纷时，评估通过诉讼、仲裁、和解等不同处理方式对企业的影响，选取适宜的争议解决方式。		

序号	管理 控制点	企业知识产权 管理规范 （GB/T 29490—2013）	科研组织知识产权 管理规范 （GB/T 33250—2016）	高等学校知识产权 管理规范 （GB/T 33251—2016）
67	采购（B）	**8.3　采购** 采购阶段的知识产权管理包括： a）在采购涉及知识产权的产品过程中，收集相关知识产权信息，以避免采购知识产权侵权产品，必要时应要求供方提供知识产权权属证明； b）做好供方信息、进货渠道、进价策略等信息资料的管理和保密工作； c）在采购合同中应明确知识产权权属、许可使用范围、侵权责任承担等。		
68	生产（B）	**8.4　生产** 生产阶段的知识产权管理包括： a）及时评估、确认生产过程中涉及产品与工艺方法的技术改进与创新，明确保护方式，适时形成知识产权； b）在委托加工、来料加工、贴牌生产等对外协作的过程中，应在生产合同中明确知识产权权属、许可使用范围、侵权责任承担等，必要时应要求供方提供知识产权许可证明； c）保留生产活动中形成的记录，并实施有效的管理。		

序号	管理控制点	企业知识产权管理规范（GB/T 29490—2013）	科研组织知识产权管理规范（GB/T 33250—2016）	高等学校知识产权管理规范（GB/T 33251—2016）
69	销售和售后（B）	**8.5　销售和售后** 销售和售后阶段的知识产权管理包括： a）产品销售前，对产品所涉及的知识产权状况进行全面审查和分析，制订知识产权保护和风险规避方案； b）在产品宣传、销售、会展等商业活动前制订知识产权保护或风险规避方案； c）建立产品销售市场监控程序，采取保护措施，及时跟踪和调查相关知识产权被侵权情况，建立和保持相关记录； d）产品升级或市场环境发生变化时，及时进行跟踪调查，调整知识产权策略和风险规避方案，适时形成新的知识产权。		
70	涉外贸易（C）	**7.4.3　涉外贸易** 涉外贸易过程中的知识产权工作包括： a）向境外销售产品前，应调查目的地的知识产权法律、政策及其执行情况，了解行业相关诉讼，分析可能涉及的知识产权风险； b）向境外销售产品前，应适时在目的地进行知识产权申请、注册和登记； c）对向境外销售的涉及知识产权的产品可采取相应的边境保护措施。		

序号	管理控制点	企业知识产权管理规范（GB/T 29490—2013）	科研组织知识产权管理规范（GB/T 33250—2016）	高等学校知识产权管理规范（GB/T 33251—2016）
71	持续改进（A）	**9　审核和改进**	**11　检查和改进**	**10　检查和改进**
72	总则（B）	**9.1　总则** 策划并实施以下方面所需的监控、审查和改进过程： a）确保产品、软硬件设施设备符合知识产权有关要求； b）确保知识产权管理体系的适宜性； c）持续改进知识产权管理体系，确保其有效性。		
73	内部审核（B）	**9.2　内部审核** 应编制形成文件的程序，确保定期对知识产权管理体系进行内部审核，满足本标准的要求。	**11.1　检查监督** 定期开展检查监督，根据监督检查的结果，对照知识产权方针、目标，制定和落实改进措施，确保知识产权管理体系的适宜性和有效性。	**10.1　检查监督** 定期开展检查监督，确保知识产权管理活动的有效性。
74	管理评审（B）	**5.5　管理评审**		
75	评审要求（C）	**5.5.1　评审要求** 最高管理者应定期评审知识产权管理体系的适宜性和有效性。		
76	评审输入（C）	**5.5.2　评审输入** 评审输入应包括： a）知识产权方针、目标； b）企业经营目标、策略及新产品、新业务规划； c）企业知识产权基本情况及风险评估信息； d）技术、标准发展趋势； e）前期审核结果。		

序号	管理控制点	企业知识产权管理规范（GB/T 29490—2013）	科研组织知识产权管理规范（GB/T 33250—2016）	高等学校知识产权管理规范（GB/T 33251—2016）
77	评审输出（C）	**5.5.3　评审输出** 评审输出应包括： a）知识产权方针、目标改进建议； b）知识产权管理程序改进建议； c）资源需求。		
78	分析与改进（B）	**9.3　分析与改进** 根据知识产权方针、目标以及检查、分析的结果，制定和落实改进措施。	**11.2　评审改进** 最高管理者应定期评审知识产权管理体系的适宜性和有效性，制定和落实改进措施，确保与科研组织的战略方向一致。	**10.2　绩效评价** 根据高等学校的知识产权绩效评价体系要求，定期对校属部门、学院（系）、直属机构等进行绩效评价。 **10.3　改进提高** 根据检查、监督和绩效评价的结果，对照知识产权目标，制定和落实改进措施。

范例2　科研组织知识产权管理体系建设调研问卷

一、知识产权调查问卷——管理与支撑部门填写(科研组织适用)

本问卷采取不记名方式。对所填写的资料绝对保密，只为本次调研所用。

1. 您所在管理部门？（单选题＊必答）

○ 党政办公室

○ 科技处

○ 财务处

○ 人事处

○ 教育处

○ 产业处

○ 综合处

2. 您所在的部门是否建立知识产权台账？（单选题＊必答）

○ 是

○ 否

○ 不清楚

3. 您所在部门签订的知识产权业务类合同是否有台账？（单选题＊必答）

○ 是

○ 否

○ 不清楚

4. 在项目立项前，是否进行知识产权、专利情况调查分析？（单选题＊必答）

○ 是

○ 否

○ 不清楚

5. 在项目立项前，是否分析科研领域发展趋势、竞争态势等，进行知识产权风险评估？（单选题 * 必答）

○ 是

○ 否

○ 不清楚

6. 在项目立项前，是否根据知识产权分析结果优化研发方向，确定知识产权策略，制订知识产权工作方案？（单选题 * 必答）

○ 是

○ 否

○ 不清楚

7. 在项目期内，是否及时对研发成果的保护形式进行判断？（单选题 * 必答）

○ 是

○ 否

○ 不清楚

8. 在项目期内与项目结题时，是否开展知识产权分析，提出知识产权维护、开发、运营方案或建议？（单选题 * 必答）

○ 是

○ 否

○ 不清楚

9. 在项目结题时，是否整理完善科研项目成果（包括但不限于专利、文字作品、图形作品、商业秘密、电路布图设计等）的知识产权清单？（单选题 * 必答）

○ 是

○ 否

○ 不清楚

10. 对于已取得授权的专利，研究所放弃维护时是否进行评判？（单选题 * 必答）

○ 是

○ 否

○ 不清楚

11. 如进行评判，由谁进行评判（单选题＊必答）

○ 委托外部专门机构进行

○ 专员出意见后，由项目负责人确认

○ 由项目负责人决定

○ 其他_____

12. 研究所是否有知识产权权属放弃的程序？（单选题＊必答）

○ 是

○ 否

○ 不清楚

13. 研究所是否制定知识产权实施和运营策略与规划？（单选题＊必答）

○ 是

○ 否

○ 不清楚

14. 研究所是否建立知识产权实施和运营控制流程？（单选题＊必答）

○ 是

○ 否

○ 不清楚

15. 如有，请举一实例？（填空题＊必答）

_____

16. 研究所对许可与转让签订的书面合同，是否明确双方权利与义务、许可方式、范围、期限？（单选题＊必答）

○ 是

○ 否

○ 不清楚

17. 研究所在知识产权许可、转让前是否进行尽职调查？（单选题＊必答）

○ 是

○ 否

○ 不清楚

18. 是否有监控知识产权许可、转让的流程？（单选题＊必答）

　　○ 是

　　○ 否

　　○ 不清楚

19. 研究所以知识产权作价投资前是否对需求方以及合作方进行调查？（单选题＊必答）

　　○ 是

　　○ 否

　　○ 不清楚

　　○ 没有该项业务发生

20. 如有作价投资，请简述对哪些方面进行了调查？（填空题＊必答）

　　_____

21. 研究所的名称、标志、徽章、域名和服务标记，是否申请商标保护？（单选题＊必答）

　　○ 是

　　○ 否

　　○ 不清楚

22. 是否开展知识产权价值评估？（单选题＊必答）

　　○ 已建立明确的价值评估方法

　　○ 没有建立明知的评估体系，但已开展该项工作

　　○ 均无

23. 是否建立知识产权分级管理机制？（单选题＊必答）

　　○ 是

　　○ 否

　　○ 不清楚

24. 对于有产业化前景的知识产权是否建立转化策略？（单选题＊必答）

　　○ 是

　　○ 否

　　○ 不清楚

25. 对于二次开发的技术成果是否及时形成知识产权？（单选题＊必答）

○ 是

○ 否

○ 不清楚

○ 没有二次开发

26. 是否建立知识产权转移、转化过程中风险评估机制？（单选题＊必答）

○ 是

○ 否

○ 不清楚

27. 是否建立知识产权纠纷应对机制，制订有效的风险规避方案？（单选题＊必答）

○ 是

○ 否

○ 不清楚

28. 是否定期监控知识产权风险，避免侵犯他人知识产权？（单选题＊必答）

○ 是

○ 否

○ 不清楚

29. 是否定期跟踪调查知识产权被侵权的情况？（单选题＊必答）

○ 是

○ 否

○ 不清楚

30. 研究所人员变动是否进行如下管理？（多选题＊必答）

□ 对新入职人员进知识产权背景调查，并形成记录

□ 对与知识产权关系密切岗位，与新入职人员签署知识产权声明文件

□ 对离职人员进行知识产权事项提醒

□ 对离职并与知识产权相关的人员签署知识产权协议或竞业限制协议

□ 均无

□ 不清楚，且该问题不属于本部门职责

31. 研究所是否建立知识产权奖励制度？（单选题＊必答）

　　○ 是

　　○ 否

　　○ 不清楚，且该问题不属于本部门职责

32. 研究所是否设立经常性（知识产权申请、注册、登记维护、检索、评估等）预算费用？（单选题＊必答）

　　○ 是

　　○ 否

　　○ 不清楚，且该问题不属于本部门职责

33. 如设立经常性预算费用，是否独立会计科目与记账凭证？（单选题＊必答）

　　○ 是

　　○ 否

　　○ 不清楚，且该问题不属于本部门职责

34. 研究所是否有知识产权方针和目标？（单选题＊必答）

　　○ 是

　　○ 否

　　○ 不确定

35. 本部门是否有知识产权年度分解目标？（单选题＊必答）

　　○ 是

　　○ 否

　　○ 不确定

36. 本部门的知识产权年度分解目标是什么？（填空题＊必答）

　　_____

37. 研究所是否对部门知识产权年度分解目标完成情况进行考核？（单选题＊必答）

　　○ 是

　　○ 否

　　○ 不清楚

38. 你所在部门的工作中关于数字类的目标，是领导指定还是根据部门实际情

况制定？（单选题＊必答）

　　○ 领导指定完成数目

　　○ 根据部门实际情况上报

　　○ 不清楚

　　39. 部门涉及知识产权类的文件是否按文件类别、秘密级别进行保管？（单选题＊必答）

　　○ 是

　　○ 否

　　○ 只按照文件类别保管未设置秘密级别进行保管

　　○ 本部门无涉及知识产权类的文件

　　40. 研究所是否与员工约定知识产权权属，奖励报酬、保密义务？（单选题＊必答）

　　○ 是

　　○ 否

　　○ 不清楚，且不属于本部门职责

　　41. 研究所与员工签订过竞业限制协议？（单选题＊必答）

　　○ 是

　　○ 否

　　○ 不清楚，且不属于本部门职责

　　42. 您是否参加过知识产权相关培训？（单选题＊必答）

　　○ 是

　　○ 否

　　43. 研究所每年开展几次关于知识产权培训？（单选题＊必答）

　　○ 1～3 次

　　○ 4～5 次

　　○ 更多

　　○ 不清楚

　　44. 关于知识产权培训，是否有培训计划、签到表和记录？（单选题＊必答）

　　○ 是

○ 否

○ 有，但不全

○ 不清楚，且该问题不属于本部门职责

45. 如非强制要求，您会参加自愿参加知识产权培训？（单选题＊必答）

○ 会

○ 不会

○ 看时间安排

46. 研究所对学生是否进行专门知识产权培训？（单选题＊必答）

○ 是

○ 否

○ 不清楚，且该问题不属于本部门职责

47. 您参加过如下哪类相关知识产权培训？（多选题＊必答）

□ 专利相关培训

□ 商标相关培训

□ 著作权相关培训

□ 知识产权管理层培训

□ 知识产权贯标培训

□ 均未参加

48. 研究所的仪器管理办法中是否有知识产权的规定？（单选题＊必答）

○ 是

○ 否

○ 不清楚，且该问题不属于本部门职责

49. 研究所的科研设施的租借、采购，是否有知识产权审查？（单选题＊必答）

○ 是

○ 否

○ 不清楚，且该问题不属于本部门职责

50. 研究所在采购实验用品、软件、耗材时是否进行知识产权审查？（单选题＊必答）

○ 是

○ 否

○ 不清楚，且该问题不属于本部门职责

51. 由谁进行审查？（填空题 * 必答）

_____

52. 研究所在处理实验用品时是否进行知识产权审查？（单选题 * 必答）

○ 是

○ 否

○ 不清楚，且该问题不属于本部门职责

53. 由谁进行审查？（填空题 * 必答）

_____

54. 研究所的知识产权类合同、技术合同中是否约定知识产权内容？（单选题 * 必答）

○ 是

○ 否

○ 不清楚，且不属于本部门职责

55. 研究所签订的知识产权类合同、技术合同中是否使用固定模板？（单选题 * 必答）

○ 有

○ 没有

○ 根据实际情况自由选择

○ 不清楚，且不属于本部门职责

56. 研究所是否建立知识产权信息（所属领域、竞争对手）收集渠道？（单选题 * 必答）

○ 是

○ 否

○ 不清楚，且该问题不属于本部门职责

57. 您所在部门对行政决定、司法判决、律师函是否进行有效管理？（单选题 * 必答）

○ 是

○ 否

○ 不清楚

○ 目前不涉及

58. 您所在部门的外来文件与记录文件是否明确保管方式和保管期限？（单选题＊必答）

○ 是

○ 否

59. 研究所是否有科研项目的分类依据？（单选题＊必答）

○ 是

○ 否

○ 不清楚，且该问题不属于本部门职责

60. 请列举研究所的重大科研项目有哪些？（填空题＊必答）

_____

61. 研究所的重大科研项目是否配备知识产权专员？（单选题＊必答）

○ 是

○ 否

○ 不清楚，且不属于本部门职责

62. 研究所在论文发表、学术答辩、学术交流等学术事务前，是否进行信息披露审查？（单选题＊必答）

○ 是

○ 否

○ 不清楚，且该问题不属于本部门职责

63. 如有，由谁审查？（填空题＊必答）

_____

64. 研究所是否有在核心期刊上发表学术论文的相关规定？（单选题＊必答）

○ 是

○ 否

○ 不清楚，且该问题不属于本部门职责

65. 研究所对外（网站、新闻媒体、微信公众号等）信息发布是否进行审批？

（单选题 * 必答）

○ 是

○ 否

○ 不清楚，且该问题不属于本部门职责

66. 由谁进行审批？（填空题 * 必答）

_____

67. 研究所关于商业秘密和技术秘密的保护，是否有相关规定？（单选题 *
必答）

○ 是

○ 否

○ 不清楚，且该问题不属于本部门职责

68. 您认为研究所科研项目更偏重于基础研究还是应用研究？（单选题 * 必答）

○ 基础研究

○ 应用研究

○ 都有，二者占比相当

○ 不清楚

69. 军工项目在研究所全部项目的占比约为多少？（单选题 * 必答）

○ 20% 以下

○ 20% ~40%

○ 40% ~60%

○ 60% 以上

○ 不清楚

70. 您所在的部门是否运行研究所的质量管理体系？（单选题 * 必答）

○ 是

○ 否

○ 不清楚

71. 研究所内部往来文件、借阅是否有记录？（单选题 * 必答）

○ 是

○ 否

72. 研究所是否建立科研项目知识产权处置流程？（单选题 * 必答）

○ 是

○ 否

○ 不清楚，且该问题不属于本部门职责

二、知识产权调查问卷——科研单元填写（科研组织适用）

本问卷采取不记名方式。对所填写的资料绝对保密，只为本次调研所用。

1. 您属于_____？（单选题＊必答）

○ 科研部

○ 加速器

○ ADS 部

2. 科研部下_____（单选题＊必答）

○ 实验中心

○ 科学中心

○ 材料中心

○ 研发中心

○ 研究室

○ 文献中心

3. 您在项目组的角色？（单选题＊必答）

○ 支撑人员

○ 科研人员

○ 学生

4. 您是否在项目组承担知识产权管理工作？（单选题＊必答）

○ 是

○ 否

5. 您所在部门对行政决定、司法判决、律师函是否进行有效管理？（单选题＊必答）

○ 是

○ 否

○ 不清楚

○ 目前不涉及

6. 您所在部门的外来文件与记录文件是否明确保管方式和保管期限？（单选题＊必答）

○ 是

○ 否

○ 不明确

7. 您所在的部门是否建立知识产权台账？（单选题＊必答）

○ 是

○ 否

○ 不清楚

8. 您所在的部门是否有知识产权年度分解目标？（单选题＊必答）

○ 是

○ 否

○ 不清楚

9. 知识产权年度分解目标是什么？（填空题＊必答）

_____

10. 研究所是否对项目组知识产权年度分解目标完成情况进行考核？（单选题＊必答）

○ 是

○ 否

○ 不清楚

11. 您所在部门是否有核心期刊上发表学术论文的相关规定？（单选题＊必答）

○ 是

○ 否

○ 不清楚

12. 您所在部门对学生进入某个项目组是否进行专门的知识产权培训？（单选题＊必答）

○ 是

○ 否

○ 不清楚

13. 您所在部门是否建立知识产权信息（所属领域、竞争对手）收集渠道？（单选题 * 必答）

○ 是

○ 否

○ 不清楚

14. 您所在部门是否制定知识产权实施和运营策略与规划？（单选题 * 必答）

○ 是

○ 否

○ 不清楚

15. 项目组的科研项目更偏重于基础研究还是应用研究？（单选题 * 必答）

○ 基础研究

○ 应用研究

○ 不清楚

○ 都有，比例差不多

16. 项目组的军工项目在全部项目的占比约为多少？（单选题 * 必答）

○ 20% 以下

○ 20% ~ 40%

○ 40% ~ 60%

○ 60% 以上

○ 不清楚

17. 项目组是否有组内的知识产权的管理要求？（单选题 * 必答）

○ 是

○ 否

○ 不清楚

18. 项目组的知识产权管理要求包括（多选）？（多选题 * 必答）

□ 知识产权保护

☐ 知识产权权属

☐ 知识产权报酬、奖励

☐ 知识产权保密义务

☐ 论文、答辩、交流等学术事物信息披露审查

☐ 不清楚

19. 您所在的部门是否运行研究所的质量管理体系？（单选题＊必答）

○ 是

○ 否

○ 不清楚

20. 您所在部门是否有目的、有计划地开展了知识产权工作（如专利、商标的申请等）？（单选题＊必答）

○ 是

○ 否

○ 不清楚

21. 您所在部门的技术秘密或商业秘密是否有保密的相关要求和规定？（单选题＊必答）

○ 是

○ 否

○ 有具体要求，但没有形成文件

○ 不清楚

22. 您所在部门的实验数据，分析报告等传阅、借阅是否有审批和记录？（单选题＊必答）

○ 是

○ 否

○ 不清楚

23. 您所在部门项目组人员变动时是否进行如下管理（多选题＊必答）

☐ 对新入项目组人员进知识产权背景调查，并形成记录

☐ 对与知识产权关系密切岗位，除进行背景调查，还需签署知识产权声明文件

☐ 对调离项目组人员进行知识产权事项提醒

□ 均不进行

□ 只进行一部分

□ 不清楚

24. 您每年度参加知识产权培训次数？（单选题 * 必答）

○ 1~2次

○ 3~5次

○ 更多

○ 没有参加过

25. 您参加的知识产权培训是由谁组织的？（多选题 * 必答）

□ 研究所

□ 项目组

□ 研究所外

26. 如非强制要求，您会自愿参加知识产权培训？（单选题 * 必答）

○ 会

○ 不会

○ 看时间安排

27. 如参加，是出于个人兴趣，还是工作需求？（单选题 * 必答）

○ 个人兴趣

○ 工作需求

○ 其他

28. 您所在部门是否对科研项目进行分类，是否有分类的标准或依据？（单选题 * 必答）

○ 有

○ 没有

○ 不清楚

29. 您所在部门的科研项目分类依据是什么？（单选题 * 必答）

○ 项目来源（国家、省、地方）

○ 研发经费

○ 其他

○ 不清楚

30. 您认为哪些是重大科研项目？（多选题＊必答）

□ 国家项目

□ 省部项目

□ 重大研发经费

□ 其他

31. 请列举您所在部门的重大科研项目有哪些？（填空题＊必答）

_____

32. 您所在部门针对重大科研项目人员，入项目组前是否进行知识产权背景调查，签署保密协议？（单选题＊必答）

○ 是

○ 否

○ 不清楚

33. 您所在部门的重大科研项目是否配备知识产权专员？（单选题＊必答）

○ 是

○ 否

○ 不清楚

34. 您所在部门日常工作中论文发表、答辩、学术交流等学术活动前，是否进行信息披露审查？（单选题＊必答）

○ 是

○ 否

○ 不清楚

35. 您所在部门的实验用品或耗材采购前是否进行知识产权审查？（单选题＊必答）

○ 是

○ 否

○ 不清楚

36. 您所在部门的实验用品处理，或仪器报废前是否进行知识产权审查？（单选题＊必答）

○ 是

○ 否

○ 不清楚

37. 您所在部门在委托开发、合作开发合同中是否有知识产权条款的约定？（单选题＊必答）

○ 是

○ 否

○ 不清楚

38. 您所在部门签订的合同是采用研究所模板合同，还是根据实际情况另行选择？（单选题＊必答）

○ 研究所合同模板

○ 根据实际情况另行选择

○ 研究合同模板与根据实际情况另行选择均有

○ 不清楚

39. 您所在部门对专利信息检索的具体做法？（多选题＊必答）

□ 自行检索

□ 委托专业机构

□ 不清楚

□ 很少进行检索

40. 对于已取得授权的专利，您所在部门放弃维护时是否进行评判？（单选题＊必答）

○ 是，有明确标准，委托外部专门机构进行

○ 否，由专员出意见后，由项目负责人确认

○ 直接由项目负责人决定

○ 不清楚

41. 您所在部门的信息对外发布（网站、新闻媒体、微信公众号等）前是否进行知识产权审查？（单选题＊必答）

○ 是

○ 否

○ 不清楚

42. 您所在部门在项目立项前，是否进行知识产权、专利情况调查分析？（单选题＊必答）

○ 是

○ 否

○ 不清楚

○ 项目立项要求则进行，否则不做

43. 您所在部门，在项目立项前，是否根据知识产权分析结果优化研发方向，确定知识产权策略，制订知识产权工作方案？（单选题＊必答）

○ 是

○ 否

○ 不清楚

○ 项目立项要求则进行，否则不做

44. 您所在部门在项目立项前，是否分析科研领域发展趋势、竞争态势等，进行知识产权风险评估？（单选题＊必答）

○ 是

○ 否

○ 不清楚

○ 项目立项要求则进行，否则不做

45. 您所在部门，在项目执行期内，是否定期搜集知识产权信息，及时调整知识产权策略？（单选题＊必答）

○ 是

○ 否

○ 不清楚

○ 项目立项要求则进行，否则不做

46. 您所在部门在项目期内，是否及时对研发成果的保护形式进行判断？（单选题＊必答）

○ 是

○ 否

○ 不清楚

47. 您所在部门，是否对研发成果进行专利挖掘，形成专利布局？（单选题 *
必答）

○ 是

○ 否

○ 不清楚

48. 您所在部门，在项目结题时是否提交知识产权清单？（单选题 * 必答）

○ 是

○ 否

○ 不清楚

49. 您所在部门，在项目结题时，项目的知识产权成果是否归集归档？（单选题 *
必答）

○ 是

○ 否

○ 不清楚

50. 您所在部门，在项目期内与项目结题时，是否开展知识产权分析，提出知
识产权维护、开发、运营方案或建议？（单选题 * 必答）

○ 是

○ 否

○ 其中一个阶段进行

○ 不清楚

51. 您的劳动合同中是否约定知识产权权属、保密条款？（单选题 * 必答）

○ 是

○ 否

○ 不清楚

52. 您认为保证知识产权管理的及时性和有效性，是否有必要采用软件管理？
（单选题 * 必答）

○ 是

○ 否

范例3 科研组织知识产权管理体系建设诊断报告

中国科学院××研究所知识产权管理诊断报告

目 录

1　概况及战略定位

1.1　组织概况描述

1.1.1　所况简介

中科院××研究所（以下简称"××所"）组建于××年×月，是以原中科院××研究所、××实验中心为主体，联合××研究发展中心整合而成。

2011年，××研究所作为中科院首批整体择优单位，率先进入并全面启动实施"创新2020"工程。2015年，××研究所成为中科院首批特色研究所试点单位。

全所现有在职职工××人，其中中科院院士×人、中国工程院院士×人、发展中国家科学院院士×人、研究员××人、副高级专业技术人员××人，现有在学博士和硕士研究生××余人。

××所以建设特色研究所为契机，结合国家战略需求，科学谋划，强化战略重点，加强人才队伍建设，吸引和培养优秀人才，经过××年融合发展，立足自身优势特色，打造成为具有核心竞争力的特色研究所。

1.1.2　机构设置

××所机构设置包括研究系统、管理系统、支撑系统。研究系统包括××化学研究中心、××研究中心等××个基础研究单元，管理系统包含党政办、人事处等9个管理部门，支撑系统包括公共技术服务中心和信息中心2个支撑部，如图11－1所示。

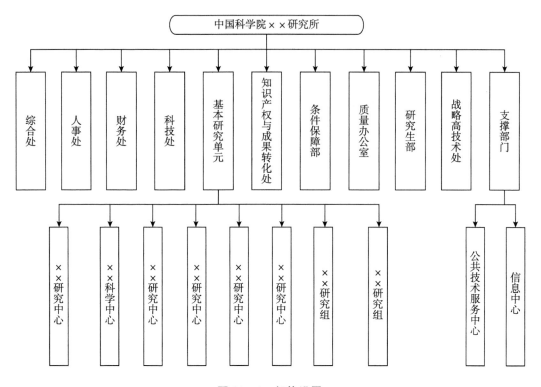

图11－1　机构设置

1.1.3　机构职能

基于组织目前的机构设置，其管理部门、支撑部门的主要职能有：

（1）综合处：组织开展研究所规章制度建设；协调研究所综合评估和统计工作；公文管理，信息和宣传工作，综合档案管理，对外联络；党务工作。

（2）人事处：负责人才引进、招聘与培养、员工培训以及与岗位聘任相联系的专业技术职务聘任、职员职务的聘任及工人考工定级的组织管理，负责全所职工的聘用合同管理，干部任免和职工考核、奖惩工作；负责制定研究所质量、保密工作方面的人员管理和培训。负责博士后的全程管理。负责全所离退休人员的管理与服务。

（3）财务处：组织编制年度研究所财务预算和财务决算并组织实施；协助课题组编制、审核科研项目预算和决算；负责"四技合同"的审核、认证、管理、归档工作。

（4）科技处：研究所科研发展规划、科研体系运行、纵向科研项目立项、国际交流与合作、资产及科研装备、科研成果与科研支撑等归口管理部门，主要负责制定研究所近、中、远期发展规划和阶段实施计划；负责制定、完善与落实研究所各项科研业务管理规章制度，负责制定与实施国有资产管理的具体办法；负责国家纵向任务、中科院项目的立项及项目过程管理；负责组织研究所国际合作项目及国际合作交流等学术活动管理；负责科研项目账号管理、经费划拨；科研仪器管理，论文统计、审查备案管理，负责研究所资产的配置、科研用房调配，固定资产管理；政府采购，线上采购；科研动态宣传；科研档案收集和移交。

（5）战略高技术处：研究所战略高技术领域科研生产管理和保密体系管理的职能部门，贯彻落实军民融合发展战略，负责战略高技术规划与制度建设，战略高技术固定资产投资与实验室建设管理，战略高技术成果管理，保密管理体系建设与保密资质管理，保密绩效核定管理。

（6）知识产权与成果转化处：制定研究所科研成果转化的规划，组织、策划和实施研究所重大科技成果的转化和产业化，负责与地方政府和企业横向联合的组织和协调，为研究单元科研立项提供市场咨询、行业调查、项目立项等服务，完善与落实研究所横向项目、成果、专利管理、成果转化等管理规章制度，经营性资产（含知识产权）和投资公司的管理。

（7）条件保障处：负责研究所基本建设、园区与安全管理，为研究提供科研、办公等公共基础条件正常运行的职能部门。

（8）质量办公室：对体系覆盖的科研生产项目的过程控制和质量管理进行监督指导。

（9）研究生部：负责研究生学位工作，负责研究生政治思想教育、学风道德建设，负责国内外联合培养研究生和港澳台留学生工作。

（10）公共技术服务中心：负责全所大型公用仪器设备的运行和管理，负责中心各种仪器设备的正常运行和质量体系的正常运转。负责仪器开放共享管理。

（11）信息中心：由网络办公室、图书馆、学报编辑部和学会办公室四个部分组成。负责信息化建设的实施、建设、运行维护与管理；负责研究所管理信息系统运行和维护及研究所网站的建设；负责研究所网络信息安全管理。负责研究所图书文献情报资源的规划、保障建设、管理和服务。

1.1.4 研究系统

××所共有××个研究中心（研究组），分别为××化学研究中心、××研究组。

鉴于研究所研究系统分布的实际情况，本报告中统一约定：将研究中心、研究组统一为研究中心；将具体团队定义为课题组。

1.2 组织战略定位

1.2.1 组织科研概况

××所是以高分子物理与化学和电分析化学为学科背景，以高科技创新和成果转移转化研究为职责使命的研究机构。主要研究领域为××、××。

1.2.2 组织科研定位

××所根据中科院"四个率先"和深化科技体制改革要求，自 2015 年首批成为中科院特色研究所建设试点。

2018 年，××所按已确定的"一三五"规划，研究所是以物理、化学和工程技术为学科背景，以高科技创新和成果转移转化研究为职责使命的研究机构。重点开展××和××材料应用基础研究及成果转移转化；着力突破××和××核心关键技术；致力推进××的发展和应用。将××所建设成为能够引领或带动我国若干战略必争领域跨越发展的科学创新源头和技术支撑基地。

研究所三大重大突破方向为：

突破一：××技术的创新与应用。

突破××的主要关键技术和工程化技术；继续开展××等前沿技术研究。

突破二：××技术创新及其应用。

攻克××大冷量、长寿命、超高频轻量化、超静微振动等关键技术，研制出系列化××机产品。

突破三：××技术研发及工程应用。

重点突破××等×项核心关键技术，形成××装备设计和制造能力并建立技术体系，推进产业化。

研究所五个重点培育方向为：

培育方向一：××材料。

发展新型××材料，揭示××反应的微观机制；发展××化学合成新方法和新工艺，拓展××新策略。

培育方向二：××生产工艺。

开发自主知识产权核心配套装备，制定××生产工艺标准；提高××生产技术水平，形成系列化树脂产品，开发树脂合金化、廉价化技术及制备工艺。

培育方向三：××及产业化。

重点开展××等技术的研发和产业化攻关，建立与××产业发展需求相适应的检测与工艺装备平台，研发××并实现产品商业化应用。

培育方向四：××技术与应用。

研发××等不同气源特征的前处理工艺，以及××核心技术，形成具有高度适应能力的××核心技术工艺包；发展××工艺。

培育方向五：××前沿技术。

建立××快速配制与测量平台，研制新一代××样机，构建××的理论与技术体系；在××技术方面取得系列基础性突破。

调研中了解研究所已筹划制定"十四五"规划，"十四五"目标：建立××示范工程。构建××体系，模拟××体系。重点围绕制造业转型升级，建设一支集"应用研究、技术开发、工程化/产业化"于一体应用创新团队，打造一条"需求为牵引，技术攻关为核心、产业应用为目标"的完整研发链条；加强重大项目立项前知识产权策划与布局，强化执行中知识产权创造与保护，大力推进知识产权实施。

1.3　小结

××所立足特色研究所定位，注重制造产业关键技术突破能力提升，科学筹划，彰显特色优势，强化战略和研发布局。学科发展方向主要以重大需求为导向，带动产业升级为核心。

××所以基础与应用研究、战略高技术兼顾，面向国家战略需求和面向世界科学，其××领域具有坚实的研究基础和较强的核心竞争力。

××所各职能部门岗位设置合理，有明确职责分工；研究所注重人才培养和加快学术梯队建设，通过科教融合培养高层次创新人才。研究所有较为完善的研发体系、充满活力的研发团队和良好的学术氛围，可以充分利用其在创新链上游的核心优势，引领相关产业的技术发展方向。

2 知识产权环境

2.1 知识产权外部环境

2018 年，我国发明专利申请量为 154.2 万件。共授权发明专利 43.2 万件，其中，国内发明专利授权 34.6 万件。在国内发明专利授权中，职务发明为 32.3 万件，占 93.3%；非职务发明 2.3 万件，占 6.7%。

2018 年，共受理 PCT 国际专利申请 5.5 万件，同比增长 9.0%。其中，5.2 万件来自国内，同比增长 9.3%。

2018 年，我国商标注册申请量为 737.1 万件。商标注册量为 500.7 万件，其中，国内商标注册 479.7 万件。

2018 年，全国专利行政执法办案总量 77276 万件，同比增长 15.9%。其中，专利纠纷办案 34597 万件（包括专利侵权纠纷办案 33976 万件），同比增长 22.8%；查处假冒专利案件 42679 万件，同比增长 10.9%。查处商标违法案件 3.1 万件，案值 5.5 亿元。

我国知识产权创造水平稳中有进，国际社会对中国知识产权保护信心持续增强，国内企业创新主体地位进一步提升，企业海外知识产权布局意识不断加强，发明专利质量呈现稳中向好态势。

2.1.1 政府政策

国家知识产权保护整体水平不断提高。习近平主席在博鳌亚洲论坛 2018 年年会开幕式上发表主旨演讲时指出，"加强知识产权保护是完善产权保护制度最重要的内容，也是提高中国经济竞争力最大的激励"。将加强知识产权保护作为扩大开放的四个重大举措之一，再一次向世界表明了中国会进一步加大知识产权保护力度的坚定立场和鲜明态度。习近平主席的重要论述，将中国的知识产权保护推到了新高度，是中国加快建设创新型国家和知识产权强国的行动指南。

2018 年进一步修订《反不正当竞争法》，国务院办公厅印发《关于推广支持创新相关改革举措的通知》；2019 年 1 月，国务院办公厅印发《关于推广第二批支持创新相关改革举措的通知》；2019 年 3 月，国务院印发《关于推动创新创业高质量发展打造"双创"升级版的意见》。

2019 年 5 月 5 日，国务院知识产权战略实施工作部际联席会议办公室关于印发

《2019 年地方知识产权战略实施暨强国建设工作要点》的通知中，对北京市工作要点包括推进知识产权管理体制机制改革、实施严格的知识产权保护、促进知识产权创造运用、加强重点产业知识产权布局和风险防控、提升知识产权对外合作水平、加强组织实施和政策保障六个方面内容。北京市应探索完善创新成果收益分配机制，要运用北京市科技成果转化统筹协调与服务平台，汇聚一批优质的知识产权服务机构，开展高质量知识产权服务。探索支持院所高校引入若干专业化服务机构，为科研工作者提供知识产权评估、运作和管理等专业化服务，支撑创新项目在京落地转化。

2.1.2　司法保护

知识产权司法保护体系不断完善，健全职务发明制度知识产权滥用行为的法律制度。同时，在北京、上海和广州相继设立知识产权法院，民事、刑事、行政案件的"三合一"审理机制改革试点。司法裁判标准更加细致完备，司法保护能力与水平不断提升。知识产权行政保护不断加强。

我国现行《专利法》于 1985 年实施，曾分别于 1992 年、2000 年、2008 年进行过三次修正。为解决目前我国专利保护中的突出问题，切实维护专利权人的合法权益，增强创新主体对专利保护的信心，充分激发全社会的创新活力，为了进一步完善专利法律制度，解决专利保护中的突出问题。

2019 年 1 月 4 日，《中华人民共和国专利法修正案（草案）》在经过第十三届全国人大常委会审议后，在全国人大网公布，向广大社会公众征求意见。修正案在惩罚性赔偿倍数、开放许可等方面都有新的规定，对企业知识产权管理的合规性提出更高的要求。

2.1.3　国家发展

完善"中国制造"知识产权布局。围绕"中国制造 2025"的重点领域和"互联网＋"行动的关键环节，形成一批产业关键核心共性技术知识产权。鼓励组建产业知识产权联盟，开展联盟备案管理和服务，建立重点产业联盟管理库，支持联盟构筑和运营产业专利池，推动形成标准必要专利，建立重点产业知识产权侵权监控和风险应对机制。鼓励社会资本设立知识产权产业化专项基金，充分发挥重点产业知识产权运营基金作用，提高推动军民知识产权转移转化。加强国防知识产权保护，完善国防知识产权归属与利益分配机制。制定促进知识产权军民双向转化的指导意见。放开国防知识产权代理服务行业，建立和完善相应的准入/退出机制。建立国家科技计划（专项、基金等）知识产权目标评估制度。加强对商业秘密的保护，知识产权制度进一步健全，知识产权创造、运用、保护、管理和服务的政策措施更加完善，专业人才队伍不断壮大。市场主体知识产权综合运用能力明显提高，国际合作水平显著提升。

2.1.4 机构改革

2018 年 3 月 22 日，国务院发布的《国务院关于部委管理的国家局设置的通知》指出，改革方案有三个亮点：实现了专利与商标的二合一管理；将国家知识产权局划归新组建的国家市场监督管理总局管理；知识产权执法体系的优化。

此次机构改革，不仅是制度创新，更是理念创新。知识产权本来就是市场经济的产物，也只有在市场中知识产权才能最大限度发挥其价值。统一专业的执法体系无疑会加强知识产权执法力度，同时避免多重执法，提高执法效率。

2.1.5 国际环境

2018 年 3 月 23 日，美国总统特朗普签署对华贸易备忘录，对从中国进口的 600 亿美元商品加征关税，并限制中国企业对美投资并购，宣布美国对中国航空航天、信息通信技术、机械等产品加收 25% 的关税。随后，中国商务部发布针对美国钢铁和铝产品 232 措施的中止减让产品清单，拟对自美进口部分产品加征关税。这标志着新一轮中美贸易战的开启。

中美贸易战的核心是知识产权。当前，随着中美贸易摩擦的不断升级，知识产权作为国家发展的战略性资源和国际竞争力的核心要素，正逐渐成为全世界关注的焦点。中国应当在中美贸易战的知识产权摩擦中努力寻求解决和发展，逐步建立并完善知识产权制度和相关法律体系。中国需要鼓励知识产权的创新，要把企业发展目标由"中国制造"变为"中国创造"，加大对研发方面的投资，从而增加科研成果。政府应当促进科研成果向知识产权的转化，应加大对企业和个人知识产权创新的鼓励力度，重视知识产权法律保护，与其他国家展开交流与合作。

2.1.6 中科院知识产权管理

在国家知识产权战略的整体布局下，中科院进一步强化知识产权管理，提高知识产权的创造质量和运用效益；贯彻落实有利于推进科技成果转化的政策，鼓励院属单位通过转化运用知识产权为全社会创造更多经济、社会效益；知识产权人才队伍不断壮大，知识产权管理和运营水平不断提高。

1999 年成果、专利处合并成为成果专利处，2006 年建立全院知识产权全过程管理的工作系统与规范，健全"院所两级"知识产权管理工作机制，从传统的成果管理为主到知识产权全过程管理实现转变，建立"院所两级"知识产权研究与培训体系，提升科技与管理骨干知识产权保护与运用的意识与能力，提升"院所两级"知识产权战略、策划与运营能力。截至 2018 年年底，60 家院属单位设立了知识产权管理机构，101 家院属单位制订了知识产权管理办法。

构建全院以文献情报中心、科技战略咨询研究院、国科控股、中科院大学组成的知识产权服务支撑体系，持续助力科技创新和高质量发展。

为更好地培养和遴选一批既懂科研又懂知识产权的骨干力量，推动中科院知识产权的质量提升和转移转化，加快建立一支规模大、水平高、能力强的知识产权人才队伍；中科院对院属各单位进行知识产权管理培训，全院共培养了 417 名院级知识产权专员，分布于 115 家院属单位，其中，2018 年新增院级知识产权专员 57 名。截至 2018 年年底，从事知识产权管理、转移转化与服务工作的人员共 2184 人，其中专职人员 381 人，兼职人员 1803 人。

2.1.7　创新主体知识产权管理标准化实践

20 世纪 80 年代中后期以来，国家知识产权局等知识产权主管部门牵头组织，相继颁布实施多项知识产权管理规范与指导意见（见表 11 - 2）。规范知识产权管理，加强知识产权保护运用，促进科技创新发展，更好地适应国际科学技术的迅猛发展和经济全球化环境下的可持续发展。

表 11 - 2　近年知识产权管理规范与指导意见

发布时间	管理规范/指导意见	提出单位
2013 年 2 月	《企业知识产权管理规范》（GB/T 29490—2013）	国家知识产权局联合中国标准化研究院编制，国家标准委颁布实施
2013 年 11 月	《知识产权管理体系认证实施意见》（国认可联〔2013〕56 号）	国家认监委、国家知识产权局联合印发
2015 年 6 月	《关于全面推行〈企业知识产权管理规范〉国家标准的指导意见》	国家知识产权局、科技部、工信部、商务部、国家认监委、国家标准委、国防科工局、总装备部联合印发

续表

发布时间	管理规范/指导意见	提出单位
2016 年 12 月	《科研组织知识产权管理规范》（GB/T 33250—2016）《高等学校知识产权管理规范》（GB/T 33251—2016）	国家知识产权局联合中科院、教育部和中国标准化研究院编制，国家标准委颁布实施
2018 年 2 月	《知识产权认证管理办法》	国家认监委和国家知识产权局联合发布
2019 年 5 月	《2019 年地方知识产权战略实施暨强国建设工作要点》	国务院知识产权战略实施工作部际联席会议办公室
2019 年 5 月	《专利代理管理办法》	国家知识产权局
2019 年 10 月	《知识产权分析评议服务服务规范》（GB/T 37286—2019）	国家知识产权局提出，起草单位为国家知识产权局、中国标准化研究院

2018 年，中科院正式启动《科研组织知识产权管理规范》贯标工作，确定了首批 32 家贯标单位，包括 14 家特色研究所、10 家参与中科院促进科技成果转移转化弘光专项的研究所以及主动自愿申报的 8 家研究所。2019 年完成认证的研究所见表 11 - 3。

表 11 - 3　2019 年完成认证的中科院院属研究所

序号	研究所	通过/计划认证时间
1	大连化学物理研究所	2019. 5. 15
2	长春光学精密机械与物理研究所	2019. 6. 12
3	天津工业生物技术研究所	2019. 9. 25
4	南京土壤研究所	2019. 11. 03
5	青海盐湖所	2019. 11. 29
6	水生生物研究所	2019. 12. 02
7	上海硅酸盐研究所	2019. 12. 02
8	工程热物理研究所	2019. 12. 12
9	宁波材料技术与工程研究所	2019. 12. 16
10	青岛生物能源与过程研究所	2019. 12. 22
11	广州能源研究所	2019. 12. 22

2.2　知识产权内部环境

2.2.1　基本情况

××所知识产权类型以论文、专利、软件著作权和商标为主，研究所的知识产权管理工作主要集中在论文和专利上。如图11-2所示为2018年中科院各研究所专利申请数量，该研究所排名第8位，从图11-2中可以看出该研究所在中科院整体专利申请量排名处于上游。

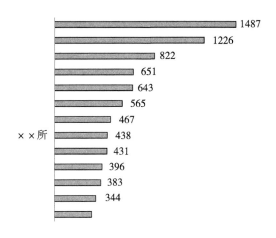

图 11-2　2018 年中科院各研究所专利申请数量

××所尚未参与和建立专利池、产业知识产权联盟，暂无国际专利许可，暂无标准必要专利。××所近3年暂无知识产权诉讼发生，未有涉嫌知识产权争议事件发生，无专利无效事件发生。

2.2.2　技术转移工作

××所近五年来成果转化总金额为×亿元。数十项经过早期专利分析和布局的技术成果已经成功转化并实现了累计超过×亿元的交易价值。

截至2018年，仅××方向累计授权100余项，涵盖材料、结构、方法与应用等；通过特定领域的授权和共同开发，累计实施专利××项/次，授权合同额超过××万元；培育了××家高新技术企业，入选中国科技十大进展新闻，中关村十大创新成果，××材料列为××省"十三五"规划材料领域重点发展方向。

2.2.3　知识产权管理成熟度

为了进一步衡量知识产权管理水平，引入项目管理领域成熟度评价方法和模型，依据国家标准《科研组织知识产权管理规范》和××所建立的知识产权相关管理办法，对研究所知识产权管理绩效程度进行考察和评价。

成熟度是一种典型评价管理绩效的方法，由于其具有定量、精炼的特点，而被广泛地推广使用。随着管理学理论和管理实践的不断发展，目前应用于管理评价领域的成熟度模型和评价方法有三十余种。科研组织知识产权管理成熟度借引著名项目管理专家科兹纳博士提出的项目管理成熟度模型 K–PMMM❶。经分析整理，形成以下科研组织知识产权管理体系成熟度评价模型——"IP–M³"。

"IP–M³"基于全面质量管理的思想基础和方法——PDCA 循环，即计划（Plan）、执行（Do）、检查（Check）、处理（Act），以《科研组织知识产权管理规范》管理要素为出发点，通过对管理目标、管理过程、管理完成度三个维度建立评价模型，对知识产权管理水平进行评价。为便于理解，将知识产权成熟度定义为"战略级""适宜级""木桶级"和"沙漏级"。知识产权成熟度分级评价表见表11–4。

表 11 –4　知识产权成熟度分级评价表

管理强度	管理要求	成熟度
强	制定切实有效的 IP 规划、领导层重视和资源配置完善，知识产权队伍完整，全员知识产权意识强，"研发—应用"全过程管理，开展多样的保护措施（构建专利池，产业联盟等），各项目齐头并进	战略级
适宜	制定 IP 规划、领导重视、资源配备完善，知识产权队伍初步构建，"研发—应用"过程管理较为完整，相似课题组差距有效拉近	适宜级
较弱	形成 IP 规划，资源配备不足，"研发—应用"的管理链条不完整，管理方式、方法单一，相似领域的项目管理差距大	木桶级
弱	未制定 IP 规划和资源配备，未从战略、布局角度进行知识产权过程管理	沙漏级

通过调研，××所领导层非常重视研究所的知识产权整体规划，并为之配备充分的资源；已初步构建知识产权管理团队，并为各中心配备知识产权专员或联络员；通过多种方式鼓励、激励研发人员的研发热情；重视专利导航等知识产权大数据的利用，开展专利布局，形成一批具备战略支撑性和市场竞争性的高价值专利，近 5

❶　科兹纳的项目成熟度模型，由美国著名咨询顾问和培训师科兹纳（Harold Kerzner）博士 2001 年在其著作 "Strategic Planning for Project Management Using a Project Management Maturity Model" 中提出。

年转移转化方面业绩值得赞扬，研究所知识产权管理水平已位于中科院前列。

××所为实现"成为引领或带动我国若干战略必争领域跨越发展的科技创新源头和技术支撑基地"，"成为国际上有重要影响的高水平研究机构"的愿景，还需关注以下几点，补齐短板。

（1）在具备战略意义及市场价值的应用技术领域，有目的地开展高价值专利培育工作，主动构建专利池。

（2）建立或参加相关领域的产业知识产权联盟或者有知识产权许可的技术联盟，以知识产权为纽带，开展技术链、产品链以及产业链层面的整合；解决各研究中心知识产权管理发展不均衡的问题。

（3）强化队伍建设强化，人员增加、质量增强、从产品、产业视角看待知识产权管理。专员团队无缝嵌入科研团队。

对标《科研组织知识产权管理规范》中的要求，部分管理控制点存在无法满足标准的现状，综合评价××所的知识产权管理工作水平处于"适宜级"向"战略级"过渡阶段。

2.3　小结

目前国家推行知识产权强国战略，积极发挥科技创新在全面创新中的引领作用，中科院强化知识产权管理，努力提高知识产权的质量和运用效益。处于当下时代，××所积极响应国家和中科院号召，开展技术合作，推进技术成果转移转化。

××所的知识产权基础及发展趋势在中科院众多研究所中位居前列，研究所的知识产权管理水平不断提高，但是在知识产权运用与运营上还需不断探索，积极找出适合研究所特色的发展之路。

3　知识产权资源

3.1　人力资源

3.1.1　管理架构

××所十分重视知识产权工作，研究所所长为知识产权工作第一责任人，研究所设一名副所长分管知识产权工作。知识产权与成果转化处是知识产权管理工作的具体管理部门，设有知识产权主管岗位。院所两级知识产权专员资格人员××人，活跃在研究中心或课题组中并承担知识产权工作的目前有××人。

知识产权与成果转化处为成果转化和经营性资产管理的机构，通过深入解读国家和地方政府科技产业政策的发展动态，掌握领域市场端需求，分析行业特点，针对性进行产业策划，将技术开发及后期产业应用有机结合起来，加速技术转移，使科技创新更好地向下游链条延伸。

××所科研项目管理分工明确，横向项目管理归口知识产权与成果转化处、纵向项目管理归口科技处、战略高技术项目管理归口战略高技术处，主要负责项目协调、根据项目任务书要求进行节点任务把控。

各实验室（中心）主任或副主任对本实验室的知识产权工作整体负责，设有至少一名知识产权专员或联络员，负责本实验室（中心）知识产权相关事务的管理。

××所知识产权管理架构完整，部门和岗位及其分工合理，内部各项任务、活动或业务进行有效的分类和组织，各项工作能够井然有序和较为高效运行。

3.1.2 培训

××所重视知识产权队伍建设，积极推选人员参加中科院知识产权培训中心等外部组织的专题培训，其中×人已取得专利代理师资格，××人取得中科院知识产权专员资格，并组建××人的所级专员团队，人事处每年汇总各职能部门的培训需求编制年度培训计划；学生培训由研究生部负责，只在入所教育中有知识产权提醒，未组织针对学生的知识产权培训。

结合调研显现，××所知识产权培训力度不足，有普及全员的知识产权培训，缺少针对性的培训，如知识产权管理人员的高价值专利培育等相关培训、知识产权专员业务提升培训、全员知识产权风险意识培训等，建议增加针对不同人群的知识产权培训。

3.1.3 奖励与考核

××所根据已制定不同形式的奖励，激发科技人员的研发热情，以便更好地开展科技创新、技术攻关和科研任务工作。但目前的管理办法中少有在知识产权造成损失的惩处，多体现在学术道德管理中（详见3.1.5）。

××所对于"中央级公益性科研院所基本科研业务费"部署的院级项目和中科院"战略性先导科技专项经费"项目提取20%作为奖励经费，由研究所基于绩效导向统筹分配。此奖励经费用于保障高端人才基本稳定收入，以及对做出突出贡献的团队或个人进行奖励，激发优秀青年人才的科研热情。

××所重视获奖奖励，对获得国家奖和省（部）级一等奖的研究单元给予研究经费奖励。国家特等奖为 100 万元，国家一等奖为 50 万元，国家二等奖为 20 万元，省（部）级一等奖为 20 万元。

结题前以技术（含专利）授权许可、转让等方式实施成果转化，课题结算后净收益的 70% 直接奖励技术团队，其余 30% 作为所内发展基金；结题后到位项目净收益的 60% 直接奖励技术团队，其余 40% 作为所内发展基金；以技术作价入股，研究所从形成的股份或者出资比例中提取 50% 奖励项目团队成员，并享受此部分股权收益，其余部分由研究所持股，此部分收益不再奖励。根据贡献大小形成分配方案，由全体受奖人签字确认、负责人签字后报知识产权与成果转化处。

针对专利申请、论文发表不单独进行奖励，专利授权、实施和论文发表统计计入年底部门绩效。

调研中了解××中心对于申报科技奖项成功后获得的奖金，80%～90% 用于奖励所有共享人员，10%～20% 用于奖励中心除参与奖金分配的人员。中心对于专员撰写专利授权后，给予撰写专员一定奖励。

3.1.4　人员管理

××所职工聘用、离职和退休由人事处归口管理，职工组成包括聘用人员、临时聘用人员、客座教授、访问学者、入站博士后，根据不同人群签订不同入职合同或协议，临聘人员与劳务派遣公司签订派遣合同。合同或协议内关于知识产权要求较为简单，对知识产权风险把控较为基础，目前仅通过入职合同或协议进行相关知识产权约定，方式方法较为单一，建议增加入职背景调查、知识产权协议或入职知识产权承诺书，根据实际需求决定是否签订竞业限制协议。

××所招生、学生培养由研究生部归口管理，学生组成包括自主招生、联合培养、来所毕业设计，除自主招生学生外，其他学生入学签订入学协议。协议中具有关于在所期间知识产权权属、保密要求，但未包含在所学习、工作期间形成的毕业设计或论文，离所后公开或发表的管理要求，也未执行相应审核。入学时会在入所教育中进行知识产权相关提醒，但未形成记录。研究所人员离职、离所进行离职提醒，但是未有明确的要求，未形成记录。未查阅到针对重大科研项目进行项目组人员知识产权背景调查、保密协议的管理要求。

同时调研中了解，激光中心对于应聘人员会进行背景调查，填写《××中心应聘推荐表》，表中有应聘人员承诺事项，包括获奖、工作经历，应聘者经过中心战略组审议后方可进行后续所级招聘程序，对人员入所管理较为严格。

××所人员管理较为规范，人事合同多采用中科院、博管会等固定模板合同或协议，模板合同中有知识产权条款，均对职务发明、保密有所提及，但是知识产权约定较为简单；人员离职、退休虽会进行知识产权提醒，但未形成记录。学生管理中，自主招生学生管理要求较为全面，但是对于联合培养、在所毕业设计这类学生，存在未披露信息对外公开或发表的风险。

3.1.5 学术道德

《中国科学院××所科研不端行为调查处理暂行办法》中对于××所工作人员、学生、博士后，以及以××所名义开展科研和学术活动的访问学者等其他工作学习交流人员在研究和学术领域内的各种伪造、篡改、抄袭剽窃和其他严重违背科学共同体公认道德的行为有明确的调查处理措施。

同时学生进入研究所，须遵守学术道德规定，并须严格遵守中科院、中国科学院大学的相关管理办法。其中涉及知识产权的要求还需完善和扩展。学生因毕业等原因离开研究所时未签署知识产权协议或保密协议。

3.2 财务资源

财务处负责指导并审核预算编制，科技处、战略高技术处、知识产权与成果转化处、人事处、条件保障处、综合处等其他管理部门负责业务范围内的预算编制，知识产权与成果转化处负责项目（课题）研究所形成的专利申请、维护和管理等；经费主要包括设备费、材料费、测试化验加工及计算分析费、燃料动力费、差旅/会议/国际合作与交流费、出版/文献/信息传播/知识产权事务费、劳务费、专家咨询费、其他支出。出版/文献/信息传播/知识产权事务费是指在项目研究开发过程中，需要支付的出版费、资料费、专用软件购买费、文献检索费、专业网络及通信费、专利及其他知识产权事务申请和维护费用等。

2018年专利申请费用××万元，年费××万元，知识产权服务费××万元，知识产权采购费（专项分析方面）××万元。

2019年实施《中国科学院××所知识产权专项工作立项课题管理办法》，以外部争取经费从所层面立项的形式支持知识产权分析和布局，额度数百万元。2019年度首轮项目评审征集了××个项目，年度立项××项，共支持经费××万元。

3.3 基础资源

××所为知识产权工作人员配备基础设施，包括硬件设施电脑、打印机、网络、档案柜等；软件设施包含2019年新上线的××知识产权协同创新管理系统以及ARP系统等，同时为知识产权工作人员分配满足工作要求的办公场所。

研究所各办公楼、研究室均设有门禁系统，由安保控制与管理，来访人员须有工作人员接待方可入内，为从事知识产权工作的人员提供较好的办公氛围。

调研中了解××中心对于执行所内安防管理的同时，建立《关于规范××中心进门与访客制度暂行规定》，其中包含对于研究区域的门禁管理、来访人员管理与考核的要求。

××所为全所各类人群均提供较好的办公资源，从软件设施到硬件设施基础保障较为全面，同时，安保措施落实全面，可以为从事知识产权工作的人员提供较好的工作氛围。

3.4 信息资源

研究所通过表11-5所述的渠道获取所属领域、产业发展信息，引导科研人员利用信息辅助技术研发和成果保护。此外，科研人员定期或不定期地参加所属领域的国际会议、行业研讨会及技术交流会，不断获取本领域的各种外部信息。

××所同时采购了商用的专业管理软件××知识产权协同创新管理系统和××专利检索数据库，不但可以实现知识产权信息化办公，而且还为高价值专利情报精准获取提供了帮助，知识产权工作人员不需学习复杂的检索技能便可直接进行数据挖掘和分析，实现专利信息的高效利用；同时也为专利分析或导航提供了数据支持。研究中心/课题组会根据需求自行采购数据库。

表 11-5　文献数据库列表

全文数据库：
ACS 数据库 RSC 数据库 Wiley - Blackwell 数据库 Elsevier 期刊（1995—）AIP 数据库 OSA 数据库 SpringerLink 图书期刊 Nature 回溯库（1969—1986）PQDT—博硕士论文 CNKI 中国知网 万方数据库 维普 NSTL 全国开通数据库 PQDT—博硕士论文 SCIENCE Nature Nature Chemistry Nature Materials Nature Nanotechnology IOP 数据库 Scifinder 中科院学位论文数据库（可查阅 ×× 所历年论文全文）ECS The Imaging Science Journal MRS Bulletin 期刊分区 innojoy 专利搜索

文摘数据库：
SCI 科学引文 CSCD 中国科学引文 国防信息服务 EI 工程索引 JCR 期刊影响因子 标准信息服务 ISTP 国际会议 PQDT—B 学位论文 DII 德温特专利 NSTL 外文会议 LB 工具书
电子图书：
方正图书 SpringerLink 图书 MyiLibrary 图书 NetLibrary 图书 RSC 电子图书

目前研究所文献情报中心为知识产权信息分析利用机构，知识产权与成果转化处可协助或指导实验室进行基础信息的收集，以及根据实验室或课题组的实际需求给出知识产权分析的初步建议，实验室或课题组亦可单独委托外部服务机构提供服务，服务内容及费用一事一议。

××所配备了较为全面的信息获取资源，从专门的情报获取机构设置，再到数据库、信息化集成软件的采购，为从事科研活动的人员提供信息化、数据化的便利。

3.5　支撑服务机构

目前，××所选定的代理机构有 5 家，其中专利案件统计中××专利代理有限公司、××知识产权代理有限公司、××专利代理有限公司，约占研究所代理总量的 70%。

2018 年，研究所组织由研究单元负责人和核心骨干组成的专家团对专利代理服务机构进行年度评议；评议同时，知识产权与成果转化处对专利代理机构代理人的技术背景、工作年限，机构的优势领域、成功案例和管理模式等信息进行了采集并要求签署真实性承诺。启动对知识产权服务机构的定期考核和动态调整机制。

专利评估机构从中科院资产评估机构备选库❶中选择，目的是对作价入股成立公司的专利价值进行评估。

3.6　小结

××所已初步建立了从上到下的知识产权管理架构，但其中所长、分管知识产权的副所长、知识产权专员的知识产权工作职责尚不完善。中科院知识产权专员和知识产权管理人员分布于管理部门和实验室或课题组之中，协助研究中心负责人统筹科研项目和知识产权工作的管理。

---

❶　http://www.holdings.cas.cn/tzgg2015/201806/t20180608_ 4540469.html，关于公布 2018—2021 年中科院资产评估机构备选库信息的通知，检索时间：2019 年 12 月 10 日。

同时研究所正完善应用导向的评价体系和激励体制，实行专利实施奖励，加大对知识产权实施共享人员的奖励，奖励项目后补助制度，积极推进知识产权全过程管理，为重大科研项目和产业化项目配备知识产权专员，同时也开展对重大项目的知识产权策划与布局，强化知识产权创造与保护，大力推进知识产权实施。

研究所知识产权相关的培训不足。调研发现，多数人员未参加知识产权培训，人事处、研究生部也未将知识产权培训列入年度培训计划中，知识产权多被认知为专利、论文。研究所重视职务发明和成果转移转化工作，体现在部门年终绩效考核中，具体激励时间有明确规定，该激励政策已实际运行并得到所内发明人的认可。

研究所按照书面预算配置知识产权经费，但未针对知识产权的运营和诉讼设置费用预算。研究所针对知识产权管理机构运行、知识产权培训设置了财务预算，但与知识产权管理体系要求的预算口径不一致。

研究所为知识产权工作提供相应的办公场所，配备软件资源和硬件设施，同时采购了专业的××知识产权协同创新管理系统，能够高效地、便捷地服务知识产权工作。信息中心虽为知识产权信息分析利用机构，但目前主要由外部服务机构承担；研究所对于关键技术开展专利导航、专利布局。

4　知识产权管理

4.1　知识产权管理制度

××所制定多项管理制度，直接或间接作为知识产权管理工作的基础保障。其中直接与知识产权相关的制度共八项，包括《中国科学院××所科研论文管理办法》《中国科学院科学传播工作管理办法》《中国科学院××所科技奖励管理办法》《中国科学院××所科研不端行为调查处理暂行办法》《中国科学院××所科研课题档案管理办法》《中国科学院××所科技成果转移转化奖励办法（暂行）》《中国科学院××所知识产权管理办法》和《中国科学院××所知识产权专项工作立项课题管理办法》。

4.2　知识产权管理过程

××所知识产权过程主要有三类，包括知识产权创造过程、知识产权保护过程及知识产权运营过程。

4.2.1　知识产权创造

2017年，××所对××、××两个专项开展了专利布局工作，对产业化起到促进作用；对××等××个项目和方向进行了专项布局分析，对培育高价值专利具有推动意义。专利布局详见"4.6 科研项目管理"。

论文、专利、专著申请保护前，研究中心/课题组会通过会议讨论或组会形式审查，确保发布的内容、形式和时间符合要求。申请保护流程详见"4.4 信息披露管理"。

4.2.2 知识产权保护

××所知识产权保护在维护与采购环节已经采取较好的保护措施，但在形象标识的规范使用、监控跟踪知识产权侵权与被侵权方面还存在风险，还需建立知识产权纠纷应对机制、风险规避方案。

4.2.2.1 形象标识

××所较为重视商标保护，××年就已开展商标保护，××年完成对研究所徽章、名称、英文名称、缩写的商标保护，陆续根据产业发展需要注册了 3 个图形商标。但××所对于所名称、标志、徽章、域名及服务标记的使用未建立管理办法或管理流程，存在未经授权、不规范使用而造成对研究所声誉受损的风险。

4.2.2.2 专利维护

××所专利维护由知识产权与成果转化处负责归口管理，由代理公司代理维护缴费，研究中心/课题组从价值、结题需要自行决定是否继续维护，年底前将下年度继续维护专利汇总知识产权与成果转化处。

4.2.2.3 风险监控与应对管理

××所未主动开展知识产权被侵权与避免侵权的风险监控管理。被侵权监控方面，研究所未主动地、及时地跟踪领域内知识产权信息，未及时获取、掌握未经授权擅自使用××所知识产权的情况；避免侵权方面，目前研究所对采购过程管理较为严格，要求对供应商提供的产品、技术进行知识产权相关资质审查。对关键技术领域产品销售开展过所销售地区知识产权侵权调查，但未覆盖所有产品。

虽已制定《中国科学院××所风险管理办法（暂行）》，但该办法缺少实质性、指导性内容，不仅未涉及知识产权风险，亦未提及知识产权纠纷应对机制、风险规避方案；仅在《中国科学院××所科研业务合同管理办法》中提出了关于合同执行过程中违约和纠纷、合同解除或终止的风险应对机制。

4.2.2.4 其他

公共技术服务中心仪器开放共享过程中对仪器管理人员有严格要求，不得泄露被测样品的背景和实验数据，对委托方的知识产权相关技术资料保护意识较强。

调研中了解，××中心建立了几项中心级保护知识产权的规定如下。

（1）《有关信息、研究结果传播管理暂行规定》规定，只要属于非中心工作人员或非中心在读学生，未经中心批准，不得进入中心实验室。同时还规定，无论纵向课题、横向课题等相关报告，需要发给外部人员均要进行加密，如违反规定，中心将严肃处理，对于非常重要信息未经批准向外传递，将给予通报并开除的惩罚措施。

（2）《有关论文署单位的暂行办法》中有明确的署名规范，其中对于其他单位在该中心的学生发表论文，无论离开与否，若内容有在中心取得的结果，排名均需中心单独同意，要求致谢处写明××所。并要求其他文字发表一律以××所为第一单位。

（3）《有关论文、专利、成果的个人署名与相关管理暂行规定》中要求所有文章、专利等都必须经全部作者审看，摘要必须由本部门负责人和导师签字，由中心负责人同意后方可投稿；发表文章和申请专利的审批表交指定负责人存档，参加学术会须由中心、各部门批准后方可参加，学生和研究员以下职工参加学术会议的，还需要提交摘要和会议论文，方可参加学术会议。

4.2.3　知识产权运营过程

知识产权与成果转化处为××所科技成果转移转化、对外投资归口管理部门。通过调研了解，××所重视科技成果转移转化，通过无形资产作价投资、参股合办等形式促进转移转化，也取得了骄人的成绩。

××年持续推动重大成果产业化，启动中科××、中科××两家公司共计×亿元融资；中科××实现年产值超过×亿元。

近5年成果转化合同总金额超过×亿元；累计所企合作到位经费总额超过××亿元；截至2018年年底，企业应用研究所技术成果累计新增产值超过××亿元；截至2018年12月20日，研究所所有正常运行持股公司××家，全所经营性资产权益净值×亿元，其中×家企业已经正式挂牌上市。技术转移工作详见"2.2.2"。

4.2.3.1　科技成果处置

科技成果处置，由研究中心/课题组与需求方进行洽谈，重点项目知识产权与成果转化处参与商务事项，知识产权与成果转化处组织合同评审，交所领导审核后方可变更所有权，金额大于 800 万元报所务会讨论通过后方可进行后续操作。

4.2.3.2 对外投资

对外投资，由研究中心/课题组与合作方进行技术洽谈，由知识产权与成果转化处进行投资方案策划、研究中心/课题组团队确定奖励方案报送分管所长审批，提交所务会讨论，经所务会评议通过后评估、签订协议。

对外投资××所持股部分一般划转至××有限公司，由公司全面负责协调、监督和管理××所对外投资的具体实施，落实投资协议、合同，并对投资项目进行跟踪管理，监督和记录协议、合同执行过程中产生的偏差，对可能发生的风险作出预见并制定相应的对策。对外投资奖励详见"3.1.3 奖励与考核"。

4.2.3.3 专利评价—专利放弃管理

每年年底前，由知识产权与成果转化处下发通知，研究中心/课题组会根据专利市场价值、是否为结题需要等进行评价，将放弃维护专利报知识产权与成果转化处，由知识产权与成果转化处通知代理机构下年度停止维护续费。专利放弃管理较为传统，建议可以从全所构建专利组合的角度和灵活转化的角度，对研究中心/课题组放弃的专利进行公示，其他中心或课题组可申请维护，便于结合自有专利构建专利组合或由能力转化的人申请运营。

4.3 知识产权相关制度

××所知识产权管理工作相关的现行管理制度可以较为全面地为知识产权工作进行指导，但个别制度中存在一定风险，需要补充完善关键点和具体要求，明确责任划分。通过系统地完善现有制度，可以更好地保护××所的知识产权成果，也可以为知识产权等无形资产的转移转化增大谈判砝码，争取更多的商业利益。

4.4 信息披露管理

《科研组织知识产权管理规范》中知识产权保护中要求科研组织"加强未披露的信息专有权的保密管理"；未披露信息是指具有一定秘密性、一定商业价值并经权利人采取保密措施的技术信息、经营信息、呈送给政府或政府机构的数据，以及批准销售利用新型化学物质制造的药品或农业化学品，经巨大努力而取得的未公开的实验数据或其他数据的总称。

知识产权披露审查存在管理短板，论文发表实行发表后年底备案流程，知识产权管理机构不能及时掌握知识产权动态信息；同时在来所毕业设计、联合培养的学生管理方面，存在信息披露风险。

目前××所领导层要求由战略高技术处构建与规范内部信息管理，要求 2019 年年底针对管理部门统计出内部信息管理台账。调研中了解，××所的内部信息管理与未披露信息专有权的保密管理范围相似。

4.4.1　专利申请

目前专利申请管理流程是发明人填写《中国科学院××所专利申请审批表》，由发明人自查，研究中心负责人审核，发明人会在申请时进行专利分级，分为核心专利、外围专利、任务需要，后将《中国科学院××所专利申请审批表》《自查表》及《技术交底书》的电子版交知识产权与成果转化处（普通专利申请）或战略高技术处（与战略高技术研究项目相关的专利申请）审查。

4.4.2　论文、软件著作管理

学位答辩管理中，目前仅对自主招生的学生开展学位答辩披露审查，并较为有效地执行，自主招生学生学位答辩严格遵守中国科学院大学学位答辩相关管理办法，管理办法中包含关于延时公开答辩论文要求，同时要求导师要对学生答辩资料进行披露审查；但对于联合培养、来所开展毕业设计的学生，因离所后回原学校进行毕业答辩原因，可能存在在未审核或无法掌控的情况下被披露的风险。

论文发表由拟稿人填写《中国科学院××所科技论文投稿审批表》，拟稿人自审，学生在学期间由导师审核，职工由研究中心负责人审核，如涉及保密内容由战略高技术处进行审查；论文年底随绩效统计一并备案至科技处。

调研发现××所论文、著作权发表存在几处风险点：

（1）联合培养、来所开展毕业设计的学生在研究所学习工作期间，形成的毕业设计或论文，对其离所后公开或发表的行为管理要求不明晰，也未开展相应审核。

（2）由于研究所论文、著作发表实行后备案流程，未开展前置知识产权对外披露审查，可能存在风险。

（3）当已发表论文不要求年终绩效奖励时，可能存在论文未被统计亦未开展知识产权对外披露审查的现象。

4.4.3　学术交流

学术活动、国际合作项目和国际合作交流及科研动态宣传管理由科技处归口管理；调研了解，××所职员、学生在学术交流前，仅开展保密审查，未对学术交流内容进行知识产权披露审查；已对学术会议宣传资料进行审核，但对于展板、PPT等宣传资料未开展知识产权披露审查。

4.4.4　对外宣传

综合处负责研究所中文网站、微信公众号、政务信息、新闻宣传、科学普及、舆情应对等工作，党委办公室负责党的宣传工作，科技处负责研究所英文网站、境外宣传工作。所内各职能部门负责本部门职能范围内科学传播工作的组织、协调、指导和监督。涉密部门的科研稿件须经业务主管部门进行保密审查。

信息发布，由所属部门撰写新闻稿件，填写《中国科学院××所信息发布审批表》，报送业务主管部门审批后，报送综合处审批。涉密部门的科研稿件须经业务主管部门进行保密审查；微信公众号管理方式参照子网站管理方式。各部门、研究中心建立子网站填写《中国科学院××所子网站建立备案表》，经信息中心技术审查，报综合处备案。××所子网站的执行"谁发布、谁负责""谁主管、谁审查"的原则。涉及国防科研生产的稿件须经业务主管部门保密审查后方可发布。

媒体宣传，应由所属各部门及个人在接受媒体采访前填写《中国科学院××所新闻媒体采访审批表》，报业务主管部门审批，涉密部门接受采访须进行保密审查，批准后由综合处与新闻媒体联系。稿件刊发前必须经被采访人审阅同意。全所任何干部、职工、学生等不得以××所名义发布非职务相关成果。

4.4.5　科研档案管理

科研档案是科技信息交流和科研成果推广应用的重要工具，科研档案真实地记录和反映了科学思想、科学经验、科研过程和科研成果，包含丰富的第一手科技信息，是重要的科技资源。作为科技研究表达和存在的一种主要形式，科研档案是进行学术交流、信息传递、科技协作以及科技成果转让、推广与应用的工具。具体诊断详见"4.8.2 记录文件管理"。

4.5　合同管理

××所合同按类别由分管业务部门管理，管理部门负责研究所对外合作的过程管理，管理部门也可以委托研究单元执行洽谈、协商的部分过程，以及确定合同的标的、履行方式等合同内容的过程。规定合同任务承担研究单元须对合作方的相关背景、资质、关联性和能力等进行评估并做出相应的风险分析，并对关联交易进行确认。

4.5.1　归口管理

（1）科技处管理合同：联合承担国家或中科院纵向任务的对外合作，为完成任务开展的外包（外协）等对外委托合作合同以及其他与纵向项目有关的对外合作合同。民口纵向任务与主管部门签订的合同以及完成任务开展的采购、外包、外协。政府采购类和进口物资类等对外合作合同。

（2）战略高技术处管理合同：因完成技术发展类任务而与其他单位开展合作［包括外包（外协）］的合同，与技术发展类签署的技术发展类横向合作合同。为完成国防军工类任务与主管部门及军工企事业单位签订的合同以及为完成该类任务开展的采购、外包、外协等对外合作合同。

（3）知识产权与成果转化处管理合同：与各类企事业单位的横向技术合作合同［包括为完成横向任务开展的外包（外协）合作合同］；与各类企事业单位（国防军工类单位除外）开展合作而签订的横向合作合同以及为完成该类任务开展的采购、外包、外协等对外合作合同。

（4）人事处管理合同：为完成人才类项目与主管部门签订的合同以及为完成该类任务开展的采购、外包、外协等对外合作合同。

4.5.2　合同审查

××所合同金额达到并超过×万元时，双方须签订纸质版合同，研究单元起草各类合同应优先参照国家或行业规范合同文本进行，原则上采用××所统一模板。合同评审根据合同性质由归口的项目管理部门负责组织，实施分段评审，由研究单元填写《合同评审／更改评审表》，根据顺序依次评审填写并签字，合同评审知识产权要求有权责、违约、风险的审核要求，调研中了解，实际工作合同审查会进行知识产权条款审查，但评审记录中对知识产权少有提及。

同时，××所合同多采用制式合同，对自拟合同虽有要求，但仅涉及归属、收益，不能完全符合标准对各类合同的个性化要求。

4.6　科研项目管理

××所科研项目执行归口管理，知识产权与成果转化处负责民口横向项目管理，科技处负责民口纵向项目管理、战略高技术处负责高技术类项目管理。

××所推进专利分布布局工作与项目执行进程紧密结合、同步推进的工作机制，目前聚焦新能源、新材料、高端装备制造及生物医药等战略新兴产业，开展专利导航、专利布局，以便为科研人员提供信息支撑，明晰发展目标和方向，引导转移转化、专利申请、研发方向。

调研中了解，知识产权与成果转化处和科技处负责对于民口横向合作、纵向项目的申报进行形式审查工作和关键节点的协调工作，不参与项目日常管理，对于开发、转让或其他大额合同等会监控执行情况，由研究中心/课题组自行把控项目期与结题期知识产权过程管理。针对重大项目会在立项阶段进行产业报告，项目执行期内根据任务书要求进行，同时在项目执行期内，虽有课题组委托第三方进行专利导航，但多数课题组未开展收集和分析与科研项目相关的产业市场情报及知识产权信息等资料，跟踪与监控研发活动中的知识产权动态，适时调整研发策略和知识产权策略，持续优化科研项目研发方向，并适时地形成记录文件。

4.7 文件管理

××所有较健全的文书制度、综合档案、公文处理及管理要求。明确表示，研究所规章制度是研究所实施领导、履行职能、处理公务的具有特定效力和规范体式的文书。调研中了解，涉密公文采取线下审核、审批流程，其他均采用 ARP 系统行文，对于 ARP 系统收文，受阅人群、受阅记录都在 ARP 系统进行，涉密内容手写登记，审批流程健全；对于文件更新后再发布前均要重新进行发文审批流程。

4.7.1 公文管理

综合处是××所公文处理的管理部门，主管全所公文处理工作并指导各部门的公文处理工作，配备专职文书管理人员。收到的公文由综合处文书统一签收、拆封、分类编号、登记。

(1) 文书传达：依照部门业务分工情况分送职能部门负责人阅处需要所领导阅读的文件，应先传主要领导、主管领导、再传其他领导及需要阅知的部门。需要主管所领导批示的文件，由综合处提出拟办意见，经综合处处长分批后，分送有关所领导批示、阅知，或依照部门业务分工情况分送职能部门负责人阅处。

(2) 公文撤销和废止：公文的撤销和废止，由发文部门或者上级机关根据职权范围决定。公文被撤销的，视为自始无效；公文废止的，视为自废止之日起失效。

4.7.2 行文管理

(1) 行文审查：部门行文，由部门拟稿，其内容涉及几个部门，由主管部门与相关部门会商后负责拟稿，请所领导签发；以所名义制发文件，由主管副所长会签，所长审签；党委名义制发的公文，由党委书记审签；保密名义制发的公文，由保密委员会主任审签；综合处审核书写规范、审批、签发是否完备。文件更新后再发布要重新进行发文审批流程。

（2）文书销毁：不具备存档和保存价值的文书，经批准后可以销毁。

4.8　成文信息❶管理

4.8.1　外来文件管理

外来文件根据类型由业务归口部门管理，知识产权类行政决定保管在知识产权与成果转化处，主要包括专利证书、软件著作权证书及专利的通知或审查意见，实际工作中课题组也留存软件著作权证书。待专利结案（授权、驳回或视撤）后，代理公司将过程文件（通知书、审查意见等）通过电子邮件打包发给知识产权与成果转化处，专利、软件著作权证书邮寄给知识产权与成果转化处。知识产权与成果转化处汇总所有文件，于每年固定时间移交档案室存档。

司法判决和律师函等外来文件根据职能归口管理。

4.8.2　记录文件❷管理

《中国科学院××所科研课题档案管理办法》中明确课题负责人是科研档案建档工作的第一责任人。项目管理部门负有推动科研档案规范管理的责任。综合处负有指导档案预立卷、完善整理科研课题档案的责任，从科研课题开题到结题的科研活动全过程的档案均应归档；同时对科研人员的职责进行要求，离开课题岗位时，应将本人课题文件清理、移交后方可办理调离手续。带有密级的项目（课题），项目（课题）负责人离职时，必须将负责的项目（课题）产生的所有实验记录本移交给综合档案室，经综合档案室签字确认，方可办理离所手续，必须在实验记录封面左上角注明密级，按照相应的保密规定管理。

（1）保管期限：专利档案的保管期限为永久或长期。

（2）保管方式：电子档案以不可擦写的电子介质存储，应有备份，分开保管，并注明相应的纸质档案档号。

（3）保管要求：严格执行《中华人民共和国档案法》。

不属于归档目录中的非科研记录（如合同审查、专利申请、信息发布等），由各归口管理部门自行管理。

4.9　科研物资管理

××所科技处是所科研物资网上采购系统、政府采购、固定资产处置的归口管

---

❶　成文信息包括外来文件和记录文件，其中外来文件包括行政决定、司法判决和律师函等。

❷　研究所在科学研究及管理活动中直接形成的，具有保存价值的各种文字、图表、声像等形式的历史记录。

理部门。全所科研用大型公用仪器设备由所级中心负责管理和运行；研究所全额或部分出资的专用仪器设备或院（全额和部分）资助研制的仪器设备可由研究单元负责管理和运行。

4.9.1　采购管理

采购 × 万元（含）以上科研物资，均须通过 ARP 审批系统进行网上审批，无法在 ARP 系统报批的，需填报纸质的《××所科研物资采购审批表》，研究单元负责人、项目管理部门、条件保障处及所领导根据权限进行审批。由采购小组组织并通过调研和论证等方式对拟购货物进行比质比价，了解供应商的信誉、供货能力等情况，确定采购方案，并填报《××所科研物资采购方案论证报告》。如有候选供应商为唯一的情况，需填写唯一候选供应商备案表。

4.9.2　资产处置

××所资产处置中固定资产处置严格执行中科院资产处置管理办法，但对于非固定资产处置，管理方式较为单一，仅选定固定处置单位，与定销单位的合同中缺少知识产权约定，对于研究中心/课题组自行处理的实验用过物品也无管理要求，存在实验用过物品被逆向推导出实验数据的风险。

4.9.2.1　固定资产处置

研究单元根据资产使用状况和使用需求填写《××所固定资产处置审批表》报科技处进行核实，研究所仪器设备鉴定小组对其进行技术鉴定并出具鉴定意见。资产转让、置换、投资等须按规定委托资产评估机构进行评估、报备。按照审批权限报单位主管领导或所务会审批。达到使用年限的固定资产，会联系固定的资产处置单位，对选定的固定资产处置单位如何处置没有要求；损坏的固定资产处置，提交审批，500 万元固定资产处置会组织专家进行论证。

4.9.2.2　非固定资产处置

不属于固定资产的科研物资处置，由研究中心/课题组、条件保障处负责管理；危险化学品和实验用过的物品由条件保障处负责处置，由固定回收单位进行统一回收处置，在规定回收单位的合同中无知识产权处置要求；其他不属于固定资产的科研物资由研究中心/课题组自行处置，无管理要求。

4.10　小结

××所的知识产权相关管理制度，基本能够覆盖知识产权管理的一般流程。文件与记录严格按照制度要求管理，控制有效。合同主管部门对各类合同的知识产权条款进行审查。实验室或课题组严格按照科研项目要求进行科研项目管理，科研设施的采购、处置和共享行为严格遵守相关制度。

××所提升知识产权全过程管理，需关注知识产权保护过程中形象标识、风险监控与应对管理，加强研究所形象标识的使用规范和使用审批，及时跟踪知识产权动态信息，适时调整研发方向，避免侵权与重复研发，详见"4.2.2 知识产权保护"；关注信息披露审查，考虑对学生披露审查管理的全面性，披露审查还应覆盖学术交流中的资料和知识产权提醒，详见"4.4 信息披露管理"；在资产处置环节，加强关于处理实验用过物品的知识产权检查，避免发生实验数据泄露的风险，详见"4.9.2 资产处置"。

调研中发现，部分研究中心对于知识产权管理除研究所要求，中心级建立更加严格的管理规定，并已深度切实执行，在知识产权保护角度评价，已经可以较全面地保护中心的技术秘密和商业秘密。

5　诊断

5.1　诊断问卷

5.1.1　问卷概述

结合××所初步调研特点，针对调研对象，设计了两套（管理部门和科研部门）问卷。包含针对普通科研人员和知识产权管理人员的问题设置。

问卷发布时间为2019年8月23日，发布渠道为网络发布，回收时间截至2019年9月6日。

管理部门共收集到知识产权与成果转化处、科技处、战略高技术处等××个管理与支撑部门共××份调查问卷。科研部门共收集到来自××化学研究中心、××研究中心等××个实验室，共计××份调查问卷。

管理部门与科研部门调查问卷基本覆盖知识产权工作所涉及的所有部门、实验室，参加问卷人群包含管理部门，实验室知识产权管理人员、科研人员、科研支撑人员、学生等。问卷覆盖范围较为完整，调查人群相对独立，可以从问卷中较为客观地分析研究所的知识产权运行现状。

5.1.2　问卷总结

××所在知识产权管理工作方面取得了较好的成绩，但也存在需要完善之处。

通过调查问卷分析，得出共性问题如下：

（1）未针对学生开展专门的知识产权培训；

（2）并未有效地进行知识产权信息（所属领域、竞争对手）的收集和利用；

（3）缺少人员进入科研项目的知识产权背景调查；

（4）缺少针对不同人群的知识产权培训；

（5）缺少实验用品或耗材采购前的知识产权审查；

（6）缺少实验用品处理或仪器报废前知识产权审查；

（7）在项目执行与结题时，未能及时开展知识产权分析，提出知识产权维护、开发、运营方案或建议。

在共性问题的基础上，各实验室的问卷反馈具有差异性。

5.2 对标分析

综合调研问卷、现场调研及制度、文件的梳理工作，将××所知识产权管理的现状与将要建立并运行的科研组织知识产权管理规范进行逐一拆分对比，得到对标分析表格。

5.3 小结

对××所的知识产权管理现状进行诊断，通过诊断问卷的发放和回收，现场查看及调研，制度文件的梳理和分析，得到目前研究所的知识产权工作的实际运行情况。将研究所的知识产权工作内容进行拆分，与即将建立的科研组织知识产权管理规范进行逐一比对，得出最后的诊断结论。

6 结论

××所具备知识产权管理基础，建立并运行多项知识产权管理规章制度，对知识产权保护、管理、运营过程中的关键点进行有效控制。在规章制度中突出以专利运营为核心的成果转移转化过程，知识产权工作正处于从数量到质量、从质量到运用的转变阶段。

通过与研究所的各职能部门人员座谈、沟通，相关资料的收集调查，研究所虽尚未明确建立知识产权方针和目标，但工作方向和思路清晰。职能部门明确部门内部的知识产权工作并能开展有效的管理，具备实现知识产权方针和目标的能力。研究所自成立以来，各项研发、管理活动符合法律法规和中科院要求，建立了良好的内部沟通渠道，并能开展有效的沟通。

通过对设施设备日常维护使用情况以及工作环境的查验，研究所的人力资源、基础设施、财务资源和信息资源等基本满足知识产权管理体系的要求。

将××所的知识产权管理工作与科研组织知识产权管理规范对比分析，知识产权管理现状与标准符合程度总结如图 11 - 3 所示。其中 34% 的工作部分符合标准要求，22% 的工作符合标准要求，44% 的工作不符合标准要求。具体符合程度条款如表 11 - 6 所示。

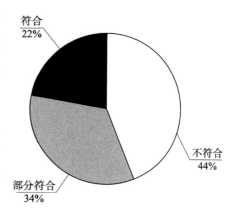

图 11 - 3　对标结果分析

表 11 - 6　对标结果分析

条款	符合性	条款	符合性
4.1 总则	不符合	6.2 科研设施管理	部分符合
4.2 知识产权方针和目标	不符合	6.3 合同管理	符合
4.3 知识产权手册	不符合	6.4 信息管理	符合
4.4 文件管理	部分符合	7.1 分类	不符合
5.1 最高管理者	不符合	7.2 立项	部分符合
5.2 管理者代表	不符合	7.3 执行	部分符合
5.3 知识产权管理机构	部分符合	7.4 结题验收	符合
5.4 知识产权服务支撑机构	符合	8.1 评估与分级管理	不符合
5.5 研究中心	部分符合	8.2 实施和运营	部分符合
5.6.1 项目组长	部分符合	8.3 许可和转让	符合
5.6.2 知识产权专员	部分符合	8.4 作价投资	符合
6.1.1 员工权责	不符合	9 知识产权保护	部分符合
6.1.2 入职和离职	不符合	10.1 条件保障	符合
6.1.3 培训	部分符合	10.2 财务保障	不符合
6.1.4 项目组人员管理	不符合	11.1 检查监督	不符合
6.1.5 学生管理	不符合	11.2 评审改进	不符合

范例 4　科研组织知识产权管理体系建设策划报告

中国科学院 × ×研究所

知识产权管理体系建设策划报告

1　策划原则

1.1　体系创建原则

管理体系的方法是系统工程，系统工程的核心是整体优化。中科院××研究所（以下简称"研究所"）在建立、保持和改进知识产权管理体系的各个过程中，包括知识产权体系文件的编制、协调各部门各要素之间的接口，都必须树立总体优化的思想，力争将知识产权管理体系与研究所的战略发展方向有机融合，杜绝知识产权管理与其他专项管理脱节、文件规定和实际动作不符的现象。

知识产权管理体系建设强调预防为主，就是将知识产权管理的重点从管理结果向管理过程转移，不是在出现了知识产权问题、发生了知识产权纠纷后才去采取措施解决，而是将问题和发生纠纷的可能性消灭在形成过程中，做到防患于未然。因此要遵循知识产权管理原则，使对研究所知识产权有影响的服务、管理人员以及各个过程因素处于受控状态。

按照研究所实际管理特点，体系策划充分利用现有的管理制度和流程、记录，尽量减少新增记录，降低职能部门和科研人员的管理成本，使体系建设符合研究所目前管理实际，符合科研组织知识产权管理标准，做到简单、高效、实用，坚决杜绝"两张皮"的情况出现。

体系构建通用"面向要素"与"面向过程"两种方法，其中：

1）面向要素建立管理体系，结合"标准条款—组织机构—职能分配—管理制度—运行表单"的主线开展体系建设和运行。

2）面向过程建立管理体系，一般依据过程方法，结合各类知识产权管理过程，跨部门开展体系建设和运行。要求研究所管理体系运行经验丰富，开展多体系融合。

按照组织当前的管理实践和规模，建议面向要素构建知识产权管理体系，即针对目前知识产权管理的组织机构，按照各部门职能分配要求，策划编写知识产权手册、程序和记录。建立知识产权管理体系，覆盖《科研组织知识产权管理规范》条款要求的全部涉及知识产权的管理事项，没有删减内容。

基于研究所的科研项目特点和管理模式，体系所覆盖的科研项目主要包括与研究所"一三五"规划方向最密切相关的关键技术类项目和应用示范类项目，包括由研究所主持承担的、面向应用的科研项目和研究所自主部署项目，非民口项目暂未列入。项目要求中有专门的知识产权管理要求（如科技支撑项目、中科院弘光专项、先导专项等）或者经研究所或研究中心认为知识产权影响较大的项目属于知识产权管理重要项目，其他项目属于知识产权管理一般项目。未纳入本体系的其他科研项目，可参考本体系要求进行管理。

1.2　体系层次

在知识产权管理体系策划中综合考虑已有管理体系（如质量管理体系、环境管理体系等）中各个管理流程的要求，以保证切实符合研究所实际运行的方式。充分利用组织现有的管理基础，在记录层面尽量与已有管理体系记录融合，程序层面可以适当应用已有管理体系的部分程序。

建议待知识产权管理体系建立并成熟运行后，可考虑开展多体系融合工作。

2　知识产权管理体系策划

2.1　组织结构

研究所的知识产权管理体系覆盖全部研究系统、职能部门，其中研究中心（实验室）10 个；管理系统和支撑系统包括 7 个管理部门和 2 个科研支撑中心。

研究所研究系统 10 个研究中心分别为……均包含多个研究团队。

鉴于研究所研究系统分布的实际情况，本报告中统一约定：将具体团队定义为项目组；跨研究所或在研究所内部跨研究中心组建的研究团队按照实际需要，定义为虚拟研究组。

研究所知识产权管理体系组织机构图如图 11 - 4 所示。

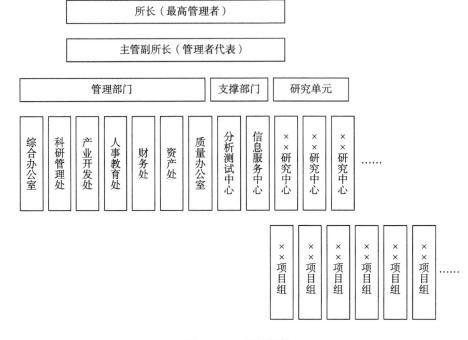

图 11 - 4　组织机构

职能部门 9 个，包含综合办公室、科研管理处、产业开发处（下设知识产权办公室）、人事教育处、财务处、资产处、质量办公室、分析测试中心和信息服务中心。由产业开发处具体负责知识产权管理和成果转化工作，负责知识产权管理体系建立和实施工作的落实。

研究所的知识产权管理体系暂不覆盖……

2.2　知识产权方针和目标

研究所重点学科方向为：……通过实施知识产权战略，完善和规范知识产权管理体系，提升知识产权创造、保护、利用和管理的能力。构建"以成果转化为最终目标的知识产权管理体系"，开展面向应用需求的技术服务和成果转化工作。

知识产权方针：略。

知识产权中长期目标：略。

知识产权三年目标：略。

依据知识产权方针及目标，定性定量地制定研究所年度知识产权目标，各部门依据研究所年度知识产权目标，按照实际工作业务要求，制定本部门知识产权目标，应可量化、可考核。

2.3　知识产权手册

知识产权手册是研究所实施知识产权管理必须建立和遵循的法规性、指令性文件，对外满足知识产权管理体系要求，对内强化知识产权管理。

知识产权管理手册应包括范围、应用、术语定义、管理体系、管理职责、资源管理、科研项目管理、过程管理、审核与改进等内容。

通过对现有制度、流程的梳理，知识产权手册中应包含目前制度或流程尚未覆盖的或管理模式尚待完善的、但标准要求必备的相关管理事项，应增加文件/记录控制程序、知识产权权属放弃流程等，其他相关管理制度酌情进行修改和完善。

在管理实践中存在与管理标准不一致但具备合理性的控制点，属于可进行适应性调整的内容，需要在手册中予以充分的说明。

2.4　文件管理

研究所的知识产权管理体系文件包括知识产权方针和目标、知识产权手册、程序文件、制度文件、流程文件、外来文件、记录文件等，上述文件贯穿管理过程，记录管理实践。

程序文件为规定管理程序的文件。制度文件包括研究所知识产权各项管理制度。外来文件为来自研究所外部和对知识产权管理产生影响的法律法规、政策文件、行政决定、司法判决等。

知识产权管理文件是科研机构实施知识产权管理的依据，发布前应得到审核和批准；文件更新后再发布前，应重新审核、批准；文件中相关要求应明确、清楚；要保证文件记录的完整性；应按文件类别、秘密级别进行管理；文件应易于识别、取用和阅读；因特定目的需要保留的失效文件，应予以标记。

建议知识产权管理体系运行有关的所有文件，建立四级文件层级，如图 11 - 5 所示，一级文件为知识产权方针、目标；二级文件为知识产权手册；三级文件为知识产权管理制度、程序、流程；四级文件为知识产权管理记录表单。

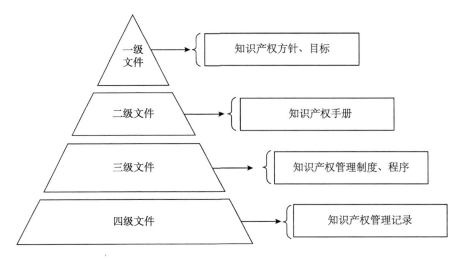

图 11 - 5　文件策划级别

2.5　策划建议

2.5.1　立足特色定位，着眼未来战略

知识产权管理体系的建立，将充分体现研究所紧密围绕创新驱动发展战略，将按照研究所对于知识产权的定位，贯彻创新驱动发展战略，落实研究所中长期科技发展目标，结合研究所的"……"发展战略，立足研究所定位，重点开展……领域研究及成果转移转化……将研究所建设成为在国际上有重要影响的高水平研究机构。

2.5.2　工作不走过场，真正做到适宜有效

建立和运行知识产权管理体系的目的是真正服务于科学研究和技术转移工作，因此要真正做到不搞形式、不走过场、适宜有效。适宜性、充分性和有效性是相互关联、不可分割的整体。有效性是组织建立知识产权管理体系的根本目的，适宜性与充分性是达到有效性的重要保证。

在体系建设过程中，应充分利用现有的记录文件，在现有记录的基础上做适当修改，原则上不大幅度增加新的记录文件，减少科研人员及管理人员的管理成本。

2.5.3　加强知识产权转移转化过程中的风险防控

研究所应熟悉与掌握全球知识产权相关政策与申请条件，与合作方做好知识产权规划及权利划分，使知识产权风险处于可控之下。

2.5.4　重视技术秘密与商业秘密的保护

研究所对于国家秘密的管理有相关规定和专职管理人员。但目前对于技术秘密或商业秘密的保护尚未制定管理办法，且未采取有效的保密措施，鉴于研究所科研

工作的特点，涉及大量配方及方法、工艺等技术秘密，因此存在较大的泄露技术秘密风险。建议研究所加强未披露信息的管理工作，有力地保障研究所的合法权益。

2.5.5 培育高价值专利

为高价值专利培育提供土壤和环境，积极发挥资源配置的作用，进一步加强知识产权管理、服务规范化，面向重点产业发展需求深入开展研发活动，实现专利创造和产业需求紧密对接，让高价值专利与产业发展相融合，从而更好地发挥专利价值。

（1）从制度建设出发，以高价值专利培育、保护、运营为主线，形成研究所高价值专利培育管理机制。

（2）开展专利大数据的利用，通过专利导航、专利挖掘、专利布局、专利预警等手段，培育一批高水平创造、高质量申请、高标准保护、高效益运用，布局科学长远、发展前景良好的高价值专利。

（3）构建专利组合，通过专利类型、专利技术主体、技术构成、产业结构、产业链方式，结合研究所面临的市场、竞争对手等各种挑战，构建符合研究所学科特点的专利组合。

（4）培养知识产权专员队伍，逐步完善知识产权专员的遴选、考核、培训与实践制度，为提升科研创新的水平发挥重要支撑和保障作用。

（5）促进技术转移，提高成果转化效率和效益。

2.5.6 加强科研项目的知识产权全过程管理

知识产权全过程管理是贯穿科研项目全过程的管理。知识产权全过程管理要求将知识产权管理贯彻到科研项目管理的全过程中，即在科研项目的立项审批、项目实施、项目验收、成果转化与推广等全部环节中对知识产权的创造、保护和运用进行统筹安排。目前，研究所承担的科研项目大部分在立项前没有进行相关知识产权的检索分析，少量进行知识产权检索，也未形成记录。因此，有必要开展专利布局工作，充分发挥专利导航对科研规划落实的引领和促进支撑作用，形成研究所持续高速、协调健康的发展态势。

2.5.7 涉及知识产权合同的法务管理

在目前研究所的合同模板中，缺少必要的知识产权条款。研究所相关合同管理部门虽对合同中条款进行审查，但未形成有效记录。建议研究所加强合同中知识产权工作的管理，降低研究所知识产权风险。常规类型合同的审查关注点，如表 11 - 7 所示。

表 11 - 7　常规合同审查关注点

序号	合同类型	审查关注点并形成记录
1	检索与分析、预警、申请、诉讼、侵权调查与鉴定、管理咨询等知识产权对外委托业务	知识产权权属、保密等
2	委托开发或合作开发；参与知识产权联盟、协同创新组织等	知识产权权属、许可及利益分配、后续改进的权属和使用、发明人的奖励和报酬、保密义务等
3	承担涉及国家重大专项等政府项目	理解该项目的知识产权管理规定，并按照要求进行管理
4	人事	员工的知识产权权利与义务包括：与员工约定知识产权权属、奖励报酬、保密义务等；造成知识产权损失的责任
5	外租借仪器设备	知识产权事务，可包括但不限于要求用户在发表著作、论文等成果时标注利用科研设施仪器情况
6	国家重大科研基础设施和大型科研仪器向社会开放	要求用户在发表著作、论文等成果时标注利用科研设施仪器情况
7	作价投资	明确受益方式和比例
8	知识产权许可和转让	明确双方的权利和义务，其中许可合同应当明确规定许可方式、范围、期限等

2.5.8　原申请项目组决定专利放弃后的专利组合构建与运营

研究所应严格控制知识产权权属放弃，建立知识产权权属放弃流程，从全所构建专利组合的角度和灵活转化的角度，对研究中心/项目组放弃的专利进行公示，其他研究中心/项目组可申请维护，便于结合自有专利构建专利组合或由有能力转化的人申请运营，减少国有资产流失的风险。

目前，研究所的专利放弃维护，由原申请项目组决定，这部分专利有可能会与此技术领域其他专利构成专利组合，并开展运营。站在研究所全局角度，针对产业链上下游，可以考虑是否由其他项目组或者管理部门继续维护，并形成专利组合予以运营。

2.5.9　加强知识产权培训

以往知识产权培训由各研究中心根据需要自行组织安排，或参加中科院统一组织的培训，建议人事管理部门汇总各部门培训需求后制定知识产权培训计划纳入研究所统一培训管理。

建议加强知识产权的培训力度，针对不同人员开展不同层次的培训。特别加强学生、新入所职工、科研人员、管理人员的知识产权培训。培训注重实效，逐渐提高全员知识产权意识，更好地为科研工作服务。

加强知识产权人才体系建设，培养和造就一支规模、结构和层次符合研究所科研创新战略需求的知识产权人才队伍，充分发挥知识产权对科研事业的驱动和支撑作用，为科技创新发展提供内生动力。

2.5.10　加强员工的背景调查、离所提醒与保密管理

建议人事处对新入职职工开展知识产权背景调查，了解员工之前的工作背景及知识产权情况，以及是否与前雇主有竞业限制协议，降低人员变动带来的知识产权风险；建议重点关注有国外学习或工作经历、企业工作背景的新入职人员。

建议研究所各职能部门，各研究中心补签保密承诺。现有的几种劳动聘用合同均不能完全体现职务发明权属、造成知识产权损失后的惩处、离职后知识产权说明及离职后职务发明的处置等问题，建议补签保密声明，作为劳动合同的补充说明。涉及核心技术、产业经验丰富的人员应着重管理，必要时签订知识产权协议或竞业限制协议。

2.5.11　加强知识产权披露审查，重视国际学术交流管理

加强在论文发表、学位答辩、学术交流的知识产权对外披露的审查。

论文发表方面，关注：

（1）论文发表的披露管理，建议发表后及时向管理部门备案更新。

（2）针对联合培养、来所开展毕业设计的学生在研究所学习工作期间，完成的毕业设计或论文，离所后公开或发表的情况，增加约定条款，要求必须经研究所知识产权信息披露审查后方可公开、发表。

（3）针对软件、学术专著等著作发表建立知识产权审查程序。

学术交流方面，重点关注参与境外学术交流的信息披露审查。参与境外学术交流前，根据访问国家或地区的知识产权风险对携带资料（笔记本电脑、U/硬盘、文字材料、笔记等）严格进行审查，对于有境外学习、工作经历的人员，要做好必要

的保护措施，避免携带资料可能侵权情况的发生。

2.5.12 加强采购中供应商知识产权资质审查

目前研究所要求，合同金额×万元以上的采购，供应商必须在研究所供应商竞价平台进行在线注册，录入企业相关信息，上传相关资质文件，由研究院管理部门进行审查确认。建议供应商提供产品或技术服务的知识产权资质证明，或承诺提供给研究所的产品或技术服务不侵犯任何第三方的知识产权，如因使用该产品或技术被诉知识产权侵权索赔，由此发生的一切费用和损失由产品或技术提供方无条件承担。

2.5.13 加强资产处置中的知识产权检查

目前研究所严格按照中科院要求进行固定资产的处置和报废，建议在固定资产处置时，明确该固定资产是否涉及知识产权，应删除或备份的知识产权信息是否已妥善处理，降低固定资产处置中的知识产权风险。

2.5.14 建立文件控制程序

建议建立知识产权文件控制程序，明确知识产权文件的分类、编号、审批要求、文件的发放、更改、作废、日常管理等要求。

2.5.15 加强知识产权信息、档案的维护和管理

建议加强知识产权全过程信息化管理，包括知识产权档案的收集和管理，实时更新知识产权法律状态、文件、数据等。

3 计划编制的体系文件清单

知识产权管理体系文件清单见表 11 – 8。

表 11 – 8 知识产权管理体系文件清单

文件层级	文件类别	序号	文件名称	主责部门
第一层次	方针目标		知识产权方针、目标	
第二层次	管理手册		知识产权手册	
第三层次	制度/程序文件	1	文件控制程序	
		2	研究所科研项目经费管理办法	
		3	研究所知识产权管理办法	
		4	研究所知识产权风险管理办法	
		5	研究所固定资产处置管理办法	
		6	研究所科研课题档案管理办法	

文件层级	文件类别	序号	文件名称	主责部门
第三层次	制度/程序文件	7	研究所论文管理办法	
		8	研究所宣传工作管理办法	
		9	研究所科研不端行为调查处理办法	
		10	研究所科技成果奖励管理办法	
		11	研究所科研合同管理办法	
		12	研究所知识产权处置流程	
		13	研究所专利分级管理办法	
		14	研究所专利申请流程	
		15	研究所高价值培育管理办法	
		16	研究所未披露信息管理办法	
第四层次	记录文件	略		

4　体系要素及活动展开表

研究所需在知识产权手册中增加人事管理、学生管理、仪器设备管理等要求。增加《文件控制程序》《专利放弃维护流程》《专利申请流程》程序文件，建立根据科研项目来源和重要程度对科研项目分类的原则和知识产权分级管理办法。

5　知识产权管理体系认证计划安排

知识产权管理体系认证计划见表11－9。

表11－9　知识产权管理体系认证计划

阶段	主要工作内容	时间节点	责任人	备注
1. 文件编写	1. 确定程序文件清单，指定编写人员及进度	2019 年 12 月—2020 年 2 月	产业开发处、辅导机构	各部门负责人配合
	2. 确定知识产权手册编写人员及进度		产业开发处	
2. 程序文件协调和讨论	1. 组织相关人员讨论、完善有关程序文件	2020 年 3 月	产业开发处	辅导机构
	2. 作业指导书清单确定，指定编写人员及进度		产业开发处	辅导机构
	3. 文件的打印、整理、标识、审批等		各部门文管员	

阶段	主要工作内容	时间节点	责任人	备注
3. 文件定稿	1. 知识产权手册的讨论、完善和定稿	2020 年 3 月末	管理者代表	辅导机构
	2. 所有程序文件的定稿		管理者代表	
	3. 所有记录文件的定稿		部门负责人	
4. 文件发放和培训	1. 建立文件清单,明确发放范围,并发放文件	2020 年 4 月初	各部门	辅导机构
5. 内审员培训	2. 文件的使用培训		辅导机构	
	1. 内审员名单的确定		产业开发处	各部门负责人
	2. 内审员培训		辅导机构	内审员参加
6. 文件试运行	1. 各部门按文件规定执行工作,保留记录	2020 年 4—6 月	各部门	辅导机构
	2. 按文件规定,补充完善体系文件		部门负责人	产业开发处监督
7. 内审计划与准备	1. 编制第一次内审计划、检查表	2020 年 7 月初	内审员	辅导机构
	2. 做好内审准备		各部门	产业开发处监督
8. 实施内审	1. 按计划实施内审		内审员	辅导机构
	2. 内审问题的确认和纠正		部门负责人	科处监督
	3. 纠正和纠正措施的跟踪		内审员	辅导机构
9. 管理评审	1. 策划管理评审	2020 年 7 月中旬	管理者代表	辅导机构
	2. 各部门准备管理评审资料		部门负责人	管代监督
	3. 实施管理评审		最高管理者	各部门参加
	4. 管理评审问题的纠正与验证		相关部门	管代监督
10. 申请认证	1. 确定认证机构,填写认证申请表	2020 年 8 月初	产业开发处	辅导机构
	2. 向认证机构提交质量手册、申请表和营业执照		产业开发处	辅导机构
	3. 确定现场认证审核时间		产业开发处	

阶段	主要工作内容	时间节点	责任人	备注
11. 迎审动员	1. 准备所有体系运行记录		各部门	产业开发处监督
	2. 迎审动员会		最高管理者	全体人员参加
			产业开发处	
12. 认证审核及不符合项整改	1. 认证现场审核		审核员	辅导机构
	2. 不符合项纠正措施的制订与实施		责任部门	辅导机构
	3. 向认证机构提交整改资料		产业开发处	辅导机构
13. 认证机构颁发认证证书				

6　保密承诺及其他

我公司咨询人员在贵所从事评价审核及咨询期间，如涉及贵所保密方面的事宜，我公司承诺如下：

（1）凡未取得贵所出面授权许可，我公司不得将贵所任何商业秘密、技术专利及信息向任何其他第三方泄露（包括竞争对手、主管部门及合作伙伴）；

（2）咨询期间我公司顾问师如需要使用贵所任何商业秘密或信息，使用前应征得贵所代表同意，并留下签收证据；

（3）保密范围按贵所提供的文字材料为准；

（4）如违反以上承诺，给贵所带来损失的情况，本公司愿承担一切经济赔偿责任（包括刑事责任）。

本承诺有效期为永久性。

附：

初步策划记录文件

表 11-10　初步策划记录文件

序号	文件名称	管理部门
1	研究所体系目标计划表	产业开发处
2	部门体系目标计划表	各部门
3	体系目标完成情况统计表	产业开发处
4	收文登记表	综合办公室
5	××年收文（部门）	综合办公室
6	文件记录作废记录表	产业开发处
7	文件记录销毁申请表	产业开发处
8	记录控制清单	产业开发处
9	文件更改申请表	产业开发处
10	聘用合同	人事教育处
11	劳动合同	人事教育处
12	保密协议	人事教育处
13	博士后研究人员科研工作协议书	人事教育处
14	知识产权背景调查及入职声明	人事教育处
15	离所知识产权事项提醒和交接单	人事教育处
16	培训计划	人事教育处
17	培训记录表	人事教育处
18	培训签到表	人事教育处
19	职工外部培训申请表	人事教育处
20	投稿论文审查表	产业开发处
21	专利申请审查表	产业开发处
22	软件著作权登记审查备案表	产业开发处
23	科研成果信息公示或公开审批表	产业开发处
24	入学协议书	人事教育处
25	供方调查与审查表	产业开发处
26	固定资产处置申请表	产业开发处
27	合同（协议）审批表	综合处、产业策划处
28	信息发布审核表	综合办公室

序号	文件名称	管理部门
29	媒体信息发布审批表	综合办公室
30	接受媒体采访保密审查表	综合办公室
31	科研项目分类台账	产业开发处
32	知识产权工作方案	研究中心
33	知识产权分析报告	研究中心
34	知识产权成果总结	研究中心
35	专利放弃维护申请表	产业开发处
36	知识产权尽职调查表	产业开发处
37	形象标识使用审批表	综合办公室
38	知识产权侵权监控记录	研究中心
39	未披露信息台账	研究中心
40	×××年内部控制预算表	财务处
41	知识产权内审计划	产业开发处
42	知识产权内审检查表	产业开发处
43	知识产权内审报告	产业开发处
44	知识产权内审不符合及改进措施	产业开发处
45	知识产权管理评审会议纪要	产业开发处

范例 5　科研组织知识产权管理体系手册

（本手册为虚拟领域和部门，职能分工、相关制度和表单均作了不同程度的处理，供科研组织参考，不同的科研组织可以根据自身情况进行适当调整）

研究所知识产权管理手册

（依据 GB/T 33250—2016）

此处可放研究所 LOGO

编制		签名
审核		签名
批准		签名

发布日期 2018 年 12 月 29 日　　　　　　　　实施日期 2019 年 1 月 1 日

0.1　前　言

科研组织是国家创新体系的重要组成部分，知识产权管理是科研组织创新管理的基础性工作，也是科研组织科技成果转化的关键环节。伴随着国家科技创新、知识产权强国战略的实施，中科院及所属科研机构正在深入贯彻落实《科研组织知识产权管理规范》。该规范以国家标准的形式，规定了我国科研组织知识产权管理的基本要求，明确各级科研组织要依据法律法规，结合自身使命定位和发展战略制定知识产权目标并予以实施。通过建立规范的知识产权管理体系活动，研究所将进一步提升科研活动的知识产权全过程管理，增强研究所的创新能力，降低研究所的知识产权风险，提升知识产权质量，加强知识产权保护和运用，促进知识产权的价值实现，使有效的知识产权保护和运用成为研究所的核心竞争力。

根据《科研组织知识产权管理规范》要求，本着科学、创新、规范的原则，结合研究所知识产权管理实际工作，特研究制定了《研究所知识产权管理手册》，希望全所人员认真学习、熟练掌握并贯彻执行手册标准，扎实做好知识产权管理及相关工作，推进研究所知识产权管理进入崭新发展阶段。

本手册 2018 年 12 月 29 日首次发布，2019 年 1 月 1 日实施。

本手册解释权归研究所。

修改页

* 变化状态：A——增加，M——修改，D——删除

版本编号	变化状态	变更内容	变更原因	修改日期	变更人	审核人	批准人
A - 0	A	新增文件	新增文件	2018 - 12 - 29			

0.2 颁布令

为进一步适应我国科研组织创新发展需要，加强研究所的知识产权管理，特依据《科研组织知识产权管理规范》的要求，编制印发《研究所知识产权管理手册》。

本手册是研究所知识产权管理工作的纲领性文件，阐明了研究所知识产权方针目标以及知识产权管理体系的标准和要求，是研究所知识产权管理工作的行为准则，现予以公布，并自 2019 年 1 月 1 日开始正式实施，望全所人员认真学习并严格遵照执行。

特此颁布。

研究所

所长：签名

2018 年 12 月 29 日

0.3 知识产权方针和目标

知识产权方针：

围绕研究所科技发展战略需求，加强技术创新，支撑产业发展，创造核心知识产权，促进××，持续保持××优势，建设××研究所。

知识产权目标：

（1）中长期目标。

形成以核心知识产权保障优势研究领域的有效发展模式，引领全球技术创新发展趋势，构建××，不断提升研究所的竞争力和影响力。

（2）三年目标。

① 至 2021 年，形成××机制，引领我国科研组织体系建设；

② 提升知识产权质量，拓展××，实现××布局，促进××；

③ 加强知识产权人才团队建设，着重培养懂科研、懂市场、懂法律的复合型知识产权专业人才。

注：当年目标一般不放在手册里，单独设定，详见正文案例。

0.4　任命书

依据《科研组织知识产权管理规范》要求，为进一步加强研究所知识产权管理体系运行工作的领导，经研究决定：任命副所长××同志为研究所知识产权管理体系管理者代表，总体负责研究所知识产权管理事务，代表所长（最高管理者）行使研究所贯彻知识产权管理的各项职权，务请全所人员予以支持和配合。

管理者代表的具体职权为：

（1）统筹规划研究所知识产权工作，审议知识产权规划，指导监督执行情况；

（2）组织审核研究所知识产权资产处置方案，协调涉及知识产权管理部门之间相互关系；

（3）批准发布对外公开或提交研究所有关知识产权战略协作、知识产权合同等知识产权文件；

（4）确保研究所知识产权管理体系的建立、实施、保持和改进。

特予以任命。

所长：签名

2018 年 12 月 29 日

1　范围

1.1　总则

本手册按《科研组织知识产权管理规范》的要求，对应规范条款，覆盖研究所科研和管理涉及的知识产权工作，通过知识产权管理体系建立，规范研究所知识产权管理。

1.2　内容

本手册包括了《科研组织知识产权管理规范》的全部要求，主要阐明了研究所建立知识产权管理体系的范围、方针、目标、组织机构、职能分配、项目管理、资源配置以及对知识产权管理体系所包括过程的相互作用表述等，是研究所各级组织开展知识产权活动的纲领性文件。

1.3　范围

本手册适用于研究所在 A、B、C、D、E、F、G、L、M 等技术领域的知识产权创造、运用、保护、管理。

本手册内容涵盖研究所从事知识产权活动并与知识产权管理相关的研究所最高管理层、办公室、宣传处、科研处、转化处、人事处、研究生处、财务处、综合处、保密处以及按照研究领域分布的研究室（部）。

1.4 应用

本手册所指研究所知识产权管理活动涉及《科研组织知识产权管理规范》全部条款内容，没有删减内容。

2 规范性引用文件

本手册的建立规范性引用了下列文件：

（1）《科研组织知识产权管理规范》（GB/T 33250—2016）；

（2）《质量管理体系 基础和术语》（GB/T 19000—2008）；

（3）《企业知识产权管理规范》（GB/T 29490—2013）；

（4）《知识产权文献与信息 基本词汇》（GB/T 21374—2008）；

（5）《中华人民共和国专利法》；

（6）《中华人民共和国商标法》；

（7）《中华人民共和国著作权法》。

3 术语和定义

本手册部分采用《科研组织知识产权管理规范》中的术语和定义。主要术语和定义如下。

3.1 科研组织

有明确的任务和研究方向，有一定学术水平的业务骨干和一定数量的研究人员，具有开展研究、开发等学术工作的基本条件，主要进行科学研究与技术开发活动，并且在行政上有独立的组织形式，财务上独立核算盈亏，有权与其他单位签订合同，在银行有独立账户的单位。

3.2 知识产权

自然人或法人对其智力活动创造的成果依法享有的权利，主要包括专利权、商标权、著作权、集成电路布图设计权、地理标志权、植物新品种权、未披露的信息专有权等。

3.3　管理体系

建立方针和目标并实现这些目标的体系。

3.4　知识产权方针

知识产权工作的宗旨和方向。

3.5　知识产权手册

规定知识产权管理体系的文件。

3.6　员工

在本所任职的人员、临时聘用人员、实习人员、以科研组织名义从事科研活动的博士后、访问学者和进修人员等。

3.7　知识产权记录文件

记录组织知识产权管理活动、行为和工作等的文件，是知识产权管理情况的原始记录。

3.8　科研项目

由本所牵头承担，在一定时间周期内进行科学与技术研究开发活动所实施的项目。

3.9　研究中心

本所按照研究领域分布成立的研究室（部），一般下设研究组。

3.10　项目组

本所牵头承担科研项目时，依托研究室（部）、研究组成立的相对独立地开展研究开发活动的科研团队。

3.11　专利导航

在科技研究、产业规划和专利运营等活动中，通过利用专利信息等数据资源，分析产业格局和科技创新方向，明晰产业发展和技术研发路径，提高决策科学性的一种模式。

3.12　知识产权专员

具有一定知识产权专业能力，在科研项目中承担知识产权工作的员工。知识产权专员通常既具有技术背景通识，又深谙知识产权，应熟悉科技前沿动态、知识产权法律知识和科研项目管理知识，服务于科学研究和技术转移工作。

3.13 学生

在本所学习的硕士、博士研究生，包括联合培养研究生。

4 总体要求

4.1 总则

知识产权管理体系文件是知识产权管理体系运行的依据。研究所管理者代表应组织研究所各职能部门，按《科研组织知识产权管理规范》标准要求建立知识产权管理体系，实施、运行并持续改进，保持其适宜性、有效性，并形成文件。主要包括：

a）知识产权方针和目标；

b）知识产权管理手册；

c）知识产权管理控制程序和管理制度以及相关记录。

4.2 知识产权方针和目标

管理者代表负责组织研究所知识产权方针和目标的制定和修订工作，并经所长签字批准后颁布执行。在制订或修订知识产权方针和目标时，应要满足如下要求：

a）符合国家法律法规和政策的要求；

b）与研究所的宗旨、发展方向相一致；

c）知识产权目标可考核并与知识产权方针保持一致；

d）对知识产权目标的持续适宜性进行评审；

e）采取宣贯、培训、教育等方式，使知识产权方针和目标得到全体人员的理解并有效执行。

4.3 知识产权手册

依据《科研组织知识产权管理规范》标准要求，知识产权办公室组织编制、实施研究所的知识产权管理手册并保持其有效性。手册应包括下列内容：

a）经所长批准的知识产权管理手册颁布令、管理者代表任命书，明确知识产权机构设置、职责和权限的文件；

b）人力资源、科研设施、合同、信息管理和资源保障的知识产权相关文件；

c）知识产权获取、运用、保护的相关文件；

d）知识产权外来文件和知识产权记录文件；

e）知识产权管理体系文件之间相互关系的表述。

4.4　文件管理

知识产权管理体系运行有关的所有文件，包括知识产权方针和目标、手册、程序文件、管理制度文件、适用的外来文件和记录文件，应该予以控制和管理。办公室负责制定组织实施本所的《文件控制程序》，《文件控制程序》应确保：

a）文件内容完整，表述明确，批准与发布符合要求。文件发布前必须经过审定与批准，确保其适用性，文件发布前必须标明实施日期，并明确发放范围。文件分发按文件的类别，由办公室统一划分。文件更改必须按原审批程序重新评审及批准发布；

b）建立保持和维护知识产权记录文件；主管部门按文件类别、秘密级别进行管理，明确文件保管及保管期限、借阅等管理要求；

c）知识产权相关的行政决定、律师函件和司法判决等外来文件由知识产权办公室进行管理并按研究所的规定按时归档至办公室。各职能部门及研究室（部）负责本部门的知识产权相关的外来文件与记录文件的控制管理，按研究所的规定按时归档至办公室；

d）因特定目的需要保留的失效文件应予以标记。

5　组织管理

5.1　最高管理者

所长作为研究所最高管理者，是研究所知识产权管理的第一责任人。主要负责：

a）实施研究所知识产权管理决策，批准发布知识产权方针；

b）贯彻国家和中科院关于知识产权管理要求，策划并批准知识产权中长期目标，并确保与知识产权方针保持一致；

c）组建由研究所各层次人员代表构成的知识产权委员会，对所内知识产权重要政策和事项开展咨询评议，协助所长决定重大知识产权事项；

d）定期评审并改进知识产权管理体系；

e）明确各职能部门知识产权管理职责，配备必要资源和人员，确保研究所知识产权管理体系有序、有效运行。

5.2　管理者代表

管理者代表由研究所所长指定，通常由主管知识产权和成果转化的副所长担任，总体负责研究所知识产权管理事务。其主要职责：

a）根据研究所知识产权方针，组织拟制知识产权工作规划，并检查指导执行工作情况；

b）负责组织审核研究所知识产权资产处置方案并组织实施；

c）批准发布对外公开或提交重要的知识产权文件；

d）协调涉及知识产权管理部门之间的相互关系；

e）确保知识产权管理体系的建立、实施、保持和改进。

5.3　知识产权管理机构

按研究所现行组织构成，知识产权管理所覆盖机构组成主要有：最高管理层、知识产权委员会、转化处、办公室、科研处、人事处、研究生处、财务处、宣传处、综合处、保密处以及相关的研究室（部）。

5.3.1　知识产权委员会

为进一步强化研究所知识产权管理工作的宏观决策能力，本所设立知识产权委员会。知识产权委员会由管理者代表、应用研究室（部）负责人或党支部书记、相关职能部门负责人及外部知识产权专家组成，知识产权委员会主任由管理者代表担任。主要职能包括：

a）贯彻国家知识产权战略和中科院知识产权委员会所颁布的各项规定规范，指导本所各个部门的知识产权管理工作；

b）审议本所制定的有关知识产权战略、规划、制度、政策和措施，督促检查相关工作落实情况；

c）协调研究解决本所知识产权管理工作中的重大问题。

5.3.2　转化处

转化处负责研究所的知识产权管理、科技成果转移转化及产业化工作，下设知识产权办公室，职责包括：

a）提出知识产权规划并组织实施；

b）拟定知识产权政策文件并组织实施；

c）建立实施和运行知识产权管理体系，向所务会提出知识产权管理体系的改进需求和建议；

d）组织开展产学研合作和技术转移活动，管理本所与国内外企业签署技术合同/协议，审核合同中的知识产权条款，在需要的时候介入合同协议的谈判和起草；

e）管理研究所以无形资产对外投资的成果产业化工作。

f）围绕研究所发展需求建立专利信息分析利用的导航工作机制，参与重大科研项目的知识产权布局；

g）负责本所知识产权的申请、注册、登记、统计、归档和有关权利的转移等工作，建立知识产权清单；

h）培养指导和评价知识产权专员；

i）知识产权日常管理工作，组织实施知识产权各项培训和教育，知识产权信息备案，知识产权外部服务机构的遴选协调评价工作。

5.3.3 办公室

5.3.3.1 办公室负责编制知识产权文件控制程序，并监督指导各部门执行；

5.3.3.2 办公室下设综合档案室负责科研项目、知识产权、公开发表论文等档案管理工作，制定各门类档案建档规范、档案借阅等相关制度。

5.3.4 科研处

科研处负责：

a）国家各部委项目、中科院项目、所创新基金和创新项目的组织与管理，根据科研项目来源和重要程度等对科研项目进行分类；

b）监督指导研究室（部）对相关科研项目实行立项、执行、结题验收的全过程知识产权管理；

c）本部门涉及的服务类合同的知识产权条款审核。

科研处下设图书馆负责电子资源管理，文献资源使用培训，科技论文管理及统计工作。

5.3.5 人事处

人事处负责：

a）研究所人才引进和各类人员聘用及聘任，对员工入职和离职中涉及知识产权协议、背景调查、保密条款等的管理；

b）全所人员培训工作，并对培训过程进行控制，建立和保持对所内人员的教育、培训、职能和经验的适当记录。

5.3.6 研究生处

研究生处负责学生知识产权管理，包括：

a）组织学生参加知识产权培训和课程，提升学生知识产权意识；

b）在学生发表论文前、进行学位答辩前，应由本人及导师进行信息披露审查。

5.3.7 财务处

财务处负责财务资源及资产采购中的知识产权管理，包括：

a）按所务会研究意见拟定知识产权经费预算；

b）负责研究所知识产权经费的核算与监督；

c）监督使用部门做好科研设备的资产登记、处置工作；

d）负责研究所实验用品、耗材、科研仪器设备的采购管理及合同知识产权条款审核；

e）负责家具和行政设备的采购和处置管理。

5.3.8 宣传处

宣传处负责：

a）研究所新闻宣传管理；

b）印刷设计、信息化、宣传服务类合同审批；

c）视觉识别系统设计及管理；

d）电子资源相关的技术管理；

e）软件管理。

5.3.9 综合处

综合处负责研究所办公场所的基础设施（建筑物、水、电、气、暖、电话等）管理，以及对涉密区域的监控及防护措施的配备、维护及使用进行监督管理。

5.3.10 保密处

保密处负责参照国家秘密的保密要求，监督指导各职能部门和研究室（部）进行未披露信息专有权的保密管理。

5.4 知识产权服务支撑机构

本所的知识产权服务支撑机构包括科研处下设的图书馆及外聘的知识产权服务机构。

科研处下设图书馆负责：电子资源管理，文献资源使用培训，科技论文管理及统计。

外聘的知识产权服务机构负责：在转化处下设的知识产权办公室的监督下，为研究所提供知识产权服务，包括知识产权管理体系建立及运行维护、知识产权代理、专利导航、知识产权信息及其他数据文献资源的收集整理分析等。

5.5　研究室（部）

本所按照研究领域分布成立研究室（部），研究室（部）的负责人由研究所批准任命，一般下设研究组。必要时研究室（部）可配备知识产权管理人员，协助负责人承担知识产权管理工作。研究室（部）承担的知识产权管理职责主要为：

a）根据研究所战略部署和科研项目开展需要，提出研究室（部）知识产权工作计划并组织实施；

b）统筹组织协调本研究室（部）所承担科研项目的知识产权工作；

c）组织本研究室（部）做好知识产权的获取、维护、运用以及建立知识产权资产清单等日常管理工作；

d）确保与研究所知识产权管理机构进行有效沟通，定期报告知识产权工作情况。

5.6　项目组

5.6.1　项目负责人

项目组实行项目负责人的知识产权管理负责制。具体包括：

a）根据科研项目要求，确定知识产权管理目标并组织实施；

b）确保科研项目验收时达到知识产权考核的要求；

c）设立项目组知识产权专员。

5.6.2　知识产权专员

项目组的知识产权专员需报研究所知识产权办公室备案。知识产权专员主要工作职责为协助项目组长进行科研项目知识产权管理，包括：

a）负责所在项目组的专利导航工作；

b）做好知识产权信息管理，定期向研究室（部）、项目组报告相关科研项目的知识产权情况；

c）负责与研究所知识产权办公室进行相关业务联系，组织项目组人员参加知识产权培训；

d）做好项目组的知识产权事务沟通。

6 基础管理

6.1 人力资源管理

6.1.1 员工权责

a）人事处负责与员工约定知识产权权属、奖励报酬、保密义务等有关事项；

b）转化处负责制定相关制度明确职务发明人的权利和义务，建立职务发明创造奖惩机制，依法对发明人给予奖励报酬，对为知识产权运用做出重要贡献的人员给予奖励；明确员工造成知识产权损失的责任。

6.1.2 入所和离所

a）人事处负责对研究所新入职员工进行知识产权背景调查，签署知识产权声明，形成记录；

b）本所员工离所，人事处负责对其进行知识产权提醒，明确职务发明的权利和义务；

c）转化处负责与离职退休人员签订《离职和退休协议》；

d）人事处指导研究组根据需要与核心知识产权员工签署竞业限制备忘录。

6.1.3 培训

研究所的知识产权培训由人事处归口管理，收集知识产权办公室培训要求并监督执行，培训主要包括以下内容：

a）制订知识产权培训计划；

b）组织全员知识产权培训并形成记录；

c）组织对研究所中、高管理层人员及知识产权管理人员进行知识产权培训并形成记录；

d）组织对项目组长和知识产权专员进行知识产权培训并形成记录。

6.1.4 项目组人员管理

项目组人员的知识产权管理由各项目组负责人直接组织实施，主要包括：

a）重大项目进行项目组人员（包括学生）的知识产权背景调查，必要时与项目组人员签署项目保密承诺；

b）项目组人员发表论文、学位答辩、学术交流之前，项目组应进行信息披露的审核；

c）项目结束或人员退出项目组时，由项目组负责进行知识产权提醒。

6.1.5　学生管理

a）研究生处负责组织学生参加研究所知识产权培训和课程，提升学生的知识产权意识；

b）研究生处负责指导监督项目组对入组学生进行知识产权提醒；

c）项目组负责在学生发表论文、学位答辩、学术交流等学术事务前进行信息披露审查；

d）项目组负责在学生因毕业离开研究所时对学生进行知识产权提醒。

6.2　科研设施管理

加强科研设施的知识产权管理，包括：

a）研究室（部）或相关部门采购实验用品、耗材、软件及科研仪器设备时，根据财务处和宣传处的要求，必要时进行供方的知识产权调查。

b）财务处负责监督实验用过的资产处理中的知识产权检查，其他物品处理由研究组自行管理。

c）财务处负责在仪器设备管理办法中明确知识产权要求，对外租借仪器设备时，在租借合同中约定知识产权事务。

d）研究所基础设施与仪器设备对社会开放时，科研处负责公共测试平台的管理，应采取措施保护用户身份信息以及在使用过程中形成的知识产权和科学数据，在测试报告中要求用户在发表著作、论文等成果时标注利用研究所科研设备仪器情况的要求。

6.3　合同管理

所有以研究所名义签订的合同中，各类合同的主管部门对所涉及合同的知识产权条款进行审查，根据合同的种类和标的情况，必要时在合同中明确知识产权权属、使用范围、保密等。各主管部门的合同管理的主要工作如下：

a）科研处负责论文相关的合同、加工合同及知识产权外委服务合同的管理，合同应签订书面合同，需要时约定知识产权权属、使用范围、保密等；

b）转化处负责委托开发、合作开发等技术合同的管理，技术合同中的知识产权条款，应明确约定知识产权权属、许可及利益分配、后续改进的权属和使用、保密义务等；

c）财务处负责实验用品、耗材及科研仪器设备采购合同的管理，必要时合同应明确约定知识产权权属、使用范围、保密义务及侵权责任等；

d）宣传处负责印刷设计、信息化、宣传服务类合同的管理，根据合同类别的不同及具体情况，审查知识产权、保密等相关内容；

e）承担涉及国家重大专项等项目时，科研处负责理解该项目的知识产权管理规定，并传达给项目组，项目组按照要求进行管理。

6.4 信息管理

研究所的知识产权信息管理收集和维护管理由知识产权办公室归口管理。科研处、转化处、知识产权服务支撑机构、各研究室（部）或项目组等部门各负其责。其基本要求：

a）由知识产权办公室及科研处下设的图书馆拓宽信息收集渠道，由知识产权办公室指导知识产权专员及时获取所属领域、产业发展有关主体等相关知识产权信息，定期收集备案；

b）由知识产权专员根据具体情况，对信息进行分类筛选和分析加工，形成产业发展、技术领域、专利布局等有关情报分析报告，并加以有效利用；

c）由知识产权办公室牵头建立信息披露的知识产权审查流程，指导监督各部门在信息披露活动中的知识产权审查；宣传处负责制定研究所新闻宣传相关制度，明确稿件来源，各部门负责人对提供稿件的知识产权相关内容负责。由研究室（部）下设的研究组或项目组负责相关员工/学生的学术交流、学位答辩、成果发布前的知识产权信息发布审查。

7 科研项目管理

7.1 分类

科研处负责根据科研项目来源和重要程度等因素，对本所科研项目进行分类和管理，指导监督项目组对科研项目实行立项、执行、结题验收全过程的知识产权管理。

7.2 立项

项目组应加强立项阶段的知识产权管理，主要内容包括：

a）确认项目委托方的知识产权要求，制订知识产权工作方案，并确保相关人员知悉；

b）分析项目所属领域的发展现状和趋势、知识产权保护状况和竞争态势，进行知识产权风险评估；

c）根据分析结果制定知识产权布局策略，优化项目研发方向。

7.3　执行

项目组应加强执行阶段的知识产权管理，主要包括：

a）搜集和分析与项目相关的产业市场情报、知识产权信息等资料，跟踪与监控研发活动中的知识产权动态，适时调整研发策略与知识产权策略，持续优化研发方向；

b）定期做好研发记录，及时总结报告研发成果；

c）及时对研发成果进行评估和确认，明确保护方式和权益归属，适时形成知识产权；

d）进行专利挖掘，形成有效的专利布局；

e）研发成果对外发布前进行知识产权审查，确保发布的内容、形式和时间符合要求；

f）根据市场化前景确立知识产权运营模式，体现在研究所科技成果汇编中。

7.4　结题验收

项目组应做好结题验收阶段的知识产权管理，主要包括：

a）负责对照项目委托方的要求分析总结知识产权完成情况；

b）负责提交科研项目成果的知识产权清单；

c）整理项目知识产权成果并归档；

d）开展项目产出知识产权的分析，提出知识产权维护、开发或运营的建议方案，体现在研究所科技成果汇编中。

8　知识产权运用

8.1　评估与分级管理

由转化处负责组织申请与维护过程中的评估分级。在评估与分级管理中，应满足以下要求：

a）定期组织研究室（部）对授权有效的专利进行维护评估，根据评估结果确定当年维护清单，并报所领导审批；

b) 国家科研项目产生的知识产权处置应符合国家相关法律法规要求；

c) 定期从法律、技术、市场的角度，组织对授权有效专利进行评估与分级；

d) 转化处负责对于有产业化前景的知识产权建立转化策略，适时启动转化程序；需要二次开发的，应保护二次开发的技术成果，适时形成知识产权；

e) 评估技术合同、知识产权入股过程中的风险，综合考虑投资主体、共同权利人的利益；

f) 转化处负责制定制度，对知识产权转化后发明人、知识产权管理和转化人员的激励方案做出规定和管理监督；

g) 在对科研项目知识产权进行后续管理时，根据情况邀请项目组代表参与。

8.2 实施和运营

研究所的知识产权实施和运营过程，由研究室（部）、项目组提出申请，由转化处负责组织实施，应满足以下要求：

a) 转化处指导研究室（部）、项目组制定出知识产权运营策略与规划；

b) 转化处负责知识产权的实施和运营过程，研究室（部）、项目组配合执行；

c) 转化处负责制定相关规定，明确提出运营主体、权利人和发明人收益的比例及分配关系。

8.3 许可和转让

研究所的知识产权许可和转让过程，由研究室（部）、项目组提出申请，由转化处负责组织实施，许可和转让过程中应满足以下要求：

a) 合同审批过程中进行知识产权调查，确保相关知识产权的有效性；

b) 知识产权许可和转让应签订书面合同，明确双方权利和义务，其中许可合同应当明确规定许可方式、范围、期限等；

c) 监控许可和转让流程，预防与控制交易风险，包括合同的签署、备案、执行、变更、中止与终止，以及知识产权权属的变更等。

8.4 作价投资

研究所科技成果作价入股时的知识产权管理的归口部门为转化处，应满足以下要求：

a) 研究室（部）、项目组向转化处提交可行性研究报告，调查技术成熟度，合作方概况，市场前景，股权结构等；

b）转化处根据需要选择有资质的第三方进行知识产权价值评估；

c）研究所科技成果作价入股时应签订的书面合同，明确受益方式和比例。

9 知识产权保护

研究所应做好知识产权保护工作，防止被侵权和知识产权流失，要明确下列要求：

a）宣传处负责建立研究所名称、标志、徽章、域名及服务标记的使用规范并且监督使用情况；根据情况及时进行登记注册。

b）科研处负责建立在核心期刊上发表的学术论文的统计工作机制，明确员工和学生在发表论文时标注主要参考文献。

c）保密处负责参照国家秘密的保密要求，监督指导各职能部门和研究室（部）、组进行未披露信息专有权的保密管理。各职能部门根据业务分工原则，对未披露信息进行相应的管理。

d）转化处负责明确职务发明创造、委托开发、合作开发以及参与知识产权联盟、协同创新组织等情况下知识产权归属，许可及利益分配、后续改进的权属等事项由合同约定。

e）研究室（部）、项目组及相关部门及时发现和监控知识产权风险，防止被侵犯知识产权以及避免侵犯他人知识产权。一经发现，应及时通知转化处，转化处配合研究室（部）、组及相关部门调查相关情况，适时通过行政和司法途径解决，有效保护自身知识产权，规避知识产权风险。

10 资源保障

10.1 条件保障

研究所配备相关资源，支持知识产权管理体系运行，包括：

a）宣传处负责网络设施并建立研究所的软件使用规范，监督软件使用情况。

b）综合处负责研究所办公场所的基础设施（建筑物、水、电、气、暖、电话等）管理。

c）财务处负责家具和行政设备的采购和处置管理。

10.2 财务保障

研究所统筹规定科研项目管理的知识产权费用比例，由财务处负责建立科研项目的知识产权资金保障机制，确保通过经费保障知识产权管理体系的正常运行。相关职能部门定期申报预算并按计划执行，知识产权经常性预算费用包括：

a）知识产权申请、注册、登记、维持；

b）知识产权检索、分析、评估、运营、诉讼；

c）知识产权管理机构、服务支撑机构运行；

d）知识产权管理信息化及信息资源；

e）知识产权激励；

f）知识产权培训以及其他知识产权工作。

11 检查和改进

本手册中的检查主要以"内部审核"的形式定期开展，改进主要通过最高管理层为核心成员参加的"所务会"的形式定期开展。

11.1 内部审核

管理者代表建立内审员团队，对照知识产权方针目标，定期组织对研究所的知识产权管理体系进行内部审核，以确保其持续的有效性和适宜性，内部审核工作每年至少一次。

11.2 管理评审

最高管理者每年至少组织一次管理评审，以会议形式（所务会形式）进行，评审管理体系的适宜性和有效性，制定和落实改进措施，确保与研究所的战略方向一致。

附：

知识产权管理体系组织架构参考图

所长（最高管理者）	
分管副所长（管理者代表）	知识产权委员会
科研系统	职能部门

A研究室	B研究室	C重点实验室	D研究室	E重点实验室	F研究部	G研究室	H研究部	I研究部	G研究部	K研究部	L研究部	M研究室	办公室	宣传处	科研处	转化处	人事处	研究生处	综合处	财务处	保密处

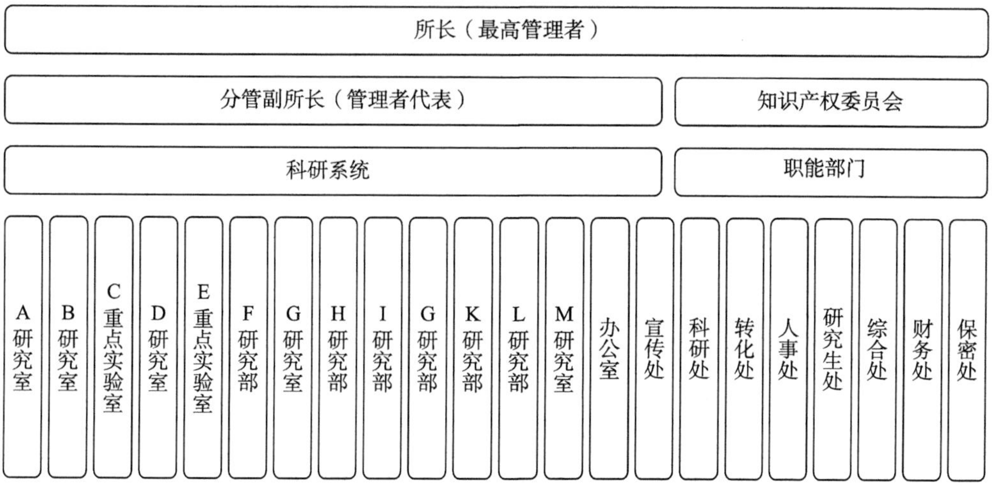

图 11-6　知识产权管理体系组织架构参考图

注：研究室（部），重点实验室等均按照技术领域设置。

知识产权管理制度/程序文件目录表

表 11 - 11　知识产权管理制度/程序文件目录表

序号	文件名称	文件编号	部门
1	文件控制程序	IPCX/DICP4.4 - 01 - 2019	
2	知识产权文件归档管理办法	研究所发〔2018〕56	
3	知识产权管理办法	研究所发〔2019〕37	
4	知识产权奖励管理办法	研究所发〔2019〕41	
5	股权奖励实施细则	研究所发〔2019〕42	
6	科技成果奖励实施细则	研究所发〔2019〕34	
7	科研仪器设备管理办法	研究所发〔2017〕120	
8	科研物资管理办法	研究所发〔2017〕137	
9	印刷、设计服务采购管理办法	研究所发〔2018〕105	
10	技术合同及合作协议管理规定	研究所发〔2019〕33	
11	宣传工作管理办法	研究所发〔2018〕4	
12	信息公开工作管理办法（试行）	研究所发〔2015〕114	
13	对外投资及收益管理办法	研究所发〔2019〕31	
14	视觉识别系统应用规范	研究所发〔2019〕123	
15	行政经费预算执行管理办法	研究所发〔2017〕138	
16	知识产权管理工作实施细则	研究所发〔2019〕71	
17	成果转化管理办法	研究所发〔2017〕90	

知识产权管理表单记录目录参考表

表 11-12　知识产权管理表单记录目录参考表

序号	记录表单名称	编号	部门
1	年度知识产权体系分解目标	IPMS-1	
2	文件发放登记表	IPMS-2	
3	内部受控文件清单	1PMS-3	
4	文件回收销毁清单	IPMS-4	
5	文件更改申请单	IPMS-5	
6	外来文件清单	IPMS-6	
7	知识产权补充协议	IPMS-7	
8	知识产权背景调查表	IPMS-8	
9	竞业限制备忘录	IPMS-9	
10	离所审批单	TXJ-1	
11	年度培训需求表	TXJ-2	
12	培训计划	TXJ-3	
13	培训签到表	TXJ-4	
14	所内培训总结表	TXJ-5	
15	知识产权信息发布审批单	IPMS-10	
16	项目组保密承诺书	IPMS-11	
17	论文发表前审查表	IPMS-12	
18	离所单	IPMS-13	
19	采购申请及合同审批表	IPMS-14	
20	仪器设备报废报损申请表	IPMS-15	
21	新闻媒体宣传审批表	IPMS-16	
22	知识产权分析报告	IPMS-17	
23	科研项目分类台账	IPMS-18	
24	项目知识产权工作方案	IPMS-19	
25	知识产权申请审批表	IPMS-20	
26	科研档案材料移交清单	IPMS-21	
27	项目结题验收知识产权总结	IPMS-22	
28	知识产权被侵权监控记录	IPMS-23	

序号	记录表单名称	编号	部门
29	未披露信息台账	IPMS – 24	
30	知识产权经费预算表	IPMS – 125	
31	知识产权内审计划	IPMS – 26	
32	知识产权内审检查表	IPMS – 27	
33	知识产权内审报告	IPMS – 28	
34	内审不符合及改进措施	IPMS – 29	
35	会议签到表	TXJ – 6	
36	科技成果汇编	IPMS – 130	
37	管理评审会议纪要	IPMS – 31	

范例6　《科研组织知识产权管理规范》内审员培训考试大纲

知识产权管理体系内部审核员（以下简称"内审员"），是指经过系统培训、考试合格取得内审员任职资格，在科研组织或新型研发机构中从事《科研组织知识产权管理规范》体系运行维护、贯标服务及其他知识产权管理工作的专业人员。

1　内审员应该具备的能力

（1）熟悉《科研组织知识产权管理规范》标准；

（2）熟悉知识产权方面的相关法律法规以及科研组织的知识产权管理制度；

（3）具备一定知识产权专业知识和工作经验；

（4）熟悉知识产权体系内部审核程序，熟练掌握知识产权管理体系审核的基本知识。

2　内审员培训课程设置

（1）《科研组织知识产权管理规范》内容解析（3.0小时）；

（2）知识产权管理体系文件编写与记录表单设计（3.0小时）；

（3）知识产权管理体系审核的基本知识，内部审核和管理评审的要点与实施，外部审核注意事项等（3.0小时）；

（4）模拟内部审核练习（3.0小时）；

（5）知识产权基础知识及知识产权体系建设实践案例分享（3.0小时）；

（6）问题答疑及内审员考试（3.0小时）。

3　内审员考试

3.1　内审员考试科目

内审员需通过"科研组织知识产权管理体系内部审核员"科目考试，考试内容包括专业知识、审核知识与技能等。考试满分为 100 分，70 分（含）以上合格。

3.2 考试内容

3.2.1 《科研组织知识产权管理规范》标准

a）理解《科研组织知识产权管理规范》标准的术语及其相互关系；科研组织、知识产权、管理体系、知识产权方针、知识产权手册、员工、知识产权记录文件、科研项目、项目组、专利导航、知识产权专员等。

b）理解知识产权管理指导原则：战略导向，领导重视，全员参与。

重点理解：过程方法，PDCA，持续改进等管理方法和原则。

c）熟悉《科研组织知识产权管理规范》各项条款的内容、要求。

3.2.2 知识产权管理体系审核知识与技能

（1）理解《管理体系审核指南》（GB/T 19011—2013）第 3 章（术语和定义）、第 4 章（审核原则）、第 5 章（审核方案的管理）、第 6 章（实施审核）的内容；

（2）理解审核原则、程序和技术的应用；

（3）熟悉知识产权管理体系审核/认证的流程。

3.2.3 知识产权领域专业知识

（1）掌握知识产权定义、种类和特点；

（2）理解专利、商标、著作权、集成电路布图设计专有权、植物新品种、制止不正当竞争、厂商名称、原产地名称、商业秘密等相关基本知识。

3.2.4 知识产权相关法律法规

（1）了解与知识产权有关的法律法规、实施细则、相关工作规程和指南等。

包括但不限于：《中华人民共和国专利法》及实施细则、《中华人民共和国商标法》及实施条例、《中华人民共和国著作权法》及实施条例、《计算机软件保护条例》、《保护工业产权巴黎公约》、《专利合作条约》及实施细则、《伯尔尼公约》、《与贸易有关的知识产权协定》（TRIPS）等。

（2）了解国家认证认可法规、规章要求和国家认证认可体系。

（3）了解科研组织遵守的其他知识产权要求。

3.3 考试题型及分值

3.3.1 分值分布

（1）《科研组织知识产权管理规范》标准约占 40%；

（2）知识产权领域专业知识及其应用约占10%；

（3）管理体系审核知识与技能约占40%；

（4）法律法规及其综合应用约占5%；

（5）个人素质约占5%。

3.3.2 题型及试卷

题型	数量	单题分值（分）	小计分值（分）
单项选择题	20	1	20
多选题	15	2	30
阐述题	4	5	20
案例分析题	5	6	30

一、单项选择题：在每小题给出的4个选项中，只有1个选项是符合题意的，请将正确的选项选出。不选或错选，该题均不得分。每题1分，共20分。

【例题1】知识产权方针和目标，由（　A　）发布

A. 最高管理者

B. 管理者代表

C. 知识产权管理机构

D. 知识产权管理委员会

二、多项选择题：在每小题给出的4个选项中，有2个或2个以上选项是符合题意的，请将正确的选项全部选出。不选、错选、少选或多选，该题均不得分。每题2分，共30分。

【例题2】知识产权管理体系文件，包括（　ABCD　）

A. 知识产权方针和目标

B. 知识产权手册

C. 本标准要求形成文件的程序

D. 本标准要求形成文件的记录

三、阐述题：根据给出的问题，作简要回答。第1~4题每题5分，共20分。

【例题3】简述科研组织中知识产权管理机构的主要工作职责。

【解答】知识产权管理机构承担以下职责：

a) 拟定知识产权规划并组织实施；

b) 拟定知识产权政策文件并组织实施，包括知识产权质量控制，知识产权运用的策划与管理等；

c) 建立、实施和运行知识产权管理体系，向最高管理者或管理者代表提出知识产权管理体系的改进需求建议；

d) 组织开展与知识产权相关的产学研合作和技术转移活动；

e) 建立专利导航工作机制，参与重大科研项目的知识产权布局；

f) 建立知识产权资产清单，建立知识产权资产评价及统计分析体系，提出知识产权重大资产处置方案；

g) 审查合同中的知识产权条款，防范知识产权风险；

h) 培养、指导和评价知识产权专员；

i) 负责知识产权日常管理工作，包括知识产权培训，知识产权信息备案，知识产权外部服务机构的遴选、协调、评价工作等。

四、案例分析题：根据案例情况，描述不符合事实，并列出不符合事实的条款和内容，第1~5题每题6分，共30分。

【例题4】某研究所采购管理十分规范，对合格供方进行考察合格后，方可签订采购合同，但由于日常采购的耗材品种繁多，且认为知识产权不存在风险，基本都不进行知识产权审查，主要针对实验用品、软件、大型仪器设备开展知识产权审查。

1) 不符合事实：日常采购的耗材品种繁多，且认为知识产权不存在风险，基本都不进行知识产权审查。

2) 不符合条款和内容：6.2加强科研设施的知识产权管理，包括：a) 采购实验用品、软件、耗材时进行知识产权审查。

附录1　科研组织知识产权管理规范（GB/T 33250—2016）

科研组织知识产权管理规范

前　言

本标准按照 GB/T 1.1—2009 给出的规则起草。

本标准由国家知识产权局提出。

本标准由全国知识管理标准化技术委员会（SAC/TC 554）归口。

本标准起草单位：国家知识产权局、中国科学院、中国标准化研究院。

本标准主要起草人：贺化、马维野、雷筱云、严庆、马鸿雅、徐俊峰、陈明媛、张立、唐炜、刘海波、李锡玲、李小娟、张雪红、李东亚、韩奎国、岳高峰。

引　言

科研组织是国家创新体系的重要组成部分，知识产权管理是科研组织创新管理的基础性工作，也是科研组织科技成果转化的关键环节。制定并推行科研组织知识产权管理标准，引导科研组织建立规范的知识产权管理体系，充分发挥知识产权在科技创新过程中的引领和支撑作用，对于激发广大科研人员的创新活力、增强科研组织创新能力具有至关重要的意义。

本标准指导科研组织依据法律法规，基于科研组织的职责定位和发展目标，制定并实施知识产权战略。科研组织根据自身发展需求、创新方向及特点等，在实施过程中可对本标准的内容进行适应性调整，建立符合实际的知识产权管理体系。通过实施本标准，实现全过程知识产权管理，增强科研组织技术创新能力，提升知识产权质量和效益，促进知识产权的价值实现。

1 范围

本标准规定了科研组织策划、实施和运用、检查、改进知识产权管理体系的要求。

本标准适用于中央或地方政府建立或出资设立的科研组织的知识产权管理。其他性质科研组织可参照执行。

2 规范性引用文件

下列文件对于本文件的应用是必不可少的。凡是注日期的引用文件，仅注日期的版本适用于本文件。凡是不注日期的引用文件，其最新版本（包括所有的修改单）适用于本文件。

GB/T 19000—2008　质量管理体系　基础和术语
GB/T 29490—2013　企业知识产权管理规范

3 术语和定义

GB/T 19000—2008、GB/T 29490—2013 界定的以及下列术语和定义适用于本文件。为了便于使用，以下重复列出了 GB/T 19000—2008、GB/T 29490—2013 中的某些术语和定义。

3.1　科研组织

有明确的任务和研究方向，有一定学术水平的业务骨干和一定数量的研究人员，具有开展研究、开发等学术工作的基本条件，主要进行科学研究与技术开发活动，并且在行政上有独立的组织形式，财务上独立核算盈亏，有权与其他单位签订合同，在银行有独立账户的单位。

3.2　知识产权

自然人或法人对其智力活动创造的成果依法享有的权利，主要包括专利权、商标权、著作权、集成电路布图设计权、地理标志权、植物新品种权、未披露的信息专有权等。

3.3　管理体系

建立方针和目标并实现这些目标的体系。

注：一个组织的管理体系可包括若干个不同的管理体系，如质量管理体系、财务管理体系或环境管理体系。

［GB/T 19000—2008，定义 3.2.2］

3.4　知识产权方针

知识产权工作的宗旨和方向。

［GB/T 29490—2013，定义 3.6］

3.5　知识产权手册

规定知识产权管理体系的文件。

［GB/T 29490—2013，定义 3.7］

3.6　员工

在科研组织任职的人员、临时聘用人员、实习人员，以科研组织名义从事科研活动的博士后、访问学者和进修人员等。

3.7　知识产权记录文件

记录组织知识产权管理活动、行为和工作等的文件，是知识产权管理情况的原始记录。

3.8　科研项目

由科研组织或其直属机构承担，在一定时间周期内进行科学技术研究活动所实施的项目。

3.9　项目组

完成科研项目的组织形式，是隶属于科研组织的、相对独立地开展研究开发活动的科研单元。

3.10　专利导航

在科技研发、产业规划和专利运营等活动中，通过利用专利信息等数据资源，分析产业发展格局和技术创新方向，明晰产业发展和技术研发路径，提高决策科学性的一种模式。

3.11　知识产权专员

具有一定知识产权专业能力，在科研项目中承担知识产权工作的人员。

4 总体要求

4.1 总则

应按本标准的要求建立、实施、运行知识产权管理体系，持续改进保持其有效性，并形成知识产权管理体系文件，包括：

a）知识产权方针和目标；

b）知识产权手册；

c）本标准要求形成文件的程序和记录。

注1：本标准出现的"形成文件的程序"，是指建立该程序，形成文件，并实施和保持。一个文件可以包括一个或多个程序的要求；一个形成文件的程序的要求可以被包含在多个文件中。

注2：上述各类文件可以是纸质文档，也可以是电子文档或音像资料。

4.2 知识产权方针和目标

应制定知识产权方针和目标，形成文件，由最高管理者发布并确保：

a）符合法律法规和政策的要求；

b）与科研组织的使命定位和发展战略相适应；

c）知识产权目标可考核并与知识产权方针保持一致；

d）在持续适宜性方面得到评审；

e）得到员工、学生的理解和有效执行。

4.3 知识产权手册

编制知识产权手册并应保持其有效性，包括：

a）知识产权组织管理的相关文件；

b）人力资源、科研设施、合同、信息管理和资源保障的知识产权相关文件；

c）知识产权获取、运用、保护的相关文件；

d）知识产权外来文件和知识产权记录文件；

e）知识产权管理体系文件之间相互关系的表述。

4.4 文件管理

知识产权管理体系文件应满足以下要求：

a）文件内容完整、表述明确，文件发布前需经过审核、批准；文件更新后再发布前，要重新进行审核、批准；

b）建立、保持和维护知识产权记录文件，以证实知识产权管理体系符合本标准要求；

c） 按文件类别、秘密级别进行管理，易于识别、取用和阅读，保管方式和保
管期限明确；

d） 对行政决定、司法判决、律师函件等外来文件进行有效管理；

e） 因特定目的需要保留的失效文件，应予以标记。

5 组织管理

5.1 最高管理者

最高管理者是科研组织知识产权管理第一责任人，负责：

a） 制定、批准发布知识产权方针；

b） 策划并批准知识产权中长期和近期目标；

c） 决定重大知识产权事项；

d） 定期评审并改进知识产权管理体系；

e） 确保资源配备。

5.2 管理者代表

最高管理者可在最高管理层中指定专人作为管理者代表，总体负责知识产权管
理事务：

a） 统筹规划知识产权工作，审议知识产权规划，指导监督执行；

b） 审核知识产权资产处置方案；

c） 批准发布对外公开或提交重要的知识产权文件；

d） 协调涉及知识产权管理部门之间的关系；

e） 确保知识产权管理体系的建立、实施、保持和改进。

5.3 知识产权管理机构

建立知识产权管理机构，并配备专职工作人员，承担以下职责：

a） 拟定知识产权规划并组织实施；

b） 拟定知识产权政策文件并组织实施，包括知识产权质量控制，知识产权运
用的策划与管理等；

c） 建立、实施和运行知识产权管理体系，向最高管理者或管理者代表提出知
识产权管理体系的改进需求建议；

d) 组织开展与知识产权相关的产学研合作和技术转移活动；

e) 建立专利导航工作机制，参与重大科研项目的知识产权布局；

f) 建立知识产权资产清单，建立知识产权资产评价及统计分析体系，提出知识产权重大资产处置方案；

g) 审查合同中的知识产权条款，防范知识产权风险；

h) 培养、指导和评价知识产权专员；

i) 负责知识产权日常管理工作，包括知识产权培训，知识产权信息备案，知识产权外部服务机构的遴选、协调、评价工作等。

注：重大科研项目由科研组织自行认定。

5.4 知识产权服务支撑机构

建立知识产权服务支撑机构，可设在科研组织中负责信息文献的部门，或聘请外部服务机构，承担以下职责：

a) 受知识产权管理机构委托，为建立、实施与运行知识产权管理体系提供服务支撑；

b) 为知识产权管理机构提供服务支撑；

c) 为科研项目提供专利导航服务；

d) 负责知识产权信息及其他数据文献资源收集、整理、分析工作。

5.5 研究中心

研究中心应配备知识产权管理人员，协助研究中心负责人，承担本机构知识产权管理工作，具体包括以下职责：

a) 拟定知识产权计划并组织实施；

b) 统筹承担科研项目的知识产权工作；

c) 知识产权日常管理，包括统计知识产权信息并报送知识产权管理机构备案等；

d) 确保与知识产权管理机构的有效沟通，定期向其报告知识产权工作情况。

注：研究中心是指科研组织直接管理的实验室、研究室等机构。

5.6 项目组

5.6.1 项目组长

项目组长负责所承担科研项目的知识产权管理，包括：

a) 根据科研项目要求，确定知识产权管理目标并组织实施；

b) 确保科研项目验收时达到知识产权考核的要求；

c) 设立项目组知识产权专员。

5.6.2 知识产权专员

协助项目组长进行科研项目知识产权管理，负责：

a) 专利导航工作；

b) 知识产权信息管理，并定期向研究中心报告科研项目的知识产权情况；

c) 组织项目组人员参加知识产权培训；

d) 项目组知识产权事务沟通。

6 基础管理

6.1 人力资源管理

6.1.1 员工权责

通过人事合同明确员工的知识产权权利与义务，包括：

a) 与员工约定知识产权权属、奖励报酬、保密义务等；

b) 建立职务发明奖励报酬制度，依法对发明人给予奖励和报酬，对为知识产权运用做出重要贡献的人员给予奖励；

c) 明确员工造成知识产权损失的责任。

6.1.2 入职和离职

加强入职、离职人员的知识产权管理，包括：

a) 对新入职员工进行适当的知识产权背景调查，形成记录；

b) 对于与知识产权关系密切岗位，应要求新入职员工签署知识产权声明文件；

c) 对离职、退休的员工进行知识产权事项提醒，明确有关职务发明的权利和义务；

d) 涉及核心知识产权的员工离职时，应签署知识产权协议或竞业限制协议。

6.1.3 培训

组织开展知识产权培训，包括：

a) 制定知识产权培训计划；

b) 组织中、高层管理人员的知识产权培训；

c) 组织知识产权管理人员的知识产权培训；

d）组织项目组长、知识产权专员的专项培训；

e）组织员工的知识产权培训。

6.1.4 项目组人员管理

加强项目组人员的知识产权管理，包括：

a）针对重大科研项目进行项目组人员知识产权背景调查；必要时签署保密协议；

b）在论文发表、学位答辩、学术交流等学术事务前，应进行信息披露审查；

c）在项目组人员退出科研项目时，进行知识产权提醒。

6.1.5 学生管理

加强学生的知识产权管理，包括：

a）组织对学生进行知识产权培训，提升知识产权意识；

b）学生进入项目组，应进行知识产权提醒；

c）在学生发表论文、进行学位答辩、学术交流等学术事务前，应进行信息披露审查；

d）学生因毕业等原因离开科研组织时，可签署知识产权协议或保密协议。

6.2 科研设施管理

加强科研设施的知识产权管理，包括：

a）采购实验用品、软件、耗材时进行知识产权审查；

b）处理实验用过物品时应进行相应的知识产权检查；

c）在仪器设备管理办法中明确知识产权要求，对外租借仪器设备时，应在租借合同中约定知识产权事务；

d）国家重大科研基础设施和大型科研仪器向社会开放时，应保护用户身份信息以及在使用过程中形成的知识产权和科学数据，要求用户在发表著作、论文等成果时标注利用科研设施仪器情况。

6.3 合同管理

加强合同中的知识产权管理，包括：

a）对合同中的知识产权条款进行审查，并形成记录；

b）检索与分析、预警、申请、诉讼、侵权调查与鉴定、管理咨询等知识产权对外委托业务应签订书面合同，并约定知识产权权属、保密等内容；

c）在进行委托开发或合作开发时，应签订书面合同，明确约定知识产权权属、许可及利益分配、后续改进的权属和使用、发明人的奖励和报酬、保密义务等；

d）承担涉及国家重大专项等政府项目时，应理解该项目的知识产权管理规定，并按照要求进行管理。

6.4　信息管理

加强知识产权信息管理，包括：

a）建立信息收集渠道，及时获取所属领域、产业发展、有关主体的知识产权信息；

b）建立专利信息分析利用机制，对信息进行分类筛选和分析加工，形成产业发展、技术领域、专利布局等有关情报分析报告，并加以有效利用；

c）建立信息披露的知识产权审查机制。

7　科研项目管理

7.1　分类

根据科研项目来源和重要程度等对科研项目进行分类管理；科研项目应实行立项、执行、结题验收全过程知识产权管理，重大科研项目应配备知识产权专员。

7.2　立项

立项阶段的知识产权管理包括：

a）确认科研项目委托方的知识产权要求，制定知识产权工作方案，并确保相关人员知悉；

b）分析该科研项目所属领域的发展现状和趋势、知识产权保护状况和竞争态势，进行知识产权风险评估；

c）根据分析结果，优化科研项目研发方向，确定知识产权策略。

7.3　执行

执行阶段的知识产权管理包括：

a）搜集和分析与科研项目相关的产业市场情报及知识产权信息等资料，跟踪与监控研发活动中的知识产权动态，适时调整研发策略和知识产权策略，持续优化科研项目研发方向；

b）定期做好研发记录，及时总结和报告研发成果；

c）及时对研发成果进行评估和确认，明确保护方式和权益归属，适时形成知

识产权;

d）对研发成果适时进行专利挖掘，形成有效的专利布局；

e）研发成果对外发布前，进行知识产权审查，确保发布的内容、形式和时间符合要求；

f）根据知识产权市场化前景初步确立知识产权运营模式。

7.4 结题验收

结题验收阶段的知识产权管理包括：

a）分析总结知识产权完成情况，确认科研项目符合委托方要求；

b）提交科研项目成果的知识产权清单，成果包括但不限于专利、文字作品、图形作品和模型作品、植物新品种、计算机软件、商业秘密、集成电路布图设计等；

c）整理科研项目知识产权成果并归档；

d）开展科研项目产出知识产权的分析，提出知识产权维护、开发、运营的方案建议。

8 知识产权运用

8.1 评估与分级管理

评估与分级管理中应满足以下要求：

a）构建知识产权价值评估体系和分级管理机制，建立知识产权权属放弃程序；

b）建立国家科研项目知识产权处置流程，使其符合国家相关法律法规的要求；

c）组成评估专家组，定期从法律、技术、市场维度对知识产权进行价值评估和分级；

d）对于有产业化前景的知识产权，建立转化策略，适时启动转化程序，需要二次开发的，应保护二次开发的技术成果，适时形成知识产权；

e）评估知识产权转移转化过程中的风险，综合考虑投资主体、共同权利人的利益；

f）建立知识产权转化后发明人、知识产权管理和转化人员的激励方案；

g）科研组织在对科研项目知识产权进行后续管理时，可邀请项目组选派代表参与。

8.2 实施和运营

实施和运营过程中应满足以下要求：

a）制定知识产权实施和运营策略与规划；

b）建立知识产权实施和运营控制流程；

c）明确权利人、发明人和运营主体间的收益关系。

8.3 许可和转让

许可和转让过程中应满足以下要求：

a）许可和转让前进行知识产权尽职调查，确保相关知识产权的有效性；

b）知识产权许可和转让应签订书面合同，明确双方的权利和义务，其中许可合同应当明确规定许可方式、范围、期限等；

c）监控许可和转让流程，预防与控制许可和转让风险，包括合同的签署、备案、执行、变更、中止与终止，以及知识产权权属的变更等。

8.4 作价投资

作价投资过程中应满足以下要求：

a）调查技术需求方以及合作方的经济实力、管理水平、所处行业、生产能力、技术能力、营销能力等；

b）根据需要选择有资质的第三方进行知识产权价值评估；

c）签订书面合同，明确受益方式和比例。

9 知识产权保护

应做好知识产权保护工作，防止被侵权和知识产权流失：

a）规范科研组织的名称、标志、徽章、域名及服务标记的使用，需要商标保护的及时申请注册；

b）规范著作权的使用和管理，建立在核心期刊上发表学术论文的统计工作机制，明确员工和学生在发表论文时标注主要参考文献、利用国家重大科研基础设施和大型科研仪器情况的要求；

c）加强未披露的信息专有权的保密管理，规定涉密信息的保密等级、期限和传递、保存及销毁的要求，明确涉密人员、设备、区域；

d）明确职务发明创造、委托开发、合作开发以及参与知识产权联盟、协同创新组织等情况下的知识产权归属、许可及利益分配、后续改进的权属等事项；

e）建立知识产权纠纷应对机制，制定有效的风险规避方案；及时发现和监控知识产权风险，避免侵犯他人知识产权；及时跟踪和调查相关知识产权被侵权的情况，适时通过行政和司法途径主动维权，有效保护自身知识产权。

10 资源保障

10.1 条件保障

根据需要配备相关资源，支持知识产权管理体系的运行，包括：

a）软硬件设备，如知识产权管理软件、计算机和网络设施等；

b）办公场所。

10.2 财务保障

设立经常性预算费用，用于：

a）知识产权申请、注册、登记、维持；

b）知识产权检索、分析、评估、运营、诉讼；

c）知识产权管理机构、服务支撑机构运行；

d）知识产权管理信息化；

e）知识产权信息资源；

f）知识产权激励；

g）知识产权培训；

h）其他知识产权工作。

11 检查和改进

11.1 检查监督

定期开展检查监督，根据监督检查的结果，对照知识产权方针、目标，制定和落实改进措施，确保知识产权管理体系的适宜性和有效性。

11.2 评审改进

最高管理者应定期评审知识产权管理体系的适宜性和有效性，制定和落实改进措施，确保与科研组织的战略方向一致。

附录2 中国科学院院属单位知识产权管理办法

第一章 总 则

第一条 为贯彻落实创新驱动发展战略，支撑和服务知识产权强国建设，"创新科技、报国为民"，有效促进中国科学院科技成果转移转化工作，根据国家有关法律法规和《中国科学院章程》有关规定，制定本办法。

第二条 本办法适用于中国科学院院属单位（以下简称"院属单位"）及其工作人员和相关人员。院属单位是指院直属的研究所（院）、学校、中心、台、站等从事科学技术研究开发、具有独立法人资格的事业单位。院内其他单位可参照执行。

工作人员是指院属单位在册正式职工、聘用人员、客座研究人员、劳务派遣人员、在读本科生、研究生、在站博士后以及进修、实习与代培人员等。

相关人员是指退休、解除聘用关系等离开院属单位后不满一年的或另有约定的人员。

第三条 本办法所称知识产权包括：

1. 专利权；

2. 著作权；

3. 商标专用权；

4. 植物新品种权；

5. 集成电路布图设计专有权；

6. 技术秘密。

第四条 科技促进发展局是中国科学院知识产权主管部门，负责院知识产权工作的指导、协调、组织和管理。

第二章　知识产权创造

第五条　中国科学院在重大项目的立项、过程管理和验收等环节，要明确提出对知识产权的管理要求，加强对所形成知识产权的质量评估，推动项目产生更多高价值的知识产权。

第六条　院属单位要从源头上加强申请或登记前相关科技成果的披露管理以及知识产权的策划与管理，逐步建立完善科技成果披露制度和知识产权申请前评估制度。既要避免因丧失新颖性等无法获得保护，又要切实提升专利申请质量，积极培育标准必要专利，形成高价值专利或组合，支撑创新型产业发展。

对符合知识产权申请或登记条件的相关科技成果（包括技术秘密），发明人、设计人要依本单位的相关规定，报本单位知识产权管理部门审核后，及时提出申请或进行登记。

第七条　除因涉及国家安全、国家利益和重大社会公共利益而在项目任务书或者合同中另有约定的以外，承担国家、院级项目获得的知识产权由承担任务的院属单位享有。

第八条　执行本单位的任务或者主要是利用本单位的物质技术条件所完成的发明创造是职务发明创造，依法取得的知识产权归所在院属单位。

院属单位可根据国家有关规定赋予科研人员职务科技成果所有权或长期使用权；院属单位与科研人员进行职务科技成果所有权分割的，要按照权利义务对等原则，明确各自承担的专利费用与获得的收益分配，由科研人员个人承担的专利费用不得使用财政经费支付。

第九条　院属单位与国内外组织或个人开展科技合作、接受委托开发、提供技术咨询服务等科技活动，要签订科技合作或委托开发或技术咨询服务合同或协议，并在合同或协议中明确约定相关知识产权的归属。

第十条　院属单位变更或终止后，由继承其权利义务的法人单位继受取得原有知识产权，并依法履行登记变更手续。

第十一条　依法取得知识产权后，职务发明人、设计人等完成人有在知识产权文件中署名和依法获得荣誉与奖励、报酬的权利。

第三章　知识产权运用

第十二条　中国科学院逐步建立"核心＋网络"模式的知识产权运营工作体系，以中国科学院知识产权运营管理中心（以下简称"IP中心"）为核心，构建覆盖全院的知识产权运营服务网络；依托中国科学院控股有限公司，通过市场化机制补充并完善知识产权运营服务网络，协助院属单位开展知识产权转化与运用工作。

第十三条　院属单位应采取许可、转让、作价投资、共同实施或自行实施等方式，大力推动知识产权运用和转化实施工作。

院属单位获得授权3年以上无正当理由未转化实施的专利，由院主管部门指定相关机构开展评估与运营，扣除运营成本后，运营收益归知识产权所属院属单位。院属单位坚持自行运营的，需向院主管部门承诺在一定期限内完成运营并提出具体的工作方案及计划。

第十四条　院属单位将知识产权许可、转让或者作价投资，由单位自主决定是否进行资产评估；也可通过协议定价、在技术交易市场挂牌交易、拍卖等方式确定价格。通过协议定价的，应在本单位公示知识产权名称和拟交易价格等相关信息，公示时间不少于15日，依法依规办理。

第十五条　对于院属单位向国外机构、个人或国内的外资控股企业转让或许可知识产权，或者与其共同实施、作价投资知识产权的，应经本单位保密审核、报主管领导批准，并报国家有关部门审批，依法依规办理。

第十六条　院属单位转让国防和保密知识产权，要依据《国防专利条例》等相关规定执行，进行保密审核，并报主管领导批准，依法依规办理。

第十七条　知识产权的职务发明人、设计人等要配合本单位做好相关知识产权的转化运用，依据本单位知识产权管理办法或与本单位签订的协议享有相应的权益。该单位对上述活动要予以支持。

第十八条　院属单位采取许可、转让、作价投资、共同实施或自行实施等方式转化运用知识产权获得收益时，要依照《中华人民共和国促进科技成果转化法》等国家相关法律法规及院内相关规定对职务发明人、设计人，以及为转化运用做出重要贡献的科研、管理与支撑人员等，给予合理的奖励和报酬。

院属单位要对上述人员获得奖励和报酬的方式、数额和时限做出规定，并符合国家相关法律和政策的规定。

第四章 知识产权保护

第十九条 院属单位要加强知识产权保护，建立健全知识产权保护制度，密切监控知识产权侵权行为，及时采取有效的知识产权保护措施。

第二十条 院属单位要建立技术秘密登记制度，采取必要的保密措施，包括建立保密制度、订立保密协议及采取其他合理的措施保护本单位技术秘密。

第二十一条 经本单位保密审核认定应申请国防或保密知识产权的，要委托具有国防或保密资质的知识产权服务机构代理。

对需要解密的国防或保密知识产权，要经本单位知识产权管理部门和保密部门审核，并报主管领导批准，依法办理。

第二十二条 工作人员、相关人员剽窃、窃取、篡改、非法占有、假冒、擅自转让、变相转让以及许可使用，或者以其他方式侵害院属单位取得的知识产权合法权益的，院属单位要责令其改正，并视情况决定是否对直接责任人给予相应的处理。对无处理权的，院属单位要提请并协助有关行政部门依法做出处理，追究其法律责任；涉嫌犯罪的要移送司法机关追究刑事责任。

第二十三条 任何组织或个人未经中国科学院及院属单位授权或许可，剽窃、窃取、篡改、非法占有、假冒、擅自转让、变相转让以及许可使用，或者以其他方式侵害院属单位知识产权的，中国科学院及院属单位有权追究其法律责任。

第二十四条 院属单位要依法积极通过行政和法律诉讼等手段制止侵害本单位知识产权的行为，维护本单位合法权益。

从调解、仲裁、诉讼中获得的侵权赔偿或者补偿费，扣除调解、仲裁、诉讼等相应成本后的剩余部分，要作为院属单位许可他人实施知识产权的收益，按相关规定或协议奖励发明人、设计人，以及为维权做出重要贡献的人员。

第二十五条 院属单位及其工作人员、相关人员不得侵犯其他组织或个人的知识产权。凡因侵犯其他组织或个人知识产权造成损失或受到法律诉讼的，由直接责任人承担责任。

第五章 知识产权管理

第二十六条 中国科学院在院所两级知识产权管理工作体系的基础上，进一步加强院级知识产权管理职能。

院级知识产权管理职能是贯彻落实国家知识产权战略部署，制定院知识产权战略规划与工作计划，指导院属单位开展知识产权创造、运用、保护和管理工作。

院属单位知识产权管理职能是贯彻落实院知识产权战略部署，制定本单位知识产权战略规划、管理办法和工作计划，组织和推进本单位知识产权创造、保护、运用和管理工作，并向院提交年度报告。

第二十七条　院属单位要建立健全知识产权规章制度和管理工作体系，应有一名所级领导分管知识产权工作，设立或指定专门部门承担本单位的知识产权管理职能。

第二十八条　院属单位要建立知识产权战略研究机制，将知识产权战略作为本单位科技创新规划的重要组成部分；制定有关考评体系和激励措施时，合理确定知识产权转化运用实际成效的权重，不得简单将专利申请量或授权量作为绩效考核、岗位聘任或职称评定等的考核指标；不再对专利申请给予资助奖励，逐步减少对专利授权的资助奖励。

第二十九条　中国科学院继续完善知识产权培训工作体系，进一步加强对院属单位知识产权工作分管领导、管理骨干、科技人员、知识产权专员等的知识产权培训，提高全院工作人员和相关人员的知识产权意识和能力。

第三十条　院属单位要实行科研项目知识产权全过程管理，将知识产权管理贯穿于项目的选题立项、组织实施、结题验收、成果转化等各个环节，并为重大科研项目配备知识产权专员，提供服务支撑工作。知识产权专员原则上应获得院颁发的资格证书。对于工作业绩突出的知识产权专员，院属单位要给予合理的奖励或报酬，并在绩效考核、岗位聘任或职称评定中给予优先考虑或适当倾斜。

第三十一条　院属单位要规范知识产权档案管理工作，在科研工作中及时建档归档。职务发明人、设计人及相关人员要将法律文件和相关技术资料及时上交。在院信息化建设总体框架下，院属单位要加强知识产权技术档案的信息化建设，提高知识产权管理的信息化水平。

第三十二条　院属单位与工作人员、相关人员签订聘用合同、劳动合同或者有关协议时，要包括知识产权保护、竞业限制等相关条款，明确双方的权利义务及违约责任。

院属单位派出参加学习、进修、合作研究的工作人员要做好技术档案、资料等的移交工作，未经书面许可不得将本单位的知识产权私自处置。在此期间工作获得的知识产权，其权利归属要由院属单位与接收组织通过合同约定。

第三十三条 工作人员在离职前，要将与研究工作有关的全部技术资料、实验材料、实验设备、样品、产品和有关技术秘密资料等交回所在院属单位。特殊岗位要签订离职保密协议，包含知识产权的相关条款。

离职后，未经原院属单位书面许可，不得复制、发表、泄露、使用、许可或转让上述资料、材料和信息，不得利用其在原单位获得或掌握的知识产权或资料、材料和信息从事有损于原单位利益的活动。

第六章　附　则

第三十四条 院属单位要根据本办法制定或修订本单位知识产权管理办法或实施细则。

第三十五条 本办法由科技促进发展局负责解释，自印发之日起执行，《中国科学院研究机构知识产权管理暂行办法》（科发计字〔2008〕196 号）同时废止。

致　谢

　　本书从 2019 年年底开始筹备，目的是帮助科研组织开展知识产权管理的体系建设和运行维护，具体理解应该从何入手进行体系建设和改进等工作。

　　感谢编委会成员的辛勤工作，在书稿编写和修改过程中付出的努力，不仅提供了生动具体的案例，还参与了科研组织知识产权管理体系建设实务操作的研讨及经验分享。

　　感谢国家知识产权局及相关专家对本书的指导。

　　感谢中科院科技促进发展局对本书编写给予的支持与指导。

　　感谢中科院大连化学物理研究所在本书编写过程中给予的大力支持。

　　在本书的编写及修改过程中也得到了中科院洁净能源创新研究院、中科院先导专项、中科院科技服务网络计划、国家知识洁净能源知识产权运营中心、WIPO 技术与创新支持中心（TISC）、中科院知识产权运营管理中心、苏州氢智汇知识产权有限公司、万派技术转移（长春）有限公司等单位的帮助和支持，在此一并感谢。

　　感谢一直以来关注科研组织知识产权工作的专家学者。